悟りへの道

私家版・教行信証

可藤豊文

The Path to Enlightenment

Toyofumi Kato

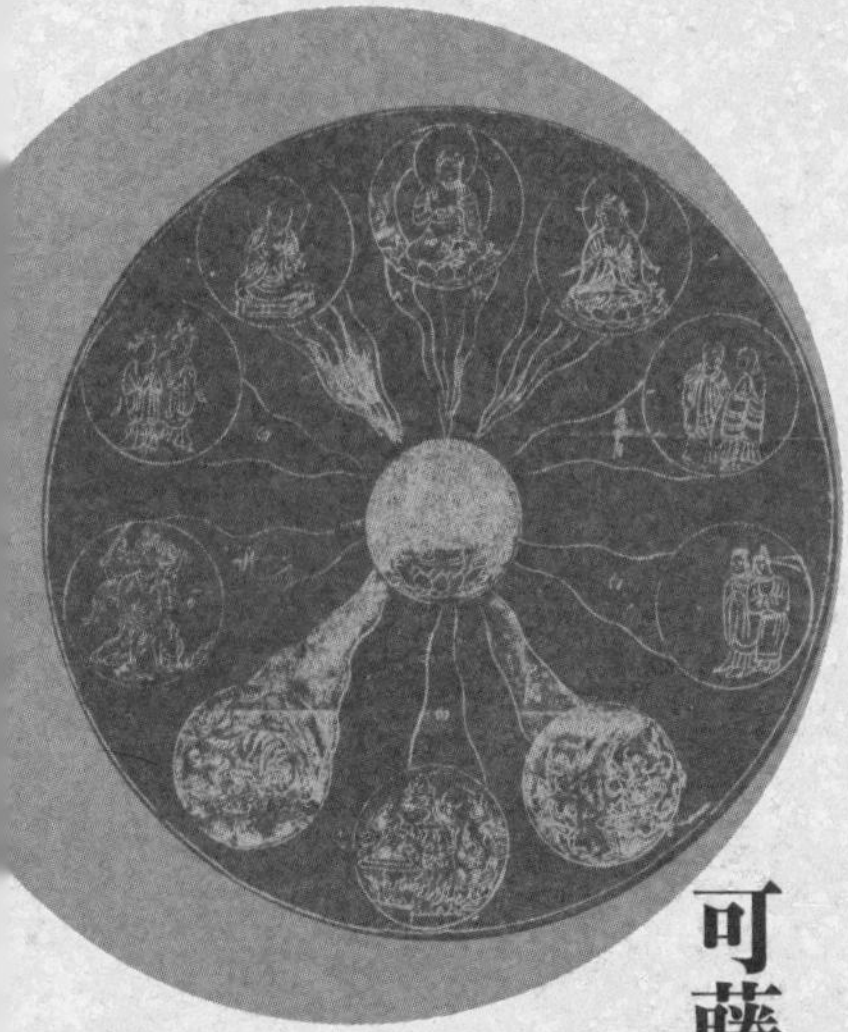

法藏館

悟りへの道—私家版＊教行信証　目次

教の巻

行の巻

信の巻

証の巻

教の巻

第1章　危ういかな人間

人間は最終目的地が死である夜行列車に乗り合わせた囚人のようなものである。しかも、その列車というのが、気がついたらもう走り出していたという代物で、降りるわけにもいかず、人はその中で息苦しさのために争っているかと思うと、手を取り合って互いに慰め合い、時にはしゃぎ、時に悲しみの涙を流す。が、その目的地は列車を包んでいる闇のように常に存在しているにもかかわらず、われわれはその事実を見ようとはしない。それどころか、周りに広がる得体の知れない闇に恐れをなし、それに背を向け、ただひたすら列車から落ちこぼれないように必至にしがみつく。しかも、自ら望んで生まれて来たわけでもないのに、その終わりを死ぬほど恐れるとはどういうことか。ともあれ、遅かれ早かれ、釈放されたところが死であり、結局、われわれは本当の自由やいのちが何であるかも分からないまま、いつか力尽き、一人また一人と闇の中へと投げ出される。時には、闇が何であるかを知らず、自ら飛び込む愚か者もいる。

死とは最も確実にして、最も不確実なものと定義されるが、われわれの未来に何が起こるかなど誰にも分からない。確実なことはただ一つ、死だけであり、死のみが保証された生をわれわれは今生きている。さらに言えば、目下、病床にあって、不治の病と戦っているものだけが死の床にあるのではない。どんな人も生まれ落ちたその時から、一瞬たりとも死の床を離れたことがない。仏教の根本教義の一つである無常（諸行無常）は、究極において、あなたの存在そのものが常に死に晒されていると教えているのだ。それにもかかわらず、多くの人々は死から目を閉ざし、死について余りにも無関心に過ぎるようだ。

それ生は我が願うにあらず。無明の父、我を生ず。死はまた我が欲うにあらず。因業の鬼、我を殺す。

空海『性霊集』

生と死がわれわれの望んだものではないという、余りにも当然な事実から見えてくる存在の矛盾と危うさを問題にする人は少ない。真言宗の開祖・空海（七七四〜八三五）は、われわれが生まれてきた根源に無明（avidyā）があり、死もまた無明に基づく行為（因業）の結果として避けられないのだと言う。そして、無明ゆえに受肉したあなたが本当のあなたであろうはずもなく、それを彼は「五蘊の仮我」と呼んだが（色・受・想・行・識の五つの構成要素からなる仮初の私ということ。それに対して本当の私を真我というが、詳細は第7章参照）、さらに、生は死で以て終わるのではなく、この根本無知（無明）から、われわれは生々死々する輪廻の世界を独り巡っていると、仏教の開祖・仏陀（釈尊）は言う。

この無明とは大いなる迷いであり、それによって永い間このように輪廻してきた。しかし、明（明智）に達した生ける者たちは、再び迷いの存在に戻ることがない。

『スッタニパータ』

生まれること、そして死ぬことが無明の産物であるなら、われわれ自身が「迷いの存在」であることは言うまでもない。また、無明が遠い過去から輪廻してきた根本原因であるなら、無明（迷い）を翻して明（悟り）に達すれば、「再び迷いの存在に戻ることがない」と釈尊が言うのも、至極当然の帰結である。しかし、迷いゆえに生死流転してきたあなたが、もし悟ることができたら、「生ける者」

となって、再び迷いの存在に戻ることがないということは、逆に言えば、悟ることができなければ、あなたは無益に「迷いの存在」(生と死)を繰り返すばかりで、真の意味で、生きてさえいないということになるだろう。すると、仏教というものが、如何にわれわれの浅薄な生の理解と掛け離れたものであるか容易に察しがつくはずだ。それゆえ仏教が、とりわけ今日の功利的合理主義が蔓延する日本社会に根付くことなど考えられないし、事実、仏教が良識あるというか、はたまた凡庸というか、一般市民に受け容れられることはこれまでにもなかったばかりか、むしろ軽蔑の眼差しで見られて来たというのが偽らざるところではなかろうか。

生まれたと言っては喜びの涙を流し、死んだと言っては悲しみの涙を流す。しかも、あなた方のいう愛が順調に育まれ、歳を重ねるごとに、深まれば深まるほど、その別れ(死別)は悲しいものになることに人は気づいているだろうか。私とてごく自然なこの感情を否定するものではないが、この悲喜の涙の繰り返しから、さらに一歩踏み込んで、なぜわれわれは今、生死・輪廻する迷いの存在になっているのか、一度は自己の存在(生と死)について真剣に問うてみる必要があるのではないか。そうして、そこに見出されてきた結論の一つが、仏教の十二支縁起(無明・行・識・名色・六処・触・受・愛・取・有・生・老死)などが教えるように(『法華経』「化城喩品」など)、人間存在の始めに無明があるからというものだ。もちろんそれは、釈尊が自らに「何に縁って老死があるのであろうか。生(誕生)に縁《よ》りて老死がある。では、何に縁って生があるのであろうか。有に縁りて生がある……」と問うて行くと、最後は無明に行き着くというものである。要するに、人間は無明のうちに存在を獲得したのだが、それは生死に迷う無明存在であったのだ。

我は本来、迷道の衆生
愚迷《ぐめい》深きゆえに、迷えることを知らず

一休『狂雲集』

一代の傑僧・一休宗純（一三九四〜一四八一）もまた自らを「迷道の衆生」と言う。衆生（sattva）とは遠い過去から衆多の生（と死）を重ねてきたものという意味であるが、もちろん、われわれも例外ではなく、迷いに迷いを重ね（白隠なら、「闇路に闇路を踏みそえて」と言うだろう）、生々死々を繰り返すうちに、今、自分がどこにいるかが分からないだけではなく、自分自身が迷っていることさえ気づいていないのだ。それほどわれわれ人間（衆生）の「無明の闇」（親鸞の言葉）は深いということだ。そんなわれわれに、生の始めはもとより、死の終わりが分かろうはずもなく、言うことが憚れるが、われわれの生は子宮から子宮へ、墓から墓へと巡っているだけなのだ。それを空海は次のように言う。

生れ生れ生れ生れて生の始めに暗く
死に死に死に死んで死の終りに冥《くら》し

空海『秘蔵宝鑰』

生まれて来るのも独りなら、死に逝くのも独りである。そして、生の始めと終わりが独りなら、その間（あわい）もまた独りなのではあるまいか。というのも、生々死々する輪廻の世界（サンサーラの世界）では仮我と仮我が出遭っているだけで、本当に通じ合うことなど望めないであろう。巷間、皮相な人間関係を論ずる人々を見るにつけ、まず問われるべきは仮我に過ぎないあなた自身であることを蛇足ながら付け加えておこう。でなければ、たとえ同じ屋根の下で何十年共に過ごしたとしても、またその間、あなた方の愛が深まりに深まったとしても、仮我に過ぎないあなたは誰と出遭うこともなく、独り生死の円環（六道輪廻の間）を巡ることになるからだ。それについては禅と浄土の思想家から次の文章を引用しておこう。

世の中の生死の道につれはなし
ただざびしくも独死独来
『一休道歌』

六道輪廻の間には　ともなう人もなかりけり
独り生まれて独り死す　生死の道こそかなしけれ
『一遍上人語録』

この凍りつくような孤愁に耐え（あなたが家族という形態をとっているか、否かにかかわりなく）、人はこれまで仮我が歩んできた道ではなく、真に生ける「まことのひと」（親鸞の言葉であるが、臨済や白隠なら「真人」となろう）、すなわち真我と成るべき道（後述）を歩み出すことによってのみ、真の邂逅（関係）ということもあり得る。ともあれ、われわれは今、三界（欲界・色界・無色界）・六道（天・人・修羅・畜生・餓鬼・地獄）の世界を独り巡っているのであるが、空海は、生の終わりが次の生（それを仏教は「順次生」という）の始まりとなっていることなどつゆ知らず、自ら為した業（カルマ）の風に吹かれ、ここに死し、かしこに生まれ、世々生々に迷っているわれわれ人間を慨嘆し、次のように言う。

此《こ》に死し、彼《かしこ》に生き、生死の獄出で難く、人と作り、鬼と作って病苦の怨招き易し。悲しい哉、悲しい哉、三界の子。苦しい哉、苦しい哉、六道の客。

空海『性霊集』

人が三界・六道の世界（ここでは、六道のうち二つを取り挙げ、「人と作り、鬼（餓鬼）と作って」という）を転々としながら、生死を離れることができないでいることは何とも悲しく、痛ましいことだと空海は嘆く。そして、何よりも彼が、生死・輪廻するこの世界を「獄」に譬えたことにわれわれは注意を払わねばならない（『法華経』に「諸仏、救世の聖尊を見たてまつるに、能く三界の獄より、勤めて諸の衆生を出したもう」とある）。またそうであるからこそ、われわれは外も内も息詰まるような閉塞感に日夜苛立ち、しかもその行き着く先がどうあれ老死であるとしたら、仏教が如何にして「生死を離れ、仏と成る」（道元の言葉）かを説くのも至極当然と言わねばならない。臨済宗中興の祖・白隠（一六八五～一七六八）もまた、生々死々を繰り返している、この悲惨なさすらい人を次のように言う。

悲しみても悲しむべきは、流転永劫の罪累、恐れても恐るべきは生死長夜《ぢょうや》の苦果。

白隠『遠羅天釜』

どんな人も時に悲しみに遭遇し、また、目を覆いたくなるような悲惨な光景を目にすることもあるだろう。しかし白隠は、それも確かに悲しいことに違いないが、本当に悲しむべきは、われわれが今、そうという自覚もないまま、生死流転しているこの存在そのものであると言う。さらに、日々の生活の中で、時に人間関係で悩み、不安や恐怖、また、予期せぬ心配事を抱え込むこともあろうが、本当に恐れるべきは個々の問題ではなく、「生死の苦海」（親鸞・慧能の言葉）を独り巡っているあなたの存在（生と死）こそ最も恐れなければならないと言う。

しかし、無知ゆえに、その高慢ゆえに、われわれはかつて一度たりとも「生死出ずべき道」（親鸞の言葉）に趣かず、自ら為した業（罪累）に繋縛《けばく》せられ、空しく生々死々を繰り返し、徒に生死長夜の苦果を託ってきた。それこそがわれわれの火急の問題であって、あれやこれやの悲しみや恐れではないのだ。しかし、自らを顧みて、われわれはこれまで一体何を問題にしてきたであろうか。一つ言えることは、白隠が言う「流転永劫の罪累」でもなければ、「生死長夜の苦果」ではなかったはずだ。

われわれはどこから来て、どこへ行くのか。誰も一度はこんな問いが脳裏を掠めたことがあるに違いない。しかし、その答えが分からないまま、いつしか忙しさの中で忘れてはいるが、遠い記憶の片隅で今もくすぶり続けている問いのように私には思える。十七世紀の科学者であり、晩年といっても三九歳という短い生涯であったが、人間の研究に従事したパスカル（一六二三〜一六六二）にとっても、この問いは生涯を通して、彼の脳裏から離れることはなかったに違いない。でなかったら、科学者の口から、「私はやがて死ななければならないということ、これが私の知っているすべてである。しかし、どうしても避けることのできないこの死を私は何よりも知らないでいる。私は、私がどこから来たかを知らないと同様、私はどこへ行くかを知らない」（『パンセ』）と言うことはなかったであろう。

翻って、こんな問いを、いわゆる分別ある大人（自称哲学者を含む）に問い質してみたところで、答えが返ってくるとはとても思えない。たとえそれがあなたを生んでくれた父や母であっても、結果は同じだろう。否、父母となったあなたは、果たしてその答えを用意しているだろうか。いや、あなたにとって、それはもはや取るに足らない問題なのであろう。「異生羝羊」（空海の言葉）の如きわれわれには、他にすべきことが沢山あって、そんな問題にかかずらっている時間も暇もないということだろう。

我を生ずる父母も生の由来を知らず。生を受くる我が身もまた、死の所去を悟らず。過去を顧みれば、冥冥《めいめい》としてその首《はじめ》を見ず。未来に臨めば、漠漠《ばくばく》としてその尾《おわり》を尋ねず。

空海『秘蔵宝鑰』

生の由来も分からなければ、死の去り逝くところをも知らない大人が、遅れて来る者たちに、人のいのちは尊いなどと、鸚鵡のように繰り返してみたところで、どれだけ説得力があるというのか。しかも、その答えたるや、一度しかない人生を悔いなく生きる云々と、一度たりとも生の意味など問うたことがない若い彼らと同じだというのだからなおさらである。

我が生は何処《いずこ》より来たり　去って何処にかゆく
独り蓬窓《ほうそう》の下に座して　兀《ごつ》々として静かに尋思す
尋思するも初めを知らず　いずくんぞ能くその終りを知らん

良寛『草堂詩集』

雪深い五合庵で、独りぽつねんと物思いに耽る良寛（一七五八〜一八三一）の胸に去来していたものが、空海と同じ「生の由来」と「死の所去」であったことを思う時、私は人間存在の危うさと、何か言いようのない寂しさ、愛おしさを感ぜずにはいられない。しかし、この凛とした静寂と孤独の中で、深く思いを致す彼らならばこそ、人間の真実に迫り得たと言えるだろう。もちろん、この伝統は遠く仏教の開祖・釈尊にまで繋がっていることは言うまでもない。そうして、いつか（今生ではないかもしれないが）、この凍りつくような生の現実と向き合う時が誰にも一度は訪れるであろうが、果たしてその時、一体どれだけの人がこの孤愁に耐えられるであろうか。

第2章　真実と虚妄

生まれること、そして老死が避けられない根源に何があるかを探った釈尊が、行き着いた結論は無明（avidyā）であった。「無明こそ最大の汚れである」（『ダンマパダ』）と言われる所以である。逆に言うと、無明のヴェールを除くことができたら、生・老死という「迷いの存在」を離れることになろうというのが、仏教が説く縁起の法（法則）であったのだ。

無明とは、『華厳経』に「実の如く第一義（paramartha われわれが知るべき究極の真理という意味で、勝義諦、あるいは真諦ともいう）を知らざるがゆえに無明あり」とあるように、真理（第一義）に暗いことであるが、それを悟ったものを覚者、すなわち仏（聖者）と呼ぶのに対して、それを知らず、生々死々を繰り返しているわれわれ人間（衆生）を「流転輪廻の凡夫」、あるいは「常没の凡夫」というのだ。

仏教は真理を真諦（absolute truth）と俗諦（relative truth）の二つに分ける。釈尊が「真理に遵う人々は、渡り難い死の領域を超えて、彼岸に至るであろう」（『ダンマパダ』）と言ったのは真諦である。というのも、死の領域とは、われわれが今、生死・輪廻しているこの世界（仏教はそれを「世間」という）を指し、真理に遵うならば彼岸、すなわち涅槃の世界（同様に「出世間」という）に至るであろうということだ。

一方、俗諦とはわれわれが一般的に真理、あるいは法的・倫理的に正しいこととして理解しているすべてをいう。しかし、俗諦の俗とは、われわれが生死・輪廻しているこの俗世間という意味であるから、真諦（不変真理）が生死の世界から涅槃の世界へという方向を視野に入れているのに対して、俗諦（相対真理）はただひたすらこの世界内存在（In-der-Welt-sein）、すなわち世俗の事柄に限られる。

学問もまた知識や技術を習得し、真理の探究に努めることであると言われる。しかし、そこでいう真理は、もちろん仏教が説くそれ（真諦＝第一義）ではない。それゆえ新たな発見や学問の進歩にどれだけ寄与したとしても、それが生死流転の根源にある無明（avidyā）を除くことには繋がらないというか、本よりそんなことを問題にしているのではないから当然であるが、その違いを明らかにするために、仏教最大の論師の一人である無著（四世紀）から次の文章を引用してみよう。

諸の凡夫は、無明に由るがゆえに真実を覆障し、一切種のあらゆる虚妄を顕す。
諸の聖者は、無明を断ずるがゆえに虚妄を捨離し、一切種のあらゆる真実を顕す。
無著『摂大乗論』

釈尊が「無明とは大いなる迷い」であるとした具体的な意味は、無明ゆえにわれわれは真実（第一義＝真諦）を捉えることもできず、見るものすべてが虚妄になっているということだ。逆に言えば、無明を除くことができたら（釈尊の言葉を補えば、無明を除き、明に達することができたら）、忽ち真実はその本来の姿を顕わし、もはやこの世とかの世を往来する「流転輪廻の凡夫」ではないということだ（「世間における一切のものは虚妄であると知っている修行者は、この世とかの世とをともに捨て去る」『スッタニパータ』）。従って、仏教（宗教）とは人倫（人の道）を説くことでもなければ、教養豊かな人間になることでもなく、虚妄から真実を顕わすことなのだ。

真実と虚妄を、無明をキータームとして、これほど見事に纏《まと》めたものは他にないと思うが、仏教が説く真実は今ここに存在しているにもかかわらず、われわれが無明（煩悩）に依って、真実を翳《かざ》しているが故に見えていない。それは丁度、雲に遮られ、満天の星が見えないまま、闇路を歩んでいるようなものであり、空海が真実は（日月に喩えられている）、われわれが新たに作り出すようなものではなく、それは時と場所を超えて常に存在するが、今は無明の煩悩に（雲霧に喩えられている）遮られ見えていないだけで、それを除くならば、忽ち本有の真実（真諦）はその背後から了々と顕われて来るであろうというに同じだ。

雲霧日月を弊《かく》す。雲霧披《は》れて日月を見るに、日月今更に生ずるにあらず。これは密教に本有《ほんぬ》を顕はすの喩なり。

空海『秘蔵記』

しかし虚妄とは、字義通りには、嘘・偽りという意味であるが、仏教の場合、少しニュアンスが異なる。例えば、真っ白なスクリーン上に次々と繰り広げられる映像（ドラマ）を見て、われわれが感情移入するように、われわれが捉えている現象世界もまた、われわれの心のフィルターを通して映し出された影像に過ぎない。つまり、視覚が捉え、人間の脳が構築（変換）した写像をわれわれは見ているのであって、真実（第一義）を捉えているのではない。従って、虚妄とは嘘・偽りというよりも、テレビ画像のように、実体も無く形を取って、攘々《じょうじょう》と現われては消えていく、夢幻の如き世界を見ているということだ。われわれ人間が立ち至ったこの状況を、天龍寺の開山・夢窓国師（一二七五〜一三五一）は極めて慎重に次のように纏めている。

世人の諺《ことわざ》に、世の中は夢幻の如しなんど申すは、無常の謂《いわ》れなり。大乗（大乗仏教）に夢幻の譬えを取るは、しからず。夢の中に見ゆるところの物像、すべて実体なし。実体なしといへども、諸々の形相宛然《えんぜん》たり。……水中の月、鏡中の像なんといえる譬えもまた、この意なり。

夢窓『夢中問答』

この世は夢のようなものと人は言う。もちろん、それには果敢なくも消えゆく無常（諸行無常）という意味もあるが、仏教の場合、この世は夢のように実体がないにもかかわらず、われわれの目の前に宛然と立ち現われ、かえってそれが雲霧のように本有の真実を翳し、見えなくなっているということだ。ところがわれわれは、真実と虚妄の違いがあるとも知らず、存在するのは、今、自分たちの目が捉えているこの世界（現象世界）のみであるとする、誠に幼稚、かつ頑な現実至上主義者となっているのだ。そして、われわれはこの実体もなく、定めなく形を変える幻影を何としても手に入れようと努力しているところに、真実を見て取れないわれわれ人間の迷いと底知れない無知（無明）があるのだ。この実を結ばない空しい努力を譬えたものに良寛の「月華の比喩」（夢窓の「水中の月」に同じ）がある。

月華　中流に浮かぶに
獼猴《びこう》これを探らんと欲し
相率《あいひき》いて水中に投ずるが如し
苦しいかな三界の子

良寛『草堂詩集』

水の流れに月が映っている。この美しい月影を自分のものにしたいと思って、猿（獼猴）たちが仲間を引き連れて水中に入って行く。ところが、一瞬、月華を掴んだかのように思うが、それは擦り抜け、手元には何も残っていない。われわれはこの猿たちの愚かさを笑うかもしれない。少なくともわれわれ人間は、それが川面に映る月影と理解はできるだろう。ましてそれを掬い取ろうとして川の中に入る人はいない。しかし、良寛はそうは見ていない。われわれ人間（三界の子）もまた、あの猿たちと同じようなことをしているのではないか。つまり、われわれはこの地上にあって、常に富貴を計り、幸福になるために、あれもこれも、自らの心が投影した「鏡中の像」のように実体を持たないものを手に入れようと躍起になっているが、果たしてわれわれが本当に手にできるものなど何も無いにもかかわらず、互いに競い、争っている姿は、もしかしたらあの猿たちよりもいじましく、浅はかと言えるかもしれない。仏教が無欲を説き、執着を離れるように勧め、虚妄から真実を明らかにする悟りへの道（仏道）を説く理由がここにある。

翻って、生死流転（迷い）の根源にある無明はどうして生起して来たのであろうか。それには『大乗起信論』から「無明の忽然念起」を取り挙げるのがいいだろう（詳しくは拙著『瞑想の心理学——大乗起信論の理論と実践—』参照)。

謂《い》う所の心性は常に無念なるがゆえに、名づけて不変と為し、一法界に達せざるを以てのゆえに、心に不相応にして、忽然として念の起こるを、名づけて無明と為せばなり。

『大乗起信論』

『起信論』は、心性（いわゆる心ではなく、心の本性という意味で心性という。また真心ともいう）の上に忽然として念（心）が起こるところを指して無明と捉え、その心（念）を真心に対して妄心（無明妄心）と呼んだが、その意味は、無明に基づいて妄りに起こる心ということである。しかし、それは決して特別な（病的な）心ではなく、われわれが普通に心と呼んでいるものであり、心理学が扱っているのもこの心なのだ。ところが、この心（妄心）が真心（心性）を覆うがゆえに、われわれは今真実が捉えられないまま、生死（輪廻）に迷う無明存在になっているのだ（「一念の中より迷う雲起こり、輪廻永劫、闇路となる」一休宗純)。従って、虚妄から真実を顕わすとは、「鏡中の像」のように実体もない虚妄なるもの（バーチャルなもの）を真実なるもの（リアルなもの）と見なす過ちを正すことであるが、実際のプロセスとしては、心（妄心）を除いて、真心（心性）を明らかにすることなのだ（詳細は後述)。

ところで、無明と明、無知と知はそれぞれ対概念であるが、その関係はどうなっているのであろうか。まず、無明とは真理（第一義）に暗いことであり、その無明ゆえにわれわれは無始劫来、真実を捉えられないまま、徒に生々死々を繰り返してきたのだ。それに対して、明とは「無明の闇」を晴らす悟りの智慧をいうが（親鸞の『浄土和讃』に「無明の闇を破するゆえ　智慧光仏となづけたり」とある)、もちろん仏教(宗教)は、無明(avidyā)から明(vidyā)に至る実践の道(悟りへの道)を説いているのだ。

一方、知と無知は知識の有無をいうが、知識の多少に違いはあっても、さしたるものではない。知識には、知るもの(主)と知られるもの(客)がなければならないが、この主客(『起信論』はそれを「能見相」(主)、「境界相」(客)という)の分裂は心(無明妄心)から生じてきたものであり、無明存在であるわれわれが、この主客の認識構造の中で知識や技術を身に付け、有為なる者を育てようとしているところが教育や学問の現場であり、その中から有能な人材を選抜しているのがわれわれの社会(企業)と言えるだろう。すると、無明とは知識が無いということではなく、世渡りのため、多くの知識と情報を溜め込み、また、高度な技術を身に付けて、競争社会のエリートとなるべく、日夜、多大のエネルギーを注いでいるわれわれ自身ということになろう。

少し皮肉な言い方をすれば、われわれ人間は無明存在であるがゆえに知的欲求を駆り立てられ(多くは必要に迫られ)、ひいては学問というあらゆる知の体系をこの地上に作り上げたと言える。しかし無明は、生死・輪廻の根本原因であるから、知識や学問を積み上げることによって、生死の問題が解決されることは、事の道理からしてあり得ない。たとえ仏教(宗教)の研究に一生を費やしても、それは同じだ。このように、無明とは知識が無いということではなく、むしろわれわれは沢山の知識と情報を掻き集めながら、かえって多くの問題を抱え込み、いろいろと解決策を見出そうとして、議論に議論を重ねるが、いつも新たな問題が生じ、それには終わるということがないのだ。

よく見かけることだが、専門分野の知識が増えたに過ぎないにもかかわらず、自分は知っているという思いに駆られて、何事にも口を挟む、いわゆる知識人もどきの中に、人生の根本問題が見えていない者が如何に多いか、驚くばかりだ。彼らは、確かに世渡り上手な切れ者であるかもしれないが、「無明の闇」に閉ざされ、真実（真諦）と虚妄（俗諦）の違いも分からない「迷道の衆生」（一休の言葉）であることは充分考えられることなのだ。われわれはときに錯覚して、知識があると真理に明るい（vidyā）と思うかもしれないが、どれだけ知識を積み上げ、学問を究めようとも、真理に暗い（avidyā）ということがあり得るのだ。ここを取り違えると、宗教（仏教）も学問の一つと見なされ、いずれにとっても不幸である。

仏教は人間を無明（avidyā）と明（vidyā）の関係で捉え、一方、われわれの社会は知と無知の関係で人間を計っている。しかし、いわゆる学識者（専門職にある者）と一般の人々の違いなど、仏教の立場から見れば、つまり無明と明の関係で見れば、どちらも生死に迷うひとつ穴のむじなに過ぎない。否、もっと扱いにくいかも知れない。というのも、自分は何事かを知っているという思い込みと尊大が災いして、謙虚にもう一方の尺度に照らして、自らを顧みようとしないからだ。

浄土門の法然（一一三三〜一二一二）が、「知者のふるまいをせず」と戒め、自らを「愚痴の法然房」と称し、また弟子の親鸞（一一七三〜一二六二）が「愚禿親鸞」と名告り、聖道門の最澄（七六七〜八二二）に至っては、自らを「愚が中の極愚、狂が中の極狂。塵禿の有情、底下の最澄」と呼ぶのも、今述べたところからおおよそ見当がつくであろう。当時、一級の知識人であった彼らは、いわゆる知識（学問）なるものが、どの程度のものかよく弁えていたのだ。つまり、この地上（世間）を渡って行くにはそれなりの知識や技術も必要であろうが、人間存在の根本問題（生死の問題）を解決する手段とならないばかりか、ますますわれわれから真実を遠ざけることにもなりかねないのだ。

さらに言えば、生死の問題が知識（学問）の有無に関係ないとすれば、学識などなくとも、この世に「明に達した生ける者」（『スッタニパータ』）が存在し得ることになる。知識人（自称哲学者を含む）が生死に迷う無明の中で、疲弊するほど頭を使いながら、徒に混乱を来たしているのに対して、さしたる知識もないかもしれないが、真理（第一義）に目覚めた者（覚者）が人知れず存在するということが起こり得るのだ。このように、自らを無明（avidyā）と明（vidyā）の関係で捉え直すことをしないで、知識（学問）の有無で人を計るなど、それこそ「愚が中の極愚」と言わねばならない。

第3章　輪廻転生

比丘たちよ、私はまだ正覚を成じなかった時、かように考えた。……まことに、この世は苦の中にある。生まれ、老い、衰え、死し、また生まれ、しかも、この苦を出離することを知らず、この老死を出離することを知らない。まことに、いずれの時にか、これらの出離を知ることができようか。

『雑阿含経』

人の世の無常を感じ、二九歳で出家した釈尊（ゴータマ・シッダールタ）が六年の修行遍歴の間、何を考えていたのかというと、生まれ、老い、死し、また生まれるという、この繰り返しからどうすれば離れられるであろうかということであった。それが彼の出家修行における最大のテーマであったことを弟子（比丘）たちに語っているのであるが、そこには、当然のことながら、「私は幾多の生涯にわたって、生死の流れを無益に経巡ってきた。……あの生涯、この生涯と繰り返すのは苦しいことである」（『ダンマパダ』）という、彼自身の反省があったからだ（たとえそれが、悟り＝正覚を得た時、明瞭になったとしても）。もちろん、無益に生々死々を繰り返してきたのは釈尊だけではなく、われわれもまた、始めとて分からない遠い過去から（親鸞なら、「久遠劫よりいままで流転せる苦悩の旧里……」と言うだろう）、いくたびか徒に生まれ、徒に死を繰り返してきた。そうして、生まれて来るということがどういうことか、あるいは、生まれて来たことは仕方ないとしても、今、何をなすべきかを知らず、生々死々を繰り返しているのがわれわれ衆生（sattva）といわれるものなのだ。

生と死の問題がわれわれ人間にとって、最も重要なテーマであることは禅・浄・密、いずれも変わりはない。禅はそれを「生を明らめ、死を明らむるは、仏家一大事の因縁なり」と言ったことはよく知られている。ところが、現代に生きるわれわれは自らが生死に迷う「迷道の衆生」であるとの自覚もなければ、またそうであるからこそ、「生死の苦海を出離せんことを求めず」（慧能『六祖壇経』）、ただひたすら自らの心（嗜好、欲望、願望）の趣くまま、人生七〇年、八〇年を駆け抜ける。これが流転常没の凡夫であるわれわれ人間の偽らざる姿なのだ。それでも納得できないと言われる御仁には、徒労を承知の上で、少し異なる視点から生死・輪廻について補っておこう。まずは道元の言葉から引用すれば、

曠劫《こうごう》多生のあいだ、いくたびか徒に生じ、徒に死せしに、まれに人身を受けて、たまたま仏法にあえるとき、この身を度せずんば、何れの生にか、この身を度せん。

『正法眼蔵随聞記』

とある。われわれは生を「一生」と考えるが（ある意味でそうなのだが）、道元は「多生」と言う。もしわれわれの生が本当に一生なら、仏教が説くカルマ（業）の法則（因果の法則）など無視し、多くの人々の生き方がそれを表しているように、あなたもまた自分の限られた生、しかも明日をも知れない生を法に触れない程度に、好きなように生きればいいのだ（この頃は、法に触れると分かっていながら、私利私欲（組織）のため、性懲りもなく談合を繰り返す愚か者がいるようだ。また、発覚すると隠蔽を図り、知らぬ存ぜぬとあくまで白を切る。大人とは品性下劣な厚顔の輩でもあるようだ）。何と言っても、一度しかない人生を悔いなく生きるというのが、分別ある大人から年端も行かない子供まで一致した意見なのであるから。もちろん、私もそう考えることに異論があるわけではないが、道元は生は一度ではなく、われわれ人間は無始以来いくたびか徒に生まれ、徒に死を繰り返して来たというので「曠劫多生」であり、もし今生（現世）においてこの身を度す（救う）、すなわち生死の世界（サンサーラの世界）から涅槃の世界（ニルヴァーナの世界）へと渡ることができなければ、生と死の徒ごとはいつ終わるともなく続いて行くと見ているのだ。

ところで、われわれの生の始めと終わりが徒ごとならば、その間（あわい）で起こるどんな事柄もまた徒ごとではないのか。つまり、政治・経済から趣味・嗜好（学問を含む）に至るまで、われわれが生（の営み）と呼んでいるものにはさしたる意味もなければ、深刻に受け取るべきものなど何もないということだ。また、そうであるからこそ、時に人は、耐え難いまでの生の虚しさと存在の無意味さに嘔吐を覚えることになるのかもしれない。もしかしたら、われわれ人間が試みるすべての営為は、この虚無と無意味さを蔽い隠す方便、あるいは足掻きなのかもしれない。それは卑近なテレビゲームから高尚なマネーゲームまで、常に刺激（景気）を煽らなければ、この日常は耐え難いものになるようだ。

道元の指摘は、人間存在の希薄さ、危うさを的確に捉えているだけではなく、たまたま人間として生まれたのであるから、千載一遇のこの機会を捉え、サンサーラ（生死）の世界からニルヴァーナ（涅槃）の世界へと渡っていきなさい。そうでなければ、再びあなたが人間として生まれ、この身を度す（渡す）、すなわち生死出離の機会が訪れるまでにどれほど空しく生と死を繰り返すことになるか、あなた自身にも分からないのであるからと言っているのだ。

曠劫多生のあいだにも
出離の強縁《ごうえん》しらざりき
本師源空いまさずば
このたび空しくすぎなまし

親鸞『高僧和讃』

親鸞もまた「曠劫多生」と言う。そして、師法然（源空）に出遭うことがなかったならば、生死の世界（サンサーラの世界）を離れて、涅槃の世界（ニルヴァーナの世界）へと渡る術（出離の強縁）も分からないまま、徒に時を費やし、またもや空しく今生の生を終えていたことだろうと、師に対する深い感謝の念と共に回想しているのだ。

ただ後世の事は、善き人にも悪しきにも、同じように、生死出ずべきみちおば、ただ一筋に仰せられそうらいしをうけたまわりさだめてそうらいしかば、上人（法然）のわたらせたまわん所には、人はいかにもうせ、たとえ悪道（畜生・餓鬼・地獄）にわたらせたまうべしと申すとも、世々生々にも迷いければこそありけめ、とまで思いまいらする身なればと、ようように人の申しそうらいしときも仰せそうらいしなり。

『恵信尼消息』

この書簡は、親鸞亡き後、妻の恵信尼が娘の覚信尼に宛てた手紙の一節である。若き日の夫であり、また父について、母として娘に語って聞かせているのであるが、二九歳（にもなってというべきか）の親鸞が、ほぼ二〇年に及ぶ修行生活にもかかわらず（彼は九歳で出家得度している）、解決を見ないまま比叡山を下り、法然上人の下を尋ねることになった、人生の根本問題が「後世」（死後）の事であったことを思う時、人生の漠とした死への不安は、いつの時代も変わらないことが分かる。

それは釈尊が、同じ二九歳の時、われわれの誰もが辿っている、生・老・病・死の問題を引っ提げて、雪山深くへと入り、六年間その問題を懐き続けていたことからも明らかである。しかも、その結論たるや、われわれ人間の無知（無明）ゆえに、生はただ死で以て終わるのではなく、生々死々を繰り返す迷いの存在であったのだ。それを親鸞は「世々生々にも迷いければこそありけめ」と言ったのであり、「世々生々」とは「生死の苦海」（親鸞の言葉）を転々と廻ること、すなわち輪廻転生を言い換えたものである。大切なことは、親鸞が所依の経典とした『無量寿経』にも「寿終わりて、後世に受くるところの苦しみは尤《もっと》も深く尤も劇しくして、その幽冥に入りて、生を転じて身を受く」とあるように、われわれが今ここに存在しているのは、われわれが世々生々に迷っているからであるとしたことは、よく心に留めておかねばならない。そして、このような反省に立って、親鸞が生涯を賭けて求めたものが、「後世」をも超える「生死出ずべき道」、すなわち生死の迷いの世界（サンサーラの世界）から如何にして涅槃の悟りの世界（ニルヴァーナの世界）へと帰って行くかということであったのだ。

ところが、われわれは忙しく世事に明け暮れ、なお忙々と定めなき六道の世界を独り往来するばかりで、未だに「生死の苦海」を離れられない（解脱できない）まま、ここが「生死の獄」（空海の言葉）、否、「魔郷」（善導の言葉）であるとも知らず、その中で安閑と日々を送り、「生死長夜の苦果」（白隠の言葉）を恐れる様子もない。中国浄土教の大成者・善導（六一三～六八一）は言う。

人間悤《そう》々として衆務を営み、年命の日夜に去ることを覚えず。灯の風中にありて滅すること期しがたいきがごとし。忙《もう》々たる六道に定趣なし。いまだ解脱して苦海を出づることを得ず。いかんが安然として驚懼せざらん。

善導『往生礼讃』

どんな人もかけがいのない命であると宗教者はよく言う。私とてそう思わないわけではないが、あなたの産み出した者に、人生には「生死出ずべき道」があり、その目的は「解脱して（生死の）苦海を出づること」であると諭したとしたら、あなたは自分が言ったことの矛盾に気づくべきだ。そうして、かけがいのない命を説くためにも、もっと深く人間の本質に迫る必要があると思われるが、いかがであろうか。

それはさておき、なぜ今、われわれは六道に輪廻する「常没の凡夫」となっているのであろうか。言い換えると、なぜわれわれは今、ゆくりなくも世々生々に迷う「迷道の衆生」として娑婆穢土（流転常没の世界）に生まれてきたのであろうかということだ。この根本的な問いに明確に答えたのは、やはり不世出の禅僧・白隠である。

熟々《つら》流転常没の世の有様を顧みるに、天堂に生ずべきには福力足らず、地獄に堕すべきには罪業足らず、ゆくりなくもこの娑婆穢土の受生を引く。このゆえに尊鄙《そんぴ》あり、貧富あり、賢愚あり、利鈍あり。須《すべか》らく知るべし、皆これ前生の作業、善悪の影像なる事を。

白隠『藪柑子』

天堂（天）に生まれるには前世（前生）で、それほど善いこともしてこなかったし、地獄に堕ちるほどの悪いこともしなかった。ただそれだけの理由で、われわれは今この娑婆世界（世間）に人間（人）として生まれてきたのだと白隠は言う。すると、この世（人界）に生まれてくることがただお目出度いではすまされないし、また、「前生の作業」（善悪の行為）によって、尊鄙・貧富・賢愚・利鈍などの違いもあるが、もとよりこの世（娑婆穢土）は二元葛藤する虚妄の世界であり（第5章参照）、そんなところで人は一度しかない人生を幸せでありたいと願う。しかし、ひたすら求めた幸せが「影像」（幻想）の如きものと知っている人が、果たしてこの地上にどれだけいるであろうか。

前世・現世・来世という、この三世的生命観は禅（道元・白隠）と浄土（親鸞・善導）において、さらなる広がりを見せ、いずれも曠劫多生の間、「生死の苦海」に沈淪《ちんりん》し、「われもひとも生死をはなれんことこそ諸仏の御本意」（『歎異抄』）であるにもかかわらず、われわれは生の由来はもとより、死の去り逝くところも分からないまま、いくたびか徒に生まれ、徒に死を繰り返してきた。すると、いのちというものを考える場合、仏教の生命観とわれわれが一般に考える生命観の間には大きな隔たりがあることが分かる。その一例として、寒山（八・九世紀頃）の詩を引用してみよう。

生前　太《はなは》だ愚痴にして　今日の悟りを為さず
今日　許《か》くの如く貧しきは　総《すべ》て是れ前世の做《わざ》なり
今生　又た修めずんば　来世　還《ま》たもと故の如くならん

『寒山詩』

われわれが今、このような生存を享けることになったのは、前世において、無知と愚かさゆえに悟りへの道（仏の道）に趣かず、虚しく人生を終えた結果であると寒山は言う。そして、今生において一念発起し、道を尋ね求めるのでなければ、来世（順次生）もまた、現世と同じように生死に迷う「迷道の衆生」であるだろう。親鸞的に言えば、世々生々に迷っているから、今生の生があり、この機会を捉えて、教え（仏法）を学び、道（仏道）を修するのでなければ、永劫に亘って生々死々は続いて行くであろうということだ。しかし、同じ浄土の思想家・一遍（一二三九～一二八九）にとって、事はもっと深刻であったようだ。

生を受くるに随いて、苦しみに苦しみを重ね、死に帰するに随いて、闇きより暗き道におもむく。六道の街には、迷よわぬ処《ところ》もなく、四生の扉には、宿らぬすみかもなし。

『一遍聖人語録』

始めとて分からない遠い過去から、六道（天・人・修羅・畜生・餓鬼・地獄）、四生（胎生・卵生・湿生・化生）の間を往来し、もはやわれわれが宿らぬ住処などどこにもない。その間、苦しみに苦しみを重ね、闇路に闇路を踏み添えて、悉く辛酸を舐めて来た、もう充分ではないのか。一遍にはそういう切迫した思いがあったに違いない。そうであればこそ、あれほど鋭く人間の欺瞞を抉り出し、舌鋒鋭い浄土の思想家は彼の先にも、後にも出ていない。

前世・現世・来世の三世的生命観に立って人間のいのちというものを見ているのが仏教であり、現世のみに限っていのちを見ているのがわれわれ人間の現世的生命観なのだ。三世的生命観に立って生死出ずべき道（悟りへの道）を求めたのが親鸞であり、道元であったのだ。一方、後者の現世的生命観に立つ時、一度しかない人生を悔いなく、今日一日を大切に生きるという、誠に崇高な人生観が生まれてくることは誰もが知っていよう。もちろん、前者も後者の生き方に賛同するであろうが、後者が必ずしも前者を認めるとは限らないところに、彼ら（親鸞、一遍、道元、寒山など）とわれわれ人間の生き方、あるいは人生の目的に根本的な相違が生じてくるのだ。

人生の目標として「生死出ずべき道」を掲げたのは親鸞や道元だけではなく、当然のことながら、仏教の開祖・釈尊にまで遡ることは、先に引用した『雑阿含経』の言葉からも明らかであるが、彼は前世・現世・来世と生々死々を繰り返しながら、六道輪廻の世界を独り巡っていることがどういうことかよく理解し、そのあり方を超えて行きなさいと勧めているのである。

前世の生涯を知り、また天上と地獄（六道の二つ）とを見、生存を滅し尽くすに至った人、彼を私はバラモンと呼ぶ。

『スッタニパータ』

生死出離の問題は、現世的生命観に立って、人間のいのちというものを考えている限り、決して脳裏に浮かぶこともなければ、問題にすらなってこない。事実、そんなたわいのないことで時間を費やすには、人生は余りにも短いと思ってか、思わずか、多くの人々は今生において道を修めることもなく、その無知と怠慢ゆえに、来世もまた六道・四生を巡る衆生（人間とは限らない）に留まり、自ら生死に迷う「迷道の衆生」であると気づくこともなく、生々死々は果てしなく続いて行くと、釈尊の教えを継ぐ禅・浄・密の思想家たちは考えているのだ。

翻って、仏教はわれわれの陥り易い誤ったものの見方に「常見」と「断見」の二つがあるという。前者は東洋によく見られるもので、人は死んでも魂（私）は不滅であって、輪廻転生などをいう。一方、後者は人の命はこの世限りのもので、死ねばすべては滅び、死後の世界（後世）はもちろん、因果の法則（カルマの法則）もないというものだ。

例えば、世間を震撼させる凄惨な事件が起ころうとも（いつの時代もあったし、これからも無くならないと思うが）、被告に反省の弁もなければ、改悛の情もなく、早く死刑を望むなどと開き直られたら、もう如何なる刑罰も抑止力とはなり得ない。それもこれも、彼らが死はすべての終わりと高を括る「断見」にあることは明らかで、そんな彼らに、できれば被害者（家族）に謝罪をし、刑に臨んで欲しいなどと、弁護士ごときが諭したところで、全く意に介さないことをわれわれは知っておくべきだろう。

それはともかく、因みに訊ねてみるが、もしあなたが虚心に自らを顧みれば、自覚の有無はともかく、このどちらかに基づいて人生を歩んでいるはずだ。ところが、多くの人々がそうであろう「断見」に対して、白隠はなかなか手厳しい。

人は二気の良能にして、死すれば灯などの消えうするが如くなる物を、何の天堂かあり、何の地獄かあらむと。これは断見外道の所見にして、恐るべきの悪見なり。昏愚《こんぐ》、これより甚《はなは》しきはなし。

白隠『邊鄙以知吾』

人間は陰陽の二気、分かり易く言えば、男女の交媾から生まれ出たものであり、死ねばすべて無に帰す。まして、天堂も地獄も（六道の二つ）ありはしないというのが「断見」、すなわち外道の見（仏道から全く懸け離れた顚倒と錯誤の愚見）であり、白隠はこれに過ぎたる悪見、昏愚（愚かさ）はないと言う。さらに、とかくこれほど科学技術が発達した現代に、宗教などもはや過去の遺物に過ぎず、時代錯誤もはなはだしいと宣う知識人に対して（宗教的には、殆ど愚者に等しいのだが、真の智者については、いずれ明らかになろう）、「仏法中には因果を信じ、来生あることを知り、苦報を恐るゝを以て大智慧とす」（同上）と彼の言葉は続くが、仏教はただ因果を信じ、来生に三悪道（地獄・餓鬼・畜生）の苦患（苦報）があると知るだけではまだまだ不充分で、それ（来生＝来世＝後世＝順次生）さえも超えた境地を目指していることは、釈尊自身が「現世を望まず、来世を望まず、不死の底に達した人を私はバラモンと呼ぶ」（『ダンマパダ』）と言ったように、現世と来世、いずれも超えた生と死の彼方にある「不死の境地」（同上の言葉であるが、涅槃界のこと）を目指しているのであり、そこに到達した人を彼はバラモンと呼び、生死に迷うわれわれもまた、そういう意味において、真に生けるバラモン（覚者）となるよう勧めているのである。

不死の境地を見ないで百年生きるよりも、不死の境地を見て一日生きることの方がすぐれている。

『ダンマパダ』

最近では、臨死体験者の報告などから、人間は死んでも終わりではないのかと思い、「常見」に飛びつく人々がいるが、殆どの人は肉体が滅べば、すべては終わりという「断見」に傾いていよう。「常見」を採る人々は輪廻転生（永劫回帰）を言い、また死後の世界や精神（心霊）世界を説くことが人間の秘密を解き明かすかのように錯覚し、一方、「断見」は私利私欲に走る世相がよく表している、というのが言い過ぎなら、一度しかない人生を悔いなく生きるという、誠に軽佻浮薄な現世至上主義になり易い。しかし仏教は、そのどちらの立場をも超えた「不死の境地」、すなわち涅槃の世界を目指していることを忘れてはならない。それはキリスト教の場合も同じである。

朽ちるものは、必ず朽ちないものを着なければならず、死ぬものは、必ず不死を着なければならない。

『コリント人への手紙Ⅰ』

いずれは朽ち果てる血肉のからだは神の国を継ぐことはできない。そのためには朽ちない霊のからだを着なければならないが（「血肉のからだがあるのですから、霊のからだもあるのです」同上）、われわれはそれこそ死ぬまで朽ちるからだ（肉体）に拘わり続け、「必ず朽ちないものを着なければならない」と言われても、全くもって理解できないし、なぜそんな面倒なことが必要なのかと考えるだろう。この稚拙さこそ大人から子供に至るまで、広く蔓延している根本無知（avidyā）であり、パウロは、もしあなたが今生において不死を着ることができたら、その時あなたは、「死は勝利に飲み込まれた」という秘儀を成し遂げたことになろうと言う。仏教的に言えば、「解脱して（生死の）苦海を出づれば」、もはや再びこの地上に空しく戻り来ることはないということだ。

第４章　自心所現の幻境

仏教の世界観をいう場合、しばしば取り上げられるものに「三界唯心」という考え方がある。われわれが、そうという自覚も無いまま、生死・輪廻している経験世界を三界と呼ぶが、それには欲界・色界・無色界の三つがあり、現在、われわれは最も低い存在のレベルに位置する欲望の世界（欲界）を生きている。「三界唯心」を平たく言えば、世界はあなたの心ゆえに存在している、あるいは、あなたが世界として捉えているものはあなたの心に他ならないということだ。

一方、デカルト哲学に代表される二元論的な世界観（物心の二元論）は私と世界とを分離し、世界は客観的に存在しているから、客観的に記述（測定）が可能であると考えるが、仏教が世界をいう場合、経験するわれわれ主体の側も含めて理解していく。言い換えると、世界はそれだけで存在しているのではなく、外的に存在すると見られる客観世界も、見る側の心と密接に結びついているということで、「三界唯心」と熟語される。この考え方は現代物理学（それに対して、前世紀初頭、量子力学が出現する以前の物理学を総称して古典物理学という）の瞠目すべき成果である量子論が世界（客観）と心（主観）が相互に関連し、分離できないとする世界観に近接している。その典拠として、「三界は虚妄にして、但これ一心の作なり」（『華厳経』）、「三界は虚偽にして、唯心の所作なるのみ」（『起信論』）などが挙げられるが、いずれもわれわれが存在している、正しくは、われわれの心が捉えている世界は「虚妄」にして、「虚偽」であるというところに注意を要する。しかも、中国浄土教の初祖・曇鸞（四七六〜五四二）が「三界を見そなはすに、これ虚偽の相、これ輪転の相、これ無窮の相」（『往生論註』）と言ったように、三界はわれわれが果てしなく輪廻を繰り返す虚妄の世界（虚偽の相）なのだ。

それを『楞伽経』は、この世界はあなた自身の心が現出した幻影の世界（境界）であるということで、「自心所現の幻境」と纏めたが、あなたはあなた自身（の心）が立ち上げた世界に独り住んでいるということだ。それゆえ、あなたは情報として他者の悲しみや喜びを共有することがあっても、あなたが彼（彼女）の世界に住むことはあり得ない（逆も同じ）。言い換えると、われわれは今、同じ世界（人界）に住みながら、真に通じ合うことのない世界にそれぞれが生きているということだ。この意味において、人間は絶対的に孤独であり、たとえ一生を共にする者がいたとしても、あなたはあなたの世界を独り生き、独り死んで逝く。そして、その行き着いた先もまたあなたの世界なのだ。どこにあろうとも、常にあなたが世界となっているがゆえに、その世界にけりを付けるのはあなたを措いて他に誰もいない。つまり、転々と独り三界・生死の世界（虚妄の世界）を巡り続けるか、悟って涅槃の世界（真実の世界）に至るかはあなた次第ということになる。

確かに心（思考）は、百数十億年という進化の途上で、われわれ人間に具わり、宇宙の一隅に営々と文化や伝統（光もあれば、影もある）を築き上げた優れた機能ではあるが、一方で、われわれの目が捉えているものだけが唯一の実在と思わせる元凶でもあり、われわれはこの心に欺かれ、徒に生々死々を繰り返す「迷道の衆生」となっているのだ。というのも、思考（心）は、良くも悪くも、さまざまな問題（夢や悩みなど）を作り出し、かえってわれわれはその意のままになり、哀れ虜囚の身となっているのだ。それはまた、生とは、死とは何か。私はどこから来て、どこへ行くのか。なぜ私はここに存在しているのか。そもそも私とは何なのか……等、果てしなく続く哲学的・形而上学的な問いとしても現われ、この心を生きている限り、思考は常に脈絡もなく頭をもたげ、われわれは寛ぐことができないばかりか、安らかに眠ることさえ難しくなる。

このように、心（思考）は際限なく分析を重ね、計算し続けるが、どこにも行き着かない。それは科学が分析に、分析を重ね、どこまでも細分化し、その全体が見えないまま迷路に踏み込むようなものである。それどころか、一本の花の生命組織を調べるために、細部にまでメスを入れ、切り刻んでしまったら、やがて花は腐敗を始め、その馥郁たる香りは消えて悪臭を放つように、思考もまた過度に過ぎると、堂々巡りをするばかりで（机上の理屈を捏ねるばかりで）、出口が見出せないまま頓挫することにもなりかねない。そういう意味で、思考（分析する心）は真に生きたいのちを切り裂き（荘子の「混沌」が七竅を穿たれ、死んでしまったように）、また心理的に自己を追い詰め、結局、破滅に至らせる極めて暴力的で残酷な一面も併せ持っている。

それに対して宗教とは、果てしなく思考（分析）することではなく、思考（心）の彼方へと超えて行くことであり、体験的には、日常のさまざまな問題（政治・経済を含む）から哲学的・形而上学的な問いに至るまで、すべてはただ思考（心）の中に存在するだけで、思考（心）が消え去れば、そんな問いすらも消えて無いだろう。古来、覚者（仏）と言われた人たちは、自らの心が立ち上げた虚妄の世界（自心所現の幻境）に自らけりを付け、その舞台から降りた人たちであったのだ。そして、彼らの降りたところが涅槃、すなわち真実の世界なのだ。

このように、世界はそれだけで存在しているのではなく、われわれ自身の心と深く関係しながら、あざなえる縄のように存在している。従って、世界を語るとき心を語らざるをえないし、心を語れば世界も語ることになる。要するに、世界はそれを捉えているわれわれ自身の心を離れては存在しないのだ。否、事はそれだけではない。

生死はただ心より起こる
心もし滅することを得ば
生死も則《すなわ》ちまた尽きん

『華厳経』

ここに生死とあるのは、生死・輪廻しているわれわれということであるが、生死は一義的に身体（肉体）にかかわるものである。しかしこの経典は、生と死という、いわば物質的・肉体的な出来事もわれわれ自身の心と深く関係していると見ているのだ。つまり、生死・輪廻を繰り返す根源に心があり、あなたが生まれてきた原因にあなた自身の心が深く関与しているということだ。そうすると、生（誕生）をまるで他人事（計画的、偶発的を問わず、男女の都合）のように思っている人は、その短絡的な思慮のなさを反省しなければならないであろう。というのも、われわれは言葉にこそ出して言わないけれども、誰もが理論上そう思っているし、それは産むことについても言える。

だから今、家庭的に恵まれ、幸せならば、産んでくれたことを両親に感謝し、もしそうでなければ、なぜ産んだのかと詰《なじ》り、我が身の不幸を呪う。しかし、そのいずれもが的外れな誤解と無知に過ぎないということだ。そうして、心ゆえに生死・輪廻しているのであれば、当然のことながら、それが尽きるのは、われわれの心が消え去る時であろう。すると、心というものが一般に理解されている概念を遥かに超えて、われわれ人間の存在（生と死）を規定する重要なファクターをなしていることが容易に理解されるはずだ。

さらに言えば、生死がただ心より起こるなら、心を離れて私は存在しないことになる。たとえそれが生死・輪廻を繰り返している私であっても、この私は心ゆえに存在している。そして、世界もまた心ゆえに存在しているのであるから（三界唯心）、私も世界も心なくして存在しないということになるだろう。しかし、私と世界が心ゆえに存在しているなら、心が消え去れば、私も世界も存在しないということになる。このように、私・世界・心のトリアーデ（Triade）は密接に関連し、人間と世界というものを根本的に問い直す場合、どれか一つを取り出して論じるだけでは不充分なのだ。

存在のこの基本原理を銘記した上で、われわれの心が消え去るとき、心は一体どうなるのであろうか。もちろん、それは無心となる。しかし、「無心はすなわち真心なり、真心はすなわち無心なり」と禅宗初祖の菩提達磨（六世紀頃）も言ったように、無心こそわれわれの本来の心（真心＝心性）であり、そこに心（思考）が生じたがゆえにわれわれは今、生々死々を繰り返しながら、六道輪廻の世界（自心所現の幻境）を独り巡っているのだ。

何がゆえに衆生は六趣に輪廻し、生死を断たざる。答えていわく、衆生は迷妄にして、無心の中において妄に心を生じ、種々の業を造って、六趣に輪廻せざるは無し。

菩提達磨『無心論』

衆生とは六道（六趣）に輪廻し、迷妄の淵に淪《しず》むわれわれ自身のことであるが、本来何もない無心の中に妄りに心が起こると、その心の欲するところに随って、われわれは行為（有為）の世界に入って行く。しかし、それがかえって是非・善悪、種々の業（カルマ）を結び、われわれはゆくりなくも生死に迷う「迷道の衆生」となる。もう一度、『起信論』を参酌すれば、無心（真心＝心性）の中に忽然と念（心）が起こる無明（無明の忽然念起）から、生・老死に至るわれわれの存在は始まったということである。『起信論』はその心を「無明妄心」と呼んだが、無明ゆえに妄りに起こる心という意味であった。そして、われわれはこの心（妄心）に誑かされ、現世（今生）に善くも悪くもさまざまな業（カルマ）を作り、その業報ゆえに、生死を離れられないまま来世（来生＝後世＝順次生）に再び六道のいずれかに生を享けることになる。

するると、いわゆる心が健康であるか、不健康であるかなど、無明（avidyā）という観点からすれば、さしたる違いはない。心の健康とは、社会（学校教育を含む）に適応し、普通に日常生活が営める一般の人々であり、一方、不健康とはそれを行うことが難しい病める人のことであるが、いずれも心ゆえに生死に迷う「常没の凡夫」となっているのであり、その有り様を根底から問い糾そうとしているのが仏教であるからだ。言い換えると、心が本当に健康であるかどうかを、ただ社会の適・不適で測るのではなく、われわれの心が妄心であるか、真心であるかに因ると考えているのが仏教なのだ（詳細は「信の巻」参照）。もちろん、後者を普通に社会生活が送れるように手を差し伸べ、引き上げることは大切なことであるが、生死の問題は依然として残ることを忘れてはならない。

後有の身とは即ち六道に生を受くるものなり。衆生の現世に心に迷うて、好んで諸業を結ぶがために、後に即ち業に随って生を受く、ゆえに後有と云うなり。

慧海『頓悟要門』

唐代の禅家・慧海は、諸の業（カルマ）に随って、われわれが死後（後世＝来世）に再び纏うことになる身体という意味で、それを「後有の身」と言う。後有とは、われわれが今、生息している本有（現世）に対して当本有（来世＝順次生）ということであるが、この現身も前世から見れば「後有の身」である。そして、六道のいずれの身体を纏うかは、この世で為したわれわれ自身の行為（諸業）に因って決定されるが、自らの心（思考）に迷惑し、心を離れられないまま今生の生（本有）を終えると、さらに後有（順次生）へと続いて行く、この果てしない旅が生死流転なのだ。

浄土の思想家として、心の有無について、その違いを的確に表現した人物を挙げるとすれば、それは一遍の次の言葉になろうか。

常の仰せにいわく、有心は生死の道、無心は涅槃の城と云々。生死を離るるというは、心を離るるをいうなり。……分別の念想（分別心）の起こりしより生死は有るなり。されば、「心は第一の怨《あた》なり。人を縛して閻羅《えんら》の所に至らしむ」と。

『一遍聖人語録』

生死（の道）と涅槃（の城）に分かれるのは、心の有無に依るのであり、われわれが心を離れることができたら、生死の世界（サンサーラの世界）から涅槃の世界（ニルヴァーナの世界）へと帰って行くと、一遍も常々弟子たちに語っていたようだ。そして、『華厳経』が「生死はただ心より起こる」と言ったことを、彼は「分別の念想（分別心）の起こりしより生死は有るなり」と纏めている。この離れなければならない心を、彼は「分別の念想」、「妄念」、「妄想顛倒の心」とさまざまに呼ぶが、注意すべきは、彼がその心を「第一の怨なり、人をして閻羅（地獄の主、すなわち閻魔王）の所に至らしむ」と言ったことである。つまり、われわれが日常的に心と呼んでいるものが、無始劫来われわれを生死・輪廻の絆に繋ぎ止めている元凶であり、ややもするとわれわれを地獄の果てまでも連れて行くことになりかねないと一遍は言う。ともあれ、この心から生死は起こってくるのであるが、われわれは、とりわけ肉体となると、生まれてから死ぬまで、次第に容色は衰え、終には朽ち果てようとも、目に見える形をとって現われているから、確かな存在と考えるけれども、心が実体のない「妄想顚倒の心」であるから、肉体もそれほど確かな存在の根拠があるわけではない。

三界の業報　六道の苦身
すなわち生じ　すなわち滅して　念念不住なり
体もなく実もなく　幻のごとく　影のごとし

空海『吽字義』

空海が六道（人間もその一つである）を巡る身体を「六道の苦身」と呼び、それには実体もなく、幻影のようなものであると言ったことを、臨済は「夢幻の伴子」と呼ぶ。心が生ずると、それに伴って夢か幻のように儚い身体が現われて来るというほどの意味であるが、実体のない心から実体を持たない身体が擾々と現われて来る。いわば、目に見えない心（nāma）が目に見える形（rūpa）を採って現われているのが身体ということになろうが、さらに補足すると、『維摩経』は、われわれの身体が顚倒した心（妄想顚倒の心＝妄心）とそれに基づく行為（業縁）から生じてくる幻影の如きものであることを、次のように言う。

この身は幻の如し、顚倒より起こる
この身は影の如し、業縁より現るる

われわれが自分と見なしている身体も顛倒したわれわれのなれの姿に過ぎないが、身体（六道の苦身）が他でもないわれわれの顛倒した心（無明妄心）から生じてくるという認識は、逆に言えば、心が消え去るならば、果たして身体などあるだろうかということになる。要は、心が消え去れば、無明から始まる生・老死（十二支縁起）などあるだろうかということだ。そして、生死（身体）が心より起こる幻影の如き「無明の相」（『起信論』）であるからこそ、われわれは生死の世界を超え、涅槃の世界へと帰って行くことができるのだ。

仏教は世界をサンサーラの世界（生死の世界）とニルヴァーナの世界（涅槃の世界）の二つに分けるが、それは世界が二つ存在するということではなく、心が生ずれば（有心ならば）二元葛藤するサンサーラ（生死）の世界となり、心を滅すれば（無心ならば）ニルヴァーナ（涅槃）の世界となる。あるいは、われわれの行為の基盤としての心が妄心（有心）であるか、真心（無心）であるかによって、世界も二つに分かれてくるということだ。

例えば、『起信論』はわれわれの心を妄心（心生滅の相）と真心（心真如の相）の二相に分けたが、心に二相あることから生死の世界と涅槃の世界に分かれてくる。つまり、妄心（有心）ならば、生死・輪廻する世界（虚妄の世界）に入っていくが、真心（無心）ならば、生死は尽きて、涅槃の世界（真実の世界）へと帰って行くということだ。

諸の凡夫は、真を覆いて一向に虚妄を顕わす。
諸の菩薩は、妄を捨てて一向に真実を顕わす。
『維摩経』

無著『摂大乗論』

まず、諸の凡夫、すなわちわれわれ人間は真心（無心）を自らの妄心（有心）で覆うがゆえに、見るもの悉くが虚妄となり、『起信論』が言うところの「妄境界」となっているのだ。しかも、その理由は、われわれ自身が真実を覆っているからに過ぎない。一方、諸の菩薩（覚者＝仏）は妄心を捨て、真心で以て見るがゆえに、見るもの悉くが真実（同様に「一法界」と言う）となる。人間は虚妄なるもの（バーチャルなもの）と真実なるもの（リアルなもの）との間に架けられた橋なのだ。

宗教における真実と虚妄の違いは心の真・妄に依るのであり、言うまでもなく、現在、われわれが見ている世界は妄心が捉えた虚妄の世界であり、真実はその背後に隠れている。しかし、それは隠れているのであって、失われたのではない。また、妄心というと、何かに取り憑かれた人間の妄想と考え、自分はしっかりと現実を見据え、理路整然と物事を見ているから、私には関係ないと思う人がいるかもしれないが、そうではない。六祖慧能（六三八〜七一三）が「心は本よりこれ妄なり」と言い、また、一遍が「心は妄念なれば虚妄なり」（『播州法語集』）と言ったように、われわれが深くその起源を尋ねることもなく、ごく普通に心と呼んでいるものであり、思考・欲望・感情など、どこからともなく妄りに湧き起こる心ということである。

また、絶えず浮かんでは消えしながら、途絶えることなく続いている心という意味で、「生滅心」、あるいは「相続心」ともいう。生滅を繰り返しながら、良くも悪くもわれわれを生死・輪廻の絆に繋ぎ止めている心であり、道元はそれを「生死繋縛の心」と呼び、親鸞もまた、「一生の間、思いと思うことみな生死の絆にあらざることとなし」と言ったように、この心が生滅を繰り返しながら輪廻転生していることから、『円覚経』はそれを「輪廻の心」と呼んだのだ。

すると、仏教が目指しているもの、あるいはわれわれ人間が辿るべき方向が見えてくる。簡単に言えば、仏教はわれわれを生死（サンサーラ）の世界から涅槃（ニルヴァーナ）の世界へと連れ戻し、虚妄から真実を顕わそうとしているのだ。しかし、それはわれわれがこの地上に虚妄に代わる真実を新たに作り出すという意味ではない。というのも、真実（真諦＝第一義）を作り出すことなど妄心（妄想顚倒の心）を生きているわれわれ人間（生死流転の凡夫）には絶対できないのだ。人間が作り出すものは、天国から地獄まで、喜びから悲しみまで、美しいものからおぞましいものまで、すべては鏡に映る影像の如く虚妄（虚偽）であるからだ。だからと言って、それがわれわれ人間にとって価値や意味が無いのかというと、そうではない。それどころか、われわれの心（妄心＝思考）がこの地上に勝手に持ち込んだ価値や意味にどこまでも執着し、徒に混乱しているのがわれわれ人間なのだ。

第5章　共同幻想の世界

人間は個人から国家に至るまで、自分の周りに自分にとって都合のいい主義・主張の世界や欲望の世界を作り出す。そういう意味において、人間は未来に夢や欲望を投影する動物と言えるが、それは美しい夢ばかりではない。ひとりの人間の脳裏をかすめた誇大妄想が無差別殺戮（ホロコースト）となった例は世界のいたるところで見られる。人間は天国から地獄までどんな世界をも作り出すが、いずれも人間の心（思考）が投影された幻影の世界（虚妄の世界）に過ぎない。万物の霊長と呼ばれるまでに進化を遂げた人間が（もっとも人間が勝手にそう呼んでいるだけであるが）、動物以下ともなり得ることは歴史の事実がよく示している。しかも、その原因たるや心（妄想顚倒の心＝妄心）にあることは充分に注意されていい。この心（思考）ゆえに、人間は地上における最も危険な存在ともなり得るのだ。

一体この世界は幻想の上に成り立っている。それなのにこの世界を人は現実と呼ぶ。それが目に見え、直接感覚に訴えてくるからだ。そして、この世界の存在の源となる形而上的なものを幻想と呼ぶ。本当は正反対なのだ。この世界こそ夢幻である。

『ルーミー語録』

われわれは自分の目が捉えた世界が真実であるか、虚妄であるかを問うこともなく、政治・経済から趣味・学問に至るまで、議論の上に議論を重ね、さまざまな世界を構築して行く。もっとも、われわれが真面目に議論している事柄が幻想であるなどと、ついぞ思うはずもなく、彼らの言辞こそ妄想に取り憑かれた人間の戯言ではないかと、全く取り合わないだろう。しかし、イスラーム神秘主義（スーフィズム）の稀有の神秘家・ルーミー（一二〇七～一二七三）は、われわれが現実として捉えているこの世界は虚妄（幻想）であって、真実はその源にある本源の世界（形而上的なもの）であると言う。仏教はこの関係を虚妄と真実、俗諦と真諦、世間と出世間、生死（サンサーラ）と涅槃（ニルヴァーナ）などで説明するが、虚妄の世界（この世）は何も無い真っ白な画布に塗り重ねられる絵のようなもので、われわれ人間が立ち至った悲劇を譬えたものに、空海が中国から請来した「画師の比喩」（『大日経疏』）がある。

無知なる画師の、自ら衆彩を運びて、畏るべき夜叉の形を作し、成しおわりて還《かえ》って自らこれを観て、心に怖畏を生じ、頓に地に倒れるがごとく、衆生も亦《ま》復是《た》のごとし。自ら諸法の本源を運びて、三界（欲界・色界・無色界）を画作して、還って自らその中に没して、自心熾然《しねん》にして、備《つぶ》さに諸苦を受く。

『大日経疏』

「無知なる画師」とは、もちろん「無明に闇」（親鸞の言葉）に閉ざされたわれわれ人間（衆生）を指しているが、彼が恐ろしい夜叉の絵を描き（有史以来、人間の非情と愚劣さがしでかした、この世の地獄絵図を想像すればよい）、それを見て、余りの恐ろしさに大地に倒れ伏すように、われわれ人間が帰るべきは「諸法の本源」（ルーミーの「この世界の存在の源となる形而上的なもの」に相当する）であるとも知らず、自ら三界の世界を作り出し（三界を画作し）、かえってその中に身を淪め、徒に六道・四生の間を往来しながら、さまざまな苦患に苛まれて来た（「悠々たる三界は純《もっぱ》ら苦にして安きこと無く、擾々《じょうじょう》たる四生は唯だ患《うれい》にして楽しからず」最澄『願文』）。

大切なことは、もともと三界・虚妄の世界があって、われわれがその中に入り、気がついたらそこが生死に迷う虚妄の世界（妄境界）であったというのではなく、われわれ自身が心（無明妄心）で以て三界・火宅の世界を作り出し、さらに生と死の狭間で自ら心を燃え立たせ（自心熾然にして）、流れる水に文字を書くよりもなお儚い愛憎・得失・悲喜・幸不幸……に一喜一憂している。しかも、三界・六道の世界が続いて行くのも、誰か、あるいは何かがわれわれを強要しているわけではなく、われわれ自身が自らの心（思考）を容認し、良くも悪くもエネルギーを注ぎ続けているからに過ぎない。

一切の諸法は皆な心に由《よ》って造られ、乃至、人・天・地獄、六道修羅も尽く心に由って造らるることを。

黄檗『宛陵録』

心は天国から地獄までも作り出すが、この理解をさらに敷衍すると、仏教が説く「一水四見」の考え方に行き着く。道元も『正法眼蔵』の中で取り上げているので、それを要約すると、彼は六道（天・人・修羅・畜生・餓鬼・地獄）の中から、それぞれ心、あるいは認識構造の異なる四つの衆生を取りだし、人（人間）が水と見ているものを、天（天人）は瓔珞と見、餓鬼は猛火と見る。魚（畜生）に至ってはそれを住処（宮殿）と見なしているというものだ。彼は、「一水四見」という、われわれにとってにわかに信じ難い事例の意味するところについて、深く参究することを勧めているので、少し検討を加えてみよう。

まず六道は、いずれの境涯にあろうとも、迷いの存在（虚妄の世界）であることを確認しておかねばならない。これら「迷道の衆生」は（道元はこの場合、天、人、餓鬼、畜生の四者を例にするが、残る二つにも当てはまる）、それぞれ心の有り様、あるいは認識の構造が異なるために、同じものを見ていながら四者四様に見ている。そうすると、個々に意味があるとしても、四者共通の意味を見つけることはできないであろう。つまり、同じ心の構造を持ち合わせているものにとってのみ、分かり合える世界に彼ら（人間も含まれる）はそれぞれ住んでいることになる。言い換えると、人間が見ているものだけが正しいのかというと、そうではない。人間はたまたま水と見ているだけであって、決して真実を捉えているのではない。もちろん、天人、餓鬼などが見ているものが真実であるというのでもない。今述べたことを無著が実に見事に纏めているのでそれを引用しておこう。

鬼（餓鬼）と傍生（畜生）と人（人間）と天（天人）と各《おの》おの其《そ》の所応に随って事を等しくして、心異るがゆえに、義は真実に非ずと許すべし。

無著『摂大乗論』

心が異なれば（認識の構造が異なれば）、同じもの（事）を見ていながら、全く違う様相を呈してくるだけではなく、それらはいずれも真実には存在しない「情有理無」（『成唯識論』）であるというのだ（情＝心を持つ衆生には有るかのように映っているけれども、実際は存在しない無＝空であるということ）。つまり、われわれ衆生（有情）が心で以て見ている限り、真実を捉えているのではなく、その心にとってのみ意味を持つ世界を見ているに過ぎないということだ。われわれの場合、人間の心（人心）で以て見るとき、たまたま水と映っているだけであって、決して真実を捉えているのではない。それは、空の思想を説く『般若経』などが、われわれが見るが如くにものは存在しているのではないと言うに同じだ。

このように、衆生（人間に限らない）の心の有り様に依って、同じものがさまざまに見えてくる。どれが正しいのかというと、どれも違う。つまり、衆生の心（無明妄心）ではとうてい真実は見えてこないということだ。なぜなら、もしわれわれが真実（存在の実相）を捉えていたら、もはや生死に迷う「迷道の衆生」ではなく、悟りに到達した覚者（仏）であったろう。

われわれは、人間の心が捉えたものという共通認識に基づき、また人間の心にとってのみ意味を持つ世界（世間）で、政治や経済活動をし、文化の創造に勤しみながら、さまざまな問題を抱え込んでいるのだ。そして、この世界（娑婆）を住処とする人間が、たとえ真実（真諦＝第一義）を捉えていなくとも、つまり虚妄（幻想）であっても、その虚妄を共有し、そこに何がしかの意味と価値を見出し、日夜、努力している処という意味で、私はこの世界を共同幻想の世界と呼ぶ。もちろん、人間だけが共同幻想の世界に生きているのではない。ここに挙げた四者四様に、自らの心に随ってさまざまに見ているのだから、それぞれが共同幻想の世界を生きていることになる。要するに、心というものが存続する限り、私とその行いに相応《ふさわ》しい虚妄の世界（六道の世界）が擾々と立ち現われてくるが、それらはいずれも真実（第一義）ではない。真実はこれら共同幻想の世界の中にあるのではなく、その彼方にある。

第6章　主客の二元論

仏教は世間と出世間の違いをいう。世間というのは、われわれが生死・輪廻している虚妄の世界（妄境界）であり、それには人間界をはじめ三界・六道のすべてが含まれる。一方、出世間はそれらを超えた真実の世界（一法界）である。親鸞が『恵信尼消息』の中で「世々生々にも迷いければこそありけめ」といったのは世間であり、仏教はわれわれを世間（虚妄）から出世間（真実）へと連れ戻そうとしているのだ。親鸞自身も世々生々に迷っている世間から如何にして出世間に渡るかを探り、「生死出ずべき道」（悟りへの道）を求めていたことはすでに述べた。そして、生死の世界（世間）と涅槃の世界（出世間）の違いは、われわれの心に真心（無心）と妄心（有心）の二相があることから生じてくることも。

しかし、世間と出世間の違いなどと言ったところで、われわれは世間に棲息しながら世間がどういうところか実はよく分かっていない。世間を本当に知った者は悟りを得た人であると言った釈尊の言葉は、裏返せば、悟りを得ない限り、世間がどういうところか本当はよく分からないという含みがある。実際、悟りとは、高度に難解な真理を発見することではなく、われわれが今経験し、見ている世界（世間）がどういう処かを知った人のことだ。その時、人は世間（穢土・サンサーラの世界）をことさら厭い離れるというのではなく、それを知れば自ずと世間を超え、願わずともそこは出世間（浄土・ニルヴァーナの世界）なのだ。それでは、世間（この世）とは具体的にどんな世界をいうのであろうか。

人、世間の愛欲の中にありて、独り生れ独り死し、独り去り独り来る。行に当りて苦楽の地に至り趣く。身みずからこれを当《う》くるに、代るものあることなし。

『無量寿経』

「独死独来」（一休の言葉）を繰り返している世間とは、何よりも男女が演出する愛憎（愛欲）の世界であり、それが基本となって、生死、善悪、幸不幸、快苦、好悪、得失、成敗、……など、二元相対の世界を作り上げて行く。そして、われわれの見るもの、経験するものは、悉く二元性の間を揺れ動き、すべては移ろいゆく悲喜劇に過ぎない。二元性の世界とは決して一方だけを選び取ることができない世界であり、それは丁度、コインの裏表をなしている。果たして人の一生は、良寛が「うらをみせおもてをみせてちるもみじ」と詠んだように、いろんな意味で裏表を見せながら、また経験しながら、晩秋に、一葉また一葉と、散り行く紅葉のようなものといえようか。

ところが、われわれは幸福になるためであろうが、これら二元相対する表のみに意味と価値を認め、ひたすらそれを追い求めているのが世間といわれるところなのだ。だから、求めて得られないと、すなわち裏を経験すると、われわれは自分を不幸に思い、惨めな気持ちになる。生き急ぐ人間の感情としては、表は楽しくもあり、それを求めて何が悪いということになろうが、表には裏が避けられないところに、二元相対する世界の限界と問題があるのだ。そして、この二元葛藤の世界に棲息していること自体が苦（苦諦）であると説いたのが仏教であり、慧能や親鸞が「生死の苦界」（二元性を「生死」で代表させている）という所以である。この二元性の世界に対して一元性の世界があることを見事に言い当てたのはスーフィズムの偉大な神秘家・ルーミーであった。

愛情の世界に比すれば憎悪の世界は狭い。人が憎悪の世界を厭うて、愛情の世界に遁がれようとするのを見てもそれが分かる。けれど、その愛情の世界も、愛憎二つながらの源であるかの世界に比すればまだまだ狭い。愛情と憎悪、そういうものは二元論に陥ることを免れぬ。かの世界は愛憎の彼方にある。このように、愛情ですら二元論の源である。そして、二元性の跡もなく、純粋一元性の世界も存在する。とすれば、その一元性の世界に到達した人は、愛も憎しみも共に超えた人でなければならない。その世界には二元性の入る余地は全然ないのだから、そこに至った人は完全に二元性を超越しているはずである。従ってまだ二元性の支配していた最初の世界、つまり愛情や友情の世界は、今やその人が移ってきた一元性の世界に比すれば、どうしても低級と言わざるを得ない。

『ルーミー語録』

世間とは二元性の範疇（その基本に男女がある）を一歩も出ない人々から成り立っているが、そこに生きる者たちをことさら非難するのは宗教として行き過ぎのように思える。彼らがその世界を生きたいなら、それもいいではないか。しかし、この世が無明に基づく二元葛藤する幻影の世界（不二一元論学派の祖・シャンカラがいうマーヤの世界）であり、幸福を求めながら、もう一方に不幸を引き連れてくること（プラトンの言葉）、あるいは老子のように、幸不幸（禍福）を「禍いは福の倚る所、福は禍いの伏す所」と知った人、また釈尊のように、いわゆる生は老死に行き着くだけではなく、無益に生死の流れを経巡っていると本当に納得した人、あるいは、アウグスチヌス（三五四〜四三〇）が、「幸福の生を死の国にさがしている。そこに幸福の生はない」と言ったように、すべては過ぎ去る生の中に真の幸福などあり得ないと深く頷いた人のみが、この二元性の世界（虚妄の世界）から一元性の世界（真実の世界）へと帰って行けばいいのだ。そうは言っても、やはりここは、ルーミーの警告だけは記しておかねばならない。

地中の暗闇に棲息する地虫たちのように、現世の暗闇（二元性の世界）の中で満足しきって生活し、彼方の世界（一元性の世界）など必要も感じなければ、見たいとも思わぬ人々がいる。

旅行く人がいないと思うな
人知らぬ悟達の人がいないと思うな
存在の秘儀に与からぬ我が身なりとて
他人も同じと思い間違うな

『ルーミー語録』

翻って、一体、何が生死をはじめ二元性の世界を生み出し、われわれをして輪廻の世界（世間）に繋ぎ止めているのであろうか。それは他でもないわれわれ自身の心（妄心）なのだ。仏教はそれを分別心と呼ぶが、すべてを二つに分ける妄分別（vikalpa）に因って、二元性の世界が擾々と現われてくるのだ。いみじくも『起信論』が「一切の分別は即ち自らの心を分別するなり」と言ったように、生死・善悪をはじめとする、すべての二元性は真実（第一義）の中にあるのではなく、妄りに分別（思考）するわれわれ自身の心の中にある。しかも、それらは実際には存在しない虚妄（自心所現の幻境）であるがゆえに、それを「虚妄分別」という。

ともあれ、善悪も心なら、生死もまた心から起こってくる。キリスト教が「善悪の知識の木からは取って食べてはならない。それを食べる時、あなたは必ず死ぬ」（『創世記』）といった意味もここにある。そして、かく死に定められたわれわれ人間をアウグスチヌスは「死の性を負うもの」（『告白』）と言ったが、対立概念を造り出している心（思考）で以て生死や善悪の問題を解決しようとすること自体が自家撞着でしかないのだが、問題は死や悪であって、生や善ではないと、あなたは素朴に考えるかもしれない。しかし、コインの裏表をなしている二元性の一方のみを解決することは、事の道理からしてあり得ないのだ。

われわれは現在、二元性（生死・善悪など）が本来一つであることを理解できないし、まして対立する概念二つながらの源である一元性の世界を知らないからサンサーラの世界を巡っているのだ。ここがサンサーラであるというのではなく、われわれ自身の心がサンサーラなのであり、その輪を廻しているのもまたわれわれ自身の心なのだ。『起信論』はそれを「世間の一切の境界は皆衆生の無明妄心に依りて住持することを得るのみなり」と言ったが、「仮面の仏教徒」とも称せられるヴェーダーンタ（不二一元論）の哲学者シャンカラ（八世紀頃）は「心の他に無明があるのではない。心こそわれわれを輪廻の絆に縛り付けている元凶である」と言う。それゆえ、この心を除き、対立する概念が本来一つである本源の世界（諸法の本源）へと立ち返り、サンサーラ（生死＝世間＝二元性の世界）がニルヴァーナ（涅槃＝出世間＝一元性の世界）となるところに、われわれがこの地上に生まれてきた本当の意味を知ることになるのだ。

世間は社会規範や倫理・道徳を説き、それを法律で律していくが、その世間（サンサーラ）から出世間（ニルヴァーナ）へとわれわれを連れ戻そうとする宗教は、行為の善し悪しなど問題にはしない。というのも、生死・善悪はいずれも心（無明妄心）から生じてくるのであるから、いくら自らを律し、行為を正しても、心に基づく行為である限り、それは生死・輪廻の業（カルマ）となるからだ。ここに倫理（世間）と宗教（出世間）の間に根本的な相違があり、善悪の彼岸に立つ一遍の次の言葉はそのことをよく表している。

善悪ともに皆ながら　輪廻生死の業なれば
すべて三界・六道に　羨ましき事さらになし

『一遍上人語録』

また、親鸞が「外儀《げぎ》のすがたはひとごとに、賢善精進現ぜしむ」（『正像末和讃』）と言ったように、心を人の目によく見せることはできるだろう。他人を思いやり、慈善事業までやっていれば、心優しい、善良な人であるに違いない。私も立派な人と正直思う。しかし、言うことが憚られるが、善き人も悪しき人もわれわれの心（因）が、状況や環境（縁）によって、どちらに振れるかの違いであって（『歎異抄』に「さるべき業縁のもよおせば、いかなるふるまいもすべし」とある）、いずれも六道・四生をさ迷う「妄想顚倒の凡夫」であることに変わりはない。もちろん、この事実は世間における善悪の基準を廃無することではなく、ただ出世間（生死出離）を問題にする宗教の場合ということである。

世間とは心が作り出す二元相対の世界であることは理解されたとして、実際の日常経験として、世間はどのような特徴と構造を持つのであろうか。その一つに、われわれの認識構造を挙げることができる。つまり、世間とは、認識論的に言えば、見るもの（主＝人＝私）と見られるもの（客＝法＝世界）は共に存在するという主客の実在論的二元論を前提として物事を捉え、行動を起こしている世界ということだ。ところが、この主客（人法）が実際に存在するという妄執を正そうとして説かれたのが、仏教の無我（無自性・空）の思想であったのだ。存在するすべてのものには実体がなく、相互依存的（相対的）に存在しているというものであるが、それには大きく分けて、人無我と法無我の二種類がある。それなのにわれわれは人（私）も法（世界）も実在すると思い、それに囚われ、どこまでも執着して行く。そして、その妄執を我見というが、この場合、「我」というのは私という意味ではなく、実体的にものごとを捉える我執を意味し、それにも人我見と法我見の二種類があり（「我に二種あり。いわゆる人我と法我なり。この二種はみな妄執の所取なり」）、この人法の我見（人我見と法我見）があるために、われわれ（の心）は生死の世界を転々としているというので、瑜伽行・唯識学派の根本典籍の一つである『大乗荘厳経論』は「我見熏習して、心は諸趣（六趣）に流転す」と言う。

それゆえ仏教は、人法（主客）の無我を説き、世間（生死の世界）から出世間（涅槃の世界）へと渡って行きなさいと教えているのだが、それを端的に表したのが『成唯識論』の次の言葉である。

二取の随眠はこれ世間の本なり。唯しこれのみをよく断ずるを出世間と名づく。

『成唯識論』

「二取」とは能取（grahaka）と所取（grahya）の二つを表し、文脈に沿って言えば、主客（人法）ということだ。「随眠」とは「衆生に随逐して蔵識に眠伏せり」といわれるように、主客の認識構造がわれわれの意識の深層に常にある。つまり、われわれが主客の関係で物事を捉える習性（習気）は無意識の裡に常に働いているという意味なのだ。また「蔵識」とはアーラヤ識（瑜伽行・唯識学派の人々が、われわれ衆生が輪廻転生する根源にあるものとして見出してきた深層意識）のことであり、われわれ人間には主客の関係で物事を見る傾向が深層意識であるアーラヤ識の中に構造的に組み込まれている。このように、主客の関係でものを見、思考し、また経験する世界を世間（サンサーラ）というから、『成唯識論』は「二取の随眠はこれ世間の本なり」と言ったのだ。そして「唯しこれのみをよく断ずる」、つまり、この主客（人法）というものの見方を断つことができたら、それが忽ち出世間（ニルヴァーナ）になろうということだ。

しかし先に、この主客の認識構造は心（無明妄心＝分別心）から生じてくるとしたのであるから、心が世間（生死）の本であり、心を断ずるとき、生死は尽き、出世間（涅槃）になると言ってもよい。だから『華厳経』は、「生死はただ心より起る。心もし滅することを得ば、生死も則ちまた尽きん」と言ったのだ。ともあれ、思考するもの（主＝心）と思考されるもの（客＝物）という主客の認識構造に基づいて、さまざまな経験をしているところが世間であり、その経験が善くも悪くも業（カルマ）となって、生々死々を繰り返しているのがわれわれ人間（衆生）なのだ。それをさらに具体的に言えば、一遍の次の言葉になろうか。

「心の外に法を見るを名づけて外道とす」という事、心外に境をおきて、念をおこすを迷いとは言うなり。境を滅して独一なる本分の心は妄念なし。心境格別して、二と思いしより、生死に流転するなり。

『一遍上人語録』

われわれは、私（心）がまず存在し、その私が世界（法＝境）、それには自然・社会・人・物・マネー・組織……など、すべての事物が含まれ、それらとの関りの中で思考を巡らせ、実際の行動に移る。しかし、人間にとってごく当たり前の主客の二元論的な思考方法と行為の中に重大な欠陥が隠されているだけではなく、それがわれわれにとって生死に迷う根本原因となっていると一遍は見ているのだ。心（人）の外に法（世界＝境）があるとする世間も、さらに言えば、物心（物質と精神）の二元論を基本に据えてきた近代人・現代人の思考方法も、仏教的観点からすれば、外道（真理＝第一義から外れた道）に他ならないということだ。このように、われわれが日常的に私（心）の外に世界（法＝境）が存在するという認識構造こそ根源的な迷妄（根本無明）であり、主客（心境）がそれぞれ独立して実在すると考えたところから生死流転は始まっているのだ。

従って、この二元論的な思考方法を離れない限り、われわれは生々死々する世間に留まることになる。中国華厳宗・第三祖の法蔵（六四三～七一二）が「心に由りて境を現わし、境に由りて心を現わす」（『妄尽還源観』）と言ったように、心を離れて世界（境）はなく、世界を離れて心もない（つまり、「三界唯心」ということ）。逆に言えば、心が消え去るならば世界は無く（無境）、世界が消え去るならば心もまた無い（無心）ということだ。この心境（主客）が共に消えたところを、一遍は「本分の心」と呼び、その心（無心）に辿り着いて初めてわれわれは独一なる涅槃の世界（一元性の世界＝一法界）へと帰って行くことになるが（彼はそれを「生死なき本分に帰る」と言う）、逆に、その心（本分の心＝本心）に妄念といっても、われわれが一般的に心として理解しているものが起動すると（無明の忽然念起）、忽ちわれわれは主客の実在論的二元論に基づいて物事を捉え、それと同時に生死流転の世界（二元性の世界＝妄境界）へと入って行くことになるので、彼は「心境（主客）格別して、二と思いしより、生死に流転するなり」と纏めているのだ。

生死・善悪をはじめ、二元性の世界が擾々と現われて来るのは、今述べた主客（心境）の認識構造に依る。さらにわれわれは自分の感覚（六識）が捉えた物（法＝境）に、文字通り主観を交えて、好悪、是非、美醜、損得、利害……など、さまざまな価値をこの世に持ち込む。そして、これらの根底にあるのが心（無明妄心＝分別心）であり、われわれは自らが勝手に持ち込んだ価値にどこまでも執着し、個人から組織に至るまで、利潤と保身を追求する一方で、相争うことにもなるが、この妄執（我執）がわれわれをして生死の世界（世間）に縛る業（カルマ）になっていることなど誰も教えてはくれない。せいぜい、われわれは悪を慎み、できれば善き業を勧めるという人の道を説くばかりで、善悪ともども生死・輪廻の業（業縁）となっていることなど、一向に理解されない。

第7章　真我と仮我

デルポイの神殿に掲げられた、「汝、自らを知れ」という箴言を古人がどのような思いで見たのか、今となっては知る由もないが、われわれが社会生活を送る上で、ただ自らの分を弁え、自制するといった倫理的・道徳的な要請ではなく（それも必要なことではあるが）、人間存在の基本にかかわる根本的な問いではなかったか。逆に言えば、自己を知らないことは、われわれ人間にとって如何に重大な結果を招くかを問い掛けていることにもなろう。

己をかえりみて、己を知れ。たとえ学文（学問）をひろくして、いかほど物を知りたりとも、己を知らずば、物知りたるにあらず。

正三『盲安杖』

禅の思想家・鈴木正三（一五七九〜一六五五）の「己をかえりみて、己を知れ」という言葉は、仏教が自己認識の問題であることをよく示している。彼もまた、学問をどれだけ究めようとも、あなたが自己を知らないとしたら、あなたは無知以外の何ものでもないと言い切る。ここには、いわゆる学問というものが、われわれ人間にとって何ほどのものであり、たとえ学問・研究（仏教学を含む）に一生を捧げ、名なり功を成し遂げたとしても、あなたが自己を知らないとしたら、この得難い生（人身）を無駄に使い果たし、空しくこの世を去ることになろうということだ。キリスト教に目を移すと、イエスは言う。

すべてを知っていて、自己に欠けている者は、すべてのところに欠けている。

『トマスの福音書』

すべてを知ってはいても（そんなことはあり得ないが、高々、専門の分野に通暁した学者や識者であっても、と解すればよい）、自己を知らない人は絶対的に貧しく、さもしいということだ。このように、自己について無知であることは、知識の多少を計るという人間社会の相対評価ではなく、人間の根本的な欠如態を示している。キリスト教もまた、そこから人間の在り方、あるいは認識というものを問い糾そうとしているのである。言い換えれば、われわれ人間が知るべきことは多くない、ただ一つ自己であり、その認識を欠くならば、すべてに欠け、われわれは無知と混乱の内にあって、決して満たされることがないということだ（詳細は拙著『自己認識への道—禅とキリスト教—』参照）。

仏教に限らず宗教は、自己を知ることの大切さを説いているのだが、問題はこの自己が何を指しているかということだ。それがわれわれの考える自己ならば、ことさら「己をかえりみて、己を知れ」と言うこともなかろう。なぜなら、われわれは自分のことは自分が一番よく知っているという想いがあるからだ。しかし、宗教がいう自己認識は、いわゆる自己を知ることではなく、われわれが本当の自己とは何か、未だ知らないということが前提とされている。例えば、グノーシスの宗教やヴェーダーンタの哲学が「私とは誰か」という問いを突きつけてくるのも、また、禅の思想家たちが父母未生以前の「本来の面目」（真の自己。真人とも呼ばれ、それはもう解脱を成し遂げた仏に他ならない）を言うのも、現在、われわれが真の自己を知らないからこそなのだ。

われわれが自分という場合、一義的には父母から享けた身体を私だと思ってきた。ところが禅は、あなたの父と母が生まれる前のあなたはどんなあなたでしたかと問うているのだ。しかし、父と母が生まれる前にあなたなど存在するであろうか。否、絶対にありえないとわれわれは思う。それにもかかわらず、禅は父母未生以前にまで遡って、われわれの盲信を砕き、真の自己（本来の面目）は何かを問い糺しているのである。これに関連して、私はどうしてもイエスが自らの〈出自〉について詰問される場面を思い出してしまう。そのやり取りはこうだ。

イエスは答えられた。「わたしがもし自分自身に栄光を帰するなら、わたしの栄光はむなしいものです。わたしに栄光を与える方は、わたしの父です。この方のことを、あなたがたは『われわれの神である』と言っています。けれどもあなたがたはこの方を知ってはいません。しかし、わたしは知っています。……「まことに、まことに、あなたがたに告げます。アブラハムが生まれる前から、わたしはいるのです」。

『ヨハネの福音書』

イエスは自らの宗教的立場を謙虚に語りながら、一方で、私はあなた方が知らない「父なる神」を知っていると自信を覗かせる。しかし、その神はイスラエルの民の祖であるアブラハムが生まれる前から存在し、私は今それと一つであると宣言しているのだ。つまりイエスは、私はアブラハムが生まれる前から存在し、私は常にそれであったという表明なのだ。ところが世の識者（宗教者）は、あなたがここに存在しているのは、何代にも遡る父祖たちがあってのことで、いのちは脈々と受け継がれているなどと、したり顔で言う。確かにそうに違いないが、宗教はその係累（つながり）に思いを致すことではなく、あなたの始まりの父祖以前（禅的には、父母未生以前）から存在する真の自己、すなわち彼らが神と呼んだもの（「在りて在る者」『出エジプト記』）を知りなさいと教えているのだ。そして、それを知った者は「決して死ぬことがない」と。

因みに、真面目な人とはどういう人をいうのであろうか。真面目とは「真の面目」と読める。すると、真面目な人とは「真の自己」を知った人というように理解されるだろう。禅でいう父母未生以前の「本来の面目」を知った人ということだ。しかし、そんな自己を知っている人が、果たしてこの世にどれだけいるであろうか。それなのにわれわれは軽々に人を評価し、貶たり、持ち上げては人格者などという。

Personality（人格）の語源はラテン語の persona（ペルソナ）で、仮面という意味がある。per とは「〜を通して」、つまり仮面の背後から sona「音（声）」が発せられているということだ。善人が犯罪者となり、罪人が改悛して聖人に、盟友が怨敵となり、愛する人がいつしか憎しみを露にする。さまざまに取り替え自由なのが仮面の特徴であり、われわれは日常生活の中でたくさんの仮面を持ち合わせ、相手によって使い分けもする。そして、われわれはその仮面に磨きをかけ、少しばかりは見栄えのする仮面を自分だと考えるようになる。中には、それだけでは不充分とみえて、雛壇で滑稽な衣装を身に纏い、権威を誇示するが、宗教はそんな仮面など問題にはしない。本当に真面目（真の自己）であれ！と言っているのだ。そのためには一つひとつ仮面を剝いでいかねばならない。なぜなら、真の自己（本来の面目）は仮面の内側に隠されているからだ。宗教的に真面目な人は、仮面のもつ欺瞞性と傲慢さを知っているがゆえに、不真面目な人にとっては多少理解し難い存在であるようだ。

キリスト教が人間を「外なる人」（homo exterior）と「内なる人」（homo interior）の二つに分けたように、われわれには二つの私がある（「たとえわれわれの外なる人は衰えても、内なる人は日々新たにされています」『コリント人への手紙Ⅱ』）。これをうけて、キルケゴール（一八一三〜一八五五）は、内なる人の優位性を、「人生を誤って内なるものを取るかわりに外なるものを取りはしたけれども、その魂がいろいろとこの世へ巻き込まれているけれども、それにもかかわらずなお、内なる人を強くされて神のもとに復帰し、かくて内なる人となって再生した人こそ幸福であります」（『死に至る病』）と言った。しかし、われわれが日常的に自分と呼んでいるものは真の自己（内なる人）ではない。それは仮初の、見せかけの私（外なる人）であり、あなたが身につけている衣服のようなものだ。そして、真の自己を知るためには、あなたが生まれてこのかた身に付けたあらゆる見せかけの仮面（仮我）を捨て去らねばならない。それがあなたに真実のあなた（真我）を見ることを不可能にしているからだ。そして、宗教とはわれわれの誰もがすでに具えている、この内なる真実に気づかせようとしているのだ。

あなたは夜となく昼となく自分の肉体を養うことに気を取られている。だがこの肉体はあなたの乗る馬、この世はその厩だ……。あなたは肉体に組み敷かれてその意のままになり、哀れ虜囚の身となっているのだ。

『ルーミー語録』

ルーミーは真の自己を馬（肉体）に乗っている人になぞらえる。しかし、われわれはいずれ老死に至る肉体（馬）を自分と思い、それをどう美しく見せ、如何に若く健康で長生きできるかが主なる関心事になっている。この世でわれわれは肉体を養い、肉体を満足させることに心奪われ、肉体の虜になっているが、あなたの真の自己とあなたの肉体はまるで別なのだ。そして、「この世はその厩だ」という表現の中に、この世（世間）は、いずれは朽ち果てる肉体を纏ったがゆえに現われた仮の住処

（世間）であり、われわれは真の自己（本来の面目）を知らないまま、ただ生き長らえるために、死ぬまで餌をやり続け、ひたすら馬（肉体）に執着し、厩の中に居残って、帰るべき永遠の故郷（出世間）があることなど全く知らない（「魂の故郷に天がある。目に見える天を治める別の天がある」『ルーミー語録』）。

江戸後期の儒者・佐藤一斎（一七七二〜一八五九）も「本然の真己あり、軀殻の仮己あり。須らく自ら認め得んことを要すべし」（『言志四録』）と言ったが、「軀殻の仮己」というところに、われわれが自分の肉体（軀殻）を指して自分と見なしていることがよく表れている。しかし、それは「仮初の一身」（源信の言葉）に過ぎず、もう一方の「本然の真己」を知ることの肝要を説いている。彼の真己・仮己を元に辿れば、明の時代に活躍した儒者・王陽明（一四七二〜一五二八）の真吾と私吾に行き着くようだが（彼の主著の一つ『伝習録』に「真己はこれ軀殻の主宰なり。もし真己なければ軀殻なし」とある）、彼もまた自己に真吾（真我）と私吾（仮我）の二つがあるという。仏教に目をやると、先の鈴木正三は身体（肉体）について、次のように言う。

元来この身は地・水・火・風の仮物にして、我というべき物なし。しかるを錯って、仮のこの身を我と思うなり。

正三『反古集』

われわれは自分の身体を指して私ということがある。彼（彼女）は逝ってしまったというのも、その意味で用いられている。しかし正三は、それは誤った思い込みに過ぎず、身体は地・水・火・風の四大元素が仮に集ったもの（仮物）に過ぎず、そこに私（我）と呼ぶべきものなど在りはしないと言う。それゆえ、死の時、これらの元素はばらばらに離散し、肉体は最後、土（大地）に帰る。要するに、仮初の、偽りのものだけが時間と共に変化し、いずれは朽ちてゆく。その典型が、われわれが自己と見なしている仮我（軀殻の仮己）なのだ。

人間（human）の語源はラテン語のhumusであるが、これには大地（土・塵）という意味があり、われわれ人間が土（塵）から造られていることを、言葉の上で明らかにしていると言えるかもしれない。旧約聖書には、神は土の塵から人間を造られたとあるが、土から造られた土の器（肉体）はいずれ土に帰るというわけだ。

あなたは顔に汗を流して糧を得、ついにあなたは土に帰る。
あなたはそこから取られたのであるから。
あなたは塵だから、塵に帰らなければならない。

『創世記』

次に、心はどうだろう。心もまた感情、思考、意志……など、絶えず脈絡もなく、湧き起こっては消える想念（妄念）の流れに過ぎない。しかし、私の気持ち、私の考え、私の意見などと言うと、いかにも私が存在しているかのように思うが、身体と同様、心を体した私が実際に存在しているのではない。

例えば、怒りが込み上げてきたとしよう。すると、一般的には、私が怒っていると考えるが、そこにあるのはただ怒りであり、怒りが私なのだ。もう一つ、人が意見を表明すると、それに反論して、私はこう思うと議論は続く。すると、私が考え、私が意見を戦わしているように思うが、ただ相手の意見（音声）に反応し、言葉が飛び交っているだけで、その時は、思考（意見）が私なのだ。冗漫になるので、結論を急ぐと、いわゆる心はあなたが今生（だけではないが）で身に付けたさまざまな知識（情報）や経験が詰まった記憶の貯蔵庫（アーラヤ識）であり、その内容（データ）があなたという個性（自我＝仮我）を作り上げると同時に、自他を分けているのである。そして、この記憶（メモリー）が五感を通して外から入って来るさまざまな刺激（情報）にただ反応し、妄りに感情や思考が湧き起こっているだけで、そこに一貫したあなたが存在しているのではない。むしろ、データを寄せ集め、条件付けられた私（それが仮我の内容である）が、鏡の表面に積もる埃のように、ますます真の自己を翳し、見えなくなっているのだ。

この理解からとても重要な結論が導き出せる。というのも、われわれが日常的に苦楽・悲喜を経験しているのは身心からなら私であるが、そこに私と呼べるものなど存在しないにもかかわらず、私は在ると思い、執着するがゆえに、良くも悪くも、さまざまな問題を抱え込み、われわれを引き摺り回し、幸福にも、不幸にもするということだ。そうすると、本来、無我であるところに仮初の私（仮我）を仮構したがゆえに、生死の波に翻弄され、生・老・病・死の四苦は絶えて終わることがないということになるだろう。以上を纏めて、道元は次のように言う。

今生の身心は、四大・五蘊、因縁和合して仮になせり、八苦（生・老・病・死の四苦に、愛別離苦・怨憎会苦・求不得苦・五陰盛苦の四苦を加えたもの）常にあり。

道元『正法眼蔵』

常に四苦八苦する「今生の身心」を、空海は「五蘊の仮我」と呼んだが、人間というものは色・

受・想・行・識の五蘊から構成されており、色蘊とは身体のことであり、それを開くと地・水・火・風の四大から成り、受・想・行・識（感情・思考・意志・意識）の四蘊はわれわれの心の働きを四つに開いたものであるから、纏めれば心ということになる。ここから、われわれは自分というものを身心から成ると考えるが、それが仮初の私（仮我）に過ぎないということだ。つまり、われわれが何の疑いもなく、ごく当り前のように使っている「私」というものが、それほど確かな存在ではないということだ。しかし、そんな私が喜んだり、悲しんだりしながら、帰るところも分からないまま、生々死々を繰り返しているのがわれわれ人間なのだ。

このように、毎日の生活の中で、私の身体、私の考えなどと無意識に繰り返していると、いつしか身心を司る私がこれらの背後に存在しているかのように思ってしまう。ここから、私と私のもの（仏教はそれを「我」と「我所」という）への執着が生まれ（同様に「我執」という）、自己と他者という区別が始まると共に、主客の実在的二元論の網の目に絡め取られ、生々死々を繰り返す「迷道の衆生」となるのだ。しかし、身心が仮我であるとは、そういうわれわれが考えるような私（自我）など存在しないという意味であり、われわれが自分と見なしている身体の中にも、また心の中にも私と呼ぶに価する私など何処を探しても存在しないのだ。

この身は人（主）なきこと水の如しとなす。この身は実ならずして、四大（地・水・火・風）を家となす。この身は空なり……。

『維摩経』

仏教の根本思想の一つである無我（anatta）とは、実際にはありもしない私（我）と私のもの（我所）に囚われてゆく妄執を正そうとして説かれた、釈尊の慧眼（人間を含む、存在する全てのものが無自性・空であると見通す智慧の眼）であったのだ。ありもしない私（我）と私のもの（我所）に囚われていくところに、ありもしない「生死の夢」（源信の言葉）は果てしなく続いて行くという訳だ。

真実の我とは、これ如来性（仏性）なり。当に知るべし、一切衆生に悉く有り。ただ、かの衆生は、無量の煩悩に覆蔽せられて現れず……如来（仏）は誘進して衆生を化するがゆえに、初めは衆生のために、一切法の無我の行を修するを説く。無我を修する時に我見を滅除す。我見を滅し已って、泥洹（涅槃）に入る。世俗の我を除くがゆえに、非我方便の密教を説く。しかる後に為に如来の性を説く。これを世を離る真実の我と名づく。

『大般泥洹経』

真我と仮我を、この経典は「真実の我」と「世俗の我」という。真実の我とはわれわれの本性（如来性＝仏性）を指しているが、それは誰もがすでに具え、この世に染まることのない真我（本来の面目）であり、それは生まれることもなければ、死ぬこともない永遠のいのち（無量寿）そのものなのだ。一方、世俗の我という言葉の中に、われわれが真我を知らないで、誤って、主もなき仮我を私と呼んでいるに過ぎないという含みを読み取ることができよう。そこで仏（如来）は、生死に迷うわれわれ人間（衆生）を涅槃（泥恒）に入らしめんがために、初めに「一切法の無我の行」を修することを説かれた。つまり、私（世俗の我）も含め、すべてのもの（一切法）に実体は無く、空であることを知るならば、この世に染まぬ真実の我（真我）を知るであろうということだ。もちろん、それは釈尊も同じで、彼は自らの教義を次のように纏めている。

常によく気をつけ、自我に固執する見解を打ち破って、世間を空なりと観ぜよ。そうすれば、死を乗り越えることができるであろう。

『スッタニパータ』

「死を乗り越える」という釈尊の基本理念は、後に「生死を離れ、仏と成る」（道元の言葉）と簡潔に纏められることになるが、ありもしない世俗の我（仮我＝自我）への執着（我見）を離れ、無我となって真実の我（真我）を知ることができたら、その時、生死（サンサーラ）の世界から涅槃（ニルヴァーナ）の世界へと入る。要するに、生死と涅槃、迷いと悟り、虚妄と真実の違いはわれわれ自身が仮我であるか、真我であるかに因るのだが、後者を知った者にとって、今生の生（生存）が最後となり、再びこの地上に空しく戻り来ることはない。

悟りの究極に達し、恐れること無く、無我で、わずらいの無い人は、生存の矢を断ち切った。これが最後の身体である。

『ダンマパダ』

第８章　仏と衆生

仏教とは、仏陀（釈尊）が説いた教えということであった。しかし、その釈尊自身は二九歳で出家し、六年の修行の末に悟りを開いて覚者（仏）となったのであるが、それまでは彼もわれわれと同じ生死に迷う「迷道の衆生」であった。そして、仏となった彼がそのとき何を悟ったのかというと、自らの内側に本より真理（悟りの智慧）は具わっているという事実であった（「一切の衆生は悉く皆、如来の智慧・徳相を具有す、唯妄想執着あるがゆえに証得せず」『華厳経』)。しかも、それはひとり彼(仏＝如来)だけではなく、われわれの誰もが本来有しているものであり、釈尊の四五年に及ぶ教化活動は、まさに彼が知り得たこの内なる真理(第一義)を人々に説く旅であったのだ。

奇なる哉、奇なる哉、いかんぞ如来の具足せる智慧は、身中に在りて而も知見せざる。我まさにかの衆生を教えて聖道を覚悟せしめ、悉く永く妄想顚倒の垢縛を離れしめ、具《つぶさ》に如来の智慧、その身内に在りて、仏と異なることなきを見《さと》らしめん。

『華厳経』

すると仏教は、新たな発見や発明をすることではなく、必要なもの(如来の智慧)はすでに与えられ、それに目覚めるかどうかの問題ということになる。仏陀(釈尊もその一人)のことを真理に目覚めた人(覚者)と呼ぶのもそのためであるが、この考え方は後に仏性論(『涅槃経』の「一切衆生悉有仏性」に依る)、あるいは、如来蔵思想として発展することになるが、如来蔵とは、如来の智慧・徳相はわれわれ自身の内側(身中)にすでに蔵しているという意味であり、衆生本来仏という人間観も含意している。

一切衆生の身中にみな仏性あり、如来蔵を具せり。一切衆生は無上菩提の法器にあらざることなし。

空海『十住心論』

人間の無知と愚昧さを徹底的に知りぬいていた空海が、その一方で、人間の高貴な可能性をこの短い文章に認めていることが分かる。生死に迷うわれわれ人間(衆生)もまた、過去に輩出したであろう無数の覚者（仏）たちと同様、悟りの器（無上菩提の法器）でないものは一人もいないというのが彼の人間理解であり、その真理（仏性＝如来蔵）を悟って、われわれは生死の世界（サンサーラの世界）から涅槃の世界（ニルヴァーナの世界）へと渡って行くとした。

仏教とは釈尊自身の体験を踏まえ、われわれ衆生が如何にして仏、すなわち真理（悟りの智慧）に目覚めた覚者となって、生死を離れるかを説いている。事実、仏教には、ブッダ・釈尊の教えという意味と生死の流れを空しく巡るわれわれ衆生が仏と成る（成仏する）ための教えという二つの意味がある。すると仏教は、厳密には、人間を二種類に分けていることになるだろう。一つは、無益に生々死々を繰り返す衆生（sattva）と、もう一つは、真理に目覚めた覚者、すなわち仏（buddha）である。このように、人間は仏と衆生という二つのカテゴリーに分けられるが、白隠はその違いを水と氷の関係で説明する。

衆生本来仏なり
水と氷のごとくにて
水をはなれて氷なく
衆生の外に仏なし
衆生近きを知らずして
遠く求むるはかなさよ

白隠『坐禅和讃』

水と氷は同じ構成要素（分子）からできてはいるが、見た目にはやはり違う。それと同じように仏と衆生も違う。衆生は身中に有る真理（仏性＝如来蔵）を知らず、今なお虚しく生死流転を繰り返している。それにもかかわらず、その違いは相（水と氷、あるいは無相と有相）の違いであり、悟れる仏と迷える衆生の間にそれほど大きな違いがあるわけではない。早く、抜隊（一三二七〜一三八七）も「仏と衆生とは、水と氷の如し。氷にてある時は、石かわらの如くにして自在ならず。溶くれば、本の水にて、縁に随いとどこおることなし」と言ったように、水と氷の比喩が仏と衆生における自由の度合いを象徴的に表していることは明らかである。水はどんな形状の器にも自らを合わせ、自在であるが、一方、氷は互いに衝突し、息苦しさを感じ、競い鬩《せめ》ぎ合う様子はわれわれの社会（世間）そのものということになろうか。

ここで注目すべきは、氷は溶ければ自ずと本の水になるのであって、氷が努力して水になるのではないこの事実は、本編の主要なテーマである、われわれ衆生（氷）が仏（水）に成るとはどういうことかを暗示して、なかなか興味深い（後述）。老子がこの上ない善（「上善」）と言えるのは「上善如水」と水に譬えて、「水は善く万物を利して然も争わず」と言い、また親鸞が、われわれが帰趨すべきは自力を捨て、功徳（智慧）の大海と「一味」になるとしたことにも通ずるであろう（「煩悩の衆《しゅ》流《りゅう》帰しぬれば　智慧のうしおに一味なり」『高僧和讃』）。

水と氷の関係にある仏と衆生であるが、事はそれほど単純ではない。それは空海の「衆生は悟らずして長夜《ぢょうや》に苦を受け、諸仏はよく覚って常恒に安楽なり」（『平城天皇灌頂文』）を見れば、仏と衆生の違いは明らかで、衆生、すなわちわれわれ人間は悟ることができないで、何度も（長夜に）生・老・病・死の四苦を受けてきた。その一方で、諸仏、すなわち真理に目覚めた覚者たちは生死の流れを絶ち、常に安楽に住している。このように、われわれ人間は悟ることができず、悲喜こもごも、さまざまな問題を抱えながら、生々死々を繰り返す常没の凡夫となっているのであるが、それでは、実際に仏道（生死出ずべき道）を歩む場合、仏、あるいは真理（法）はどこに求められるのであろうか。

この如来（阿弥陀如来＝仏）微塵《みじん》世界にみちみちたまえり。すなわち一切群生海の心にみちたまえるなり。草木国土悉く皆な成仏す、と説けり。

親鸞『唯信鈔文意』

この文章は、悟りの目（慧眼）でこの世を見た時、仏（阿弥陀仏）は存在するすべてのものに満ちている万象の主（心）であり、それこそ、「どこを向いてもそこに神の顔がある」（コーラン）と言った見者（覚者）と同様、親鸞にとっても、娑婆穢土（虚妄の世界）と称せられるこの地上が何ら欠けることのない寂光浄土（真実の世界）と映っていたことを示している。「一切群生海」の中には人間だけではなく、動物、植物、無機物……すべてが含まれ、仏は最も近いところで、われわれ自身の心に満ちているが故に、仏とはわれわれ自身の心に他ならないということになる。親鸞が、彼に仮託された秘書『親鸞聖人五ヶ条要文』の中で、「その阿弥陀仏とは、我が心の異名なり」と言った意味はここにある（同名の拙著を参照）。

そして、幸いにも、その心を悟る（開発する）ことができたら、私ひとりが悟るのではなく、有情・非情を問わず、存在するすべてのものが本来の姿（真身＝仏身）を顕わすがゆえに、「草木国土悉く皆な成仏す」と言ったのだ。白隠が「悟るときは、十方世界草木国土を全ふして、直に是れ如来清浄光明の真身となる」（『遠羅天釜続集』）と言ったことが思われる。

彼らが垣間見た真実の世界を遡れば、もちろん、釈尊の悟りに辿り着く。弟子のアーナンダを伴って教化の旅に出、その途次、立ち寄ったヴェーサーリーの街で、思わず釈尊の口を突いて出た「この世は美しい、人間のいのちは甘美なものだ」(『大パリニッバーナ経』)という感嘆の中に、その原型を見て取ることができるからだ。さりながら、生死に迷うわれわれ衆生に世界はそう映っていない。それは白隠が続いて、「迷うときは、如来清浄光明の真身を全ふして、錯って十方世界草木国土とす」と言ったように、迷えば、忽ち寂光浄土(真実の世界)は背後に隠れ、見るもの悉くが色褪せ、娑婆穢土(虚妄の世界)へとその姿を変える。つまり、今ここが真実(浄土)であるか、虚妄(穢土)であるかは、偏にわれわれの迷悟(無明と明)に依るのであり、どこか遠く(の未来)に真実(浄土)を求めたのではないということだ。

翻って、われわれが生命と呼んでいるものは、生じては消える波のようなものと言えようか。波が海から生じ、しばらく海に支えられ、再び海に消え、また生じるように、われわれの生命(有限の生)もまた、大海の如き永遠なるいのち(浄土教的に言えば、無量寿仏、すなわち阿弥陀仏)に支えられている。さらに、生だけではなく、死もまた永遠なるいのちが存在してはじめて起こり得るのだ。一遍が「生たるいのちも阿弥陀仏の御命、死ぬるいのちも阿弥陀仏の御命なり」(『播州法語集』)と言った意味もここにある。要するに、仏(阿弥陀仏)はすべての始まりであり(生)、中間であり(住)、終わりでもある(滅)ということだ。しかし、われわれの生命(生死)が、生と死を貫いて存在する大いなるいのちに支えられていると知るだけでは、まだまだ不充分で、仏はわれわれ衆生をただ七〇年、八〇年、生かそうとしているのではなく、永遠のいのちに目覚め、生死の世界(娑婆)から涅槃の世界（浄土）へと連れ戻そうとしていることを忘れてはならない。

この生死は即ち仏の御いのちなり。これを厭い捨てんとすれば、即ち仏の御いのちを失なはんとするなり。これに留まりて生死に着すれば、これも仏の御いのちを失うなり。

道元『正法眼蔵』

生死流転しているわれわれの生命（生死）も仏のいのち支えられているから、世を厭い、自殺という形で生命を終わりにさせることは、仏のいのちをも失うことになる。また、生は一度限りと高を括り、死ぬまで生に執着し、ただ趣味・嗜好（マネーゲームから学問まで）に生き、その結果、なおやり残した事があると思おうが、悔いの無い人生であったと満足して死んで逝こうが、内に隠された真理（智慧・徳相）を知らないとしたら、それもまた仏のいのちを失うことになる。もちろん、多くの人々は後者なのであるが、要は、われわれの有限な生も永遠なる仏のいのち（無量寿仏）に支えられていると知って、そのいのちと一つ（一味）になり、生死を離れ、仏と成るかどうかであって、どれだけ成果をあげ、また贅を尽くし、悔いなく生きるかではないのだ。

この「大海水波の比喩」は、生命の本質はただ生じては消える波（身心）を見ているだけでは明らかになってこないことを示している。われわれはその本質を知るためにも、それらの根源に繋がるものを見届けねばならない。百数十億年をかけて進化を遂げてきた「宇宙の屑」（パスカルの言葉）に過ぎない生命を内側へと深く辿ることによって、われわれはその根源に繋がる永遠なるいのちそのものを知ることができるのだ。

心を離れて別に仏あらず。この心は本より有り、今も有りて、造作を仮らず。本より浄く、今も浄くして、瑩拭を待たず。……汝が心性は、本よりこれ仏にして、別に仏を求むるを用いず。

『馬祖の語録』

波は海を離れて存在しないが、海もまた何がしかのものを波に投影していることは確かだ。波も海もその本質（本性）は水であるということにおいて同じであるように、仏と衆生もその本性（自性＝仏性）は同じなのだ。このように、海を離れて波が存在しないように、生死の波に翻弄されるわれわれ衆生もまた仏を離れて存在するのではない。それにもかかわらず、われわれが仏を捉えることができないのは、われわれが心の本性（心性）を見て取ることができず、それ以外のどこかに仏を探し求めているからに他ならない。その過ちを糺すために、唐代の禅僧・馬祖道一（七〇九～七八八）は、「汝が心性は、本よりこれ仏にして、別に仏を求むるを用いず」と言ったのだ。

心の外に仏はなく、心は本来清浄なるものとして、かつて在り、今も在り、われわれがこれから心を磨いて仏に成るというのでもない（造作を仮らず）。というのも、仏とはわれわれの心の本性（心性）、あるいは心の本源（心源）に他ならず、この本より浄い心を、いわゆる心（先に、妄心と呼んだもの）と区別して「自性清浄心」、あるいは「本源清浄心」と呼び、心の本源（心源＝心性）を知ることが仏と成ることであり、解脱（生死出離）なのだ。

心源を覚《さと》るを以てのゆえに究竟覚（究極の悟り、即ち仏）と名づく、心源を覚《かく》せざるがゆえに究竟覚に非ざればなり。

『大乗起信論』

このように、心（心源＝心性）を悟ることが仏に他ならないとしたら、たとえ現在、その心が無明の煩悩（妄心）に覆われていようとも、尋ねるべきは、あるいは糾すべきは、われわれ自身の心ということになるだろう。親鸞が「仏は遠きにあらず、還って我が心に立ち進むべきこと」（『五ヶ条要文』）と諭したように、われわれもまた、一度は真剣に自らの心と取り組み、心の本源へと立ち返り、心の本性を知るのでなければ、波々として一生を渡り（慧能の言葉）、いつまでも生々死々を繰り返す「迷道の衆生」に留まることになる。我が心に立ち進むべきことの重要性を説いたのは、仏教の思想家ばかりではない。キリスト教最大の思想家であるアウグスチヌスもまた、後世、最もよく読まれた自伝的著作の中で、次のように言う。

神はいずこにましますか、真理はいずこで味われうるか。心の最も奥深いところにおいてだ。しかるに心は、そこからさ迷い出てしまった。道を踏みはずしたものたちよ、心に立ち帰れ。

アウグスチヌス『告白』

彼もまた、道を踏みはずし、神（真理）からさ迷い出た、いわゆる心（妄心）を再び収めて、心の最も奥深いところ、すなわち心の本源（心源）に神（真理）を求め、そこに辿りついて初めて人間は真の安寧（無事）を得ると見ているのだ。しかし、われわれはいつもそこからさ迷い出て、あれもこれも手に入れようと、求めるのは外側ばかりで、それこそ神をも探し求めるが、求めているあなた自身の心の奥の院こそ神（真理）が隠れ住まう処であるから、彼もまた「心に立ち帰れ」と勧めているのである。

仏とてほかにもとむるこころこそ
まよひの中のまよひなりける

『一休道歌』

この道歌は、一休宗純が仏を求めて多くの禅師（善知識）を訪ねあぐねた末に、結局は自分自身に返り、自らの心の内奥に仏を見出した、彼自身の体験が言わせたものであろう。確かに彼は、仏（悟り、と言い換えてもよい）を求めて外へと出掛けて行った。われわれもまた求める対象は違っても（われわれは彼のように、仏も悟りも求めていないから）、より多くのものを求めて、外へと駆けずるが、この構図の中に奇妙な人間の振る舞いが見えてくる。というのも、心の本性（心性）、あるいは心の本源（心源）が欠けることのない仏、あるいは真理（智慧・徳相）であるとも知らず、さらなる刺激と満足を求めて、外へと駆けずるわれわれ人間は乞食のようなものであるからだ。その姿が『法華経』の「長者窮児の譬喩」となったことは想像に難くない。ともあれ、われわれが尋ね求むべき心と仏について、空海は次のように言う。

近くして見難きは我が心、細にして空に遍《あまね》きは我が仏なり。我が仏、思議し難し。我が心、広にしてまた大なり。

空海『秘蔵宝鑰』

彼もまた、心が仏に他ならないことをよく知っていたが、われわれにとって捉え難いのは仏ではなく、実は自らの心を明らかに知ること、つまり、心の本性、あるいは心の本源を見て取ることが実に難しいのだ。このように、心と仏の関係を辿ってくると、なぜわれわれが今、生死に迷う「迷道の衆生」に留まっているかが見えてくる。

仏は人に遠からず、しかも人は仏に遠し。仏は是れ心作なり。迷える人は文字の中に向かって求め、悟れる人は心に向かって覚す。

慧海『頓悟要門』

仏と生死に迷う人間、そして求道（成仏）の要点をこれほど見事に言い当てたものも、そう多くはないと思うが、慧海もまた、仏はわれわれから遠く離れた処にあるのではなく、遠く離れてさ迷っているのは、むしろわれわれ人間（衆生）の方であると見ているのだ。尋ねるべきは心の本性（心性＝自性清浄心）、あるいは心の本源（心源＝本源清浄心）であるにもかかわらず、われわれはいつも外側に仏を探し求めているために（もっとも、内であれ、外であれ、今日、そんなものを求めている人がいるのかどうか、私は知らないが）、ますます仏から遠退くことになる。というのも、何であれ、それが仏であっても、探すとはわれわれにとって常に外側を意味し、探せば探すほど迷路に迷い込んで、いよいよ疲労困憊し、終に仏を見出すことはできないであろう。それは丁度、家の中に忘れてきたものを外へ探しに出かけるようなもので、初めから間違った処を探しているからだ。ただ、われわれが疲れ果てるところまで至らないのは、さしたる意味もない世事に明け暮れ、マネーゲームに、権力闘争にと多大のエネルギーを注ぐことはあっても、そこまで熱心に仏（心）を求める人は多くないからだ。

そして、本来仏であるあなたが（あなたの心が仏に他ならないから）、そうと気づくこともなく、死ぬまで、あれもこれも手に入れようとして、足ることを知らないとしたら、それは憐れであるばかりか、滑稽でさえある。このように、仏が物乞いしている姿こそわれわれ人間の偽らざる姿なのだ。それは知的欲求についても言える。

私は学問を貶《おとし》めるものではないが、仏（悟り）とは心の問題であるにもかかわらず（仏は是れ心作なり）、ただ言葉を操り、議論をしているだけでは、学者となり得ても、仏教（仏と成る教え）にはならない。というのも、言葉（文字）の上で理解することはあっても、心において悟る（心に向かって覚す）のでなければ、それはもはや仏教ではなく、仏教学という学問体系の一つになってしまう。もちろん、それを志すことで、生計が成り立つならば、それはそれで喜ばしいことであるが、それと「生死を離れ、仏と成る」（道元の言葉）ことは全く異なるアプローチであり、ひいてはそれが慧海のいう「悟れる人」と「迷える人」、すなわち仏と衆生の違いを生むことにもなるからだ。

仏教に限らず宗教が、心に立ち帰り、心において悟ることの大切さを説いたことは、今後、われわれが宗教、広くは人間というものを根本的に問い直す場合の確かな指標となるであろう。また、一人ひとりがその道を辿ることによって、ただ言葉や観念に留まらず、自らの体験として、人間の未知の可能性（正しくは、本有の可能性）を拓くだけではなく、人間と世界にとって根本的な変革を齎《もたら》すことになろう。宗教の存在意義はこの一点にある。

行の巻

第1章　人道と仏道

大道廃れて　仁義あり
知慧出でて　大偽あり

老子『道徳経』

世に人の道を説く御仁はごまんといるが、大いなる道（大道）が廃れ、すっかり忘れ去られたところから仁義（儒教が説く仁義に対する老子の批判であろうが、文脈から、人の道）は始まったと知る知識人や教育者が果たしてどれだけいるであろうか。まして、大道（タオ）から退転し（一遍なら「自然の道理を失しないて」と言うだろう）、存在のリアリティー（大道＝第一義）が分からなくなった結果として、人間の知的営為は起こり、それと共に大いなる偽り（大偽）が始まったと知るに至ってはなおさらだ。われわれはこんなところで人間はどうあるべきか、真理（正義）とは何かを分析と思考を重ねながら、果てしない議論をするが、問題はさらなる問題を生み、一向に埒があかない閉塞状態にあることは誰の目にも明らかである。確かに人間は、少しばかり知的・論理的に考え、理性的に振る舞いはするが、一方で、分別ある大人から子供に至るまで、知恵（思考）を働かせ、悪巧みを計ることに世情は事欠かない。思考（知恵）は知的な論理形成の道具ではあるが、言葉巧みに理屈を捏ね、偽善や策略ともなり得る今日の世相を見るにつけ、「民に利器多くして、国家滋々昏だれ、民に智慧多くして邪事滋々起こり、法令滋々彰かにして、盗賊多く有り」と言った老子の時代と何ら変わらないことにまず驚く。この事実は、われわれの思考（人知）なるものが、時代を超えて、問題を解決する手段となり得ないどころか、世情の昏乱と問題（邪事）を生み出す元凶になっていることを物語っている。つまり、人知（知恵）と謂われるものが善悪、真偽、損得、正邪……など、相対する二元性を擾々《じょうじょう》と生み出し、われわれはその狭間で今も昔も徒に混乱しているということだ。

天下、皆美の美たるを知るも、これ悪のみ。皆善の善を知るも、これ不善のみ。故に有と無と相い生じ、難と易と相成り、長と短と相い形《あら》われ、高と下と相い傾き、音と声と相和し、前と後と相い随う。是を以って聖人は、無為の事に処り、不言の教えを行なう。

老子『道徳経』

美というのも、醜いもの（悪）があって初めて成り立つ言葉に過ぎない。それは善と不善（悪）、有と無、難と易、長と短、高と下……すべてに当てはまる。しかし、これら二元性（大偽）はわれわれが大道（自然の道理）から離れた結果、人知（知恵）が齎《もたら》した混乱と葛藤に過ぎず、それには終わるということがない。もちろん、そこに留まって、あたら一生を好きなだけ、議論（哲学）を重ねるのも一興ではあるが、そのどちらにも与せず、一元性の世界へと帰って行きなさい。それこそ「一を抱きて天下の式（規範）と為る」沈黙の聖人であり、老子が理想とする人間であった。一休宗純が老子を踏まえたかどうかはさておき、彼もまた次のように言う、

大道廃る時　人道立つ
知慧を離出して　義深く入る

一休『狂雲集』

大いなる道（大道＝仏の道）が廃れ、人間の脳裏からすっかり忘れ去られ、もはや人の耳目にとまらなくなった時、人の道（人道）だけが問題となる。仏（大道）の知慧から離れた愚迷の輩は（われ

われ自身のこと）、思考を駆使し、徒に意味（義）を詮索しては、したり顔に人の道を説きはするが、それが意味のない言葉の羅列（戯論）であることは、一向に人の世の混乱は収りそうもないばかりか、仏の道（大道）はおろか、人の道（人道）からも外れ、ますます昏迷を深めて行くことからも分かる。思考を人間の優れた特質と見る向きもあるが、また、事実そうに違いないが、われわれの思考（心）がよくも悪くも二元葛藤する世界（虚妄の世界）を造り出しているところに、その限界と不完全性が存在することを忘れてはならない。

世間道をすなわちこれ凡夫所行の道と名づく。……凡夫道は究竟して涅槃に至ることあたはず、常に生死に往来す。出世間は、この道によりて、三界を出づることを得るがゆえに、出世間道と名づく。

親鸞『教行信証』

人の道と仏の道を、親鸞は世間道と出世間道という。前者は、われわれ人間（凡夫）が辿っている世間の道（凡夫道）であり、有史以来、人類が営々と築いてきたすべての事柄（凡夫所行）を指す。そこには生死・善悪をはじめ、美しいこととおぞましいこと、信頼と狡知、愛憎、誇大妄想の裡に潜む狂気と残忍さなど、さまざまなものがある。しかし、何を試みようとも、その根底にあるのは思考（心）であり、その結果は、良くも悪くも、われわれを三界・生死の世界（サンサーラの世界）に繋ぎ止めることになる。たとえ生涯を善行に励もうとも（そんな人はこの世にいないと思うが）、行為（凡夫所行）を通して、仏教が目標としている、生死を超えた涅槃の世界に至ることはない。一方、後者は、親鸞が「生死出ずべき道」と呼び、道元が「生死を離れ、仏と成る」と言ったものであるが、徒に生まれ、徒に死を繰り返している世間（三界）から、如何にして涅槃の世界（不死の境地）に渡るかを説く出世間の道（仏道）である。

道には、世間の道（人の道）と出世間の道（仏の道）の二つがあることをわれわれはよく心得ておかねばならない。人の道においては、平和と戦争、生死、善悪、幸不幸、得失、利害、成敗などが問題になるが、いつの時代も、個人から国家（組織）に至るまで、われわれは前者を願いながら、後者によって脆くも崩れ去る経験を何度も繰り返してきた。それはこれからも変わらないであろう。というのも、戦争の悲劇を再び繰り返さないことを誓いながら、平時に着々と新兵器を開発し、戦争に備える。また、組織の利益優先と自己保身（組織防衛）が分別ある大人の判断を狂わせ、身を滅ぼす。この愚劣さと狂態こそ老子の時代から変わらぬ人の道であり、今日、われわれが本当に考えるべきは、個々の事例ではなく、なぜ生死・善悪をはじめとする二元性の世界が擾々と起こり続けるのか、その根本原因を真剣に探ってみることなのだ。

すると、すでに指摘したように、その原因はわれわれ自身の心（無明妄心＝分別心）に淵源していると看破したのが仏教なのだ。親鸞が心を「蛇蝎奸詐のこころ」と言い、一遍が心を「第一の怨なり」と言ったように、心（思考）が、良くも悪くも、あらゆる二元葛藤の世界を生み出している根本原因であり、その心がわれわれの置かれている状況と環境によって、善（平和）ともなれば悪（戦争）ともなり、ひいてはわれわれを生死・輪廻の世界に繋ぎとめる元凶になっているのだ。一方、仏の道（大道）とは、この生死・善悪をはじめとする二元葛藤する心（分別＝思考）の世界に留まることではなく、二元性の世界（生死の世界）から一元性の世界（涅槃の世界）へと帰って行くことなのだ。それを一遍は「生死なき本分に帰る」と言った。

いたずらに嘆き、いたずらに悲しみて、人も迷い、我も迷わんよりは、はやく三界苦輪の里を出ずれば、生死なき本分に帰るなり。

『一遍上人語録』

人の嘆きと悲しみを「いたずら」という一遍は、一体、如何なる人物であったのか。恐らく、人間の愚かさと無知を徹底的に知りぬいた覚者であったろう。それは道元が、「曠劫多生のあいだ、いくたびか徒に生まれ、徒に死せしに……」と言ったように、生の始めと終わりが徒ごとなら、その間（あわい）で起こるどんな出来事（凡夫所行）も徒ごとではなかろうか。しかし、悲しい哉、われわれ人間にはそれが理解できないのだ。本当に悲しむべきはその無知であって、個々の出来事ではないことがどうしても解らない。例えば、不幸な事件などに巻き込まれると、きまって人は何も悪いことはしていないのにどうしてとよく言う。否、それだけでは気持ちが収まらないとみえて、神も仏も無いものかと宣《のたも》うが（一体どんな神・仏を考えておられるのか理解に苦しむが）、問題は善し悪しではなく、また神や仏ではなく、あなたの存在そのものなのだ。

「三界苦輪の里」とは、親鸞が「久遠劫よりいままで流転せる苦悩の旧里」（『歎異抄』）と呼んだものであり、われわれが今居るところは生死・輪廻する虚妄の世界（サンサーラの世界）であるとも知らず、否、「生死の苦界」であるとも知らず、遠い過去から、生々死々を繰り返している世間をいう。だから一遍は、我も他者（ひと）も徒に嘆き、徒に悲しむよりは、「生死なき本分」の世界へと帰って行きなさいと勧めているのだ。本分の世界を彼の言葉で言えば、「法性の都」、あるいは「真の法界」ということになろうが、文脈に沿って言えば、生死・善悪を超えた一元性の世界（涅槃の世界）ということである。

とかく宗教というと、人の嘆きや悲しみを癒す駆け込み寺のように考える人がいるが、果たしてそうであろうか。私は、身を切られるような悲しみや怒りも、われわれ人間の無知（無明）の結果に過ぎないと、その根本原因を躊躇うことなく指摘してくれる真の宗教者こそ現代に必要ではないかと考えている。いやしくも僧衣を身に纏《まと》う宗教者なら、その場限りの慰めごとで済ますのではなく（そんなことは巷のカウンセラーに任せておけばいい）、親鸞や一遍の言葉が示すように、人の世の混乱と矛盾の根の深さに身を持して耐え、軽々に多言を弄すべきではないと思う。況や、世間の人に取り入るような戯言を吐くぐらいなら、沈黙を守った方がいい。

というのも、悟りを開いた釈尊が、しばらく法（教え）を説くことを躊躇い、また道元が「仏法は事事みな世俗に違背せるなり」（『正法眼蔵随聞記』）と言ったように、世間（の人々）が求めているものと出世間の法（広くは、宗教が説く真理）はそもそも相容れないものであるからだ。出世間の法（仏の道）を説きながら、いつしか世間の道（人の道）に堕している、いわゆる宗教者を見るにつけ、また、ぬくぬくと僧院に身を隠し、おもむろに一段高いところから世界平和を一般大衆に呼びかけるだけでは、人の世（世間）の混乱は収まるどころか、問題はさらなる問題を生み、とても根本的な解決に至らないばかりか、問題の所在すら分からなくなるであろうことを、私は蛇足ながら付け加えておきたい。

第2章　流出と還源

まわせばまわる、まわさざればまわず、われらが輪廻も又かくのごとし。三業の造作によりて、六道の輪廻たゆる事なし。自業もしとどまらば、何をもてか流転せむ。

『一遍聖絵』

われわれは今、生死・輪廻する虚妄の世界を転々している。しかし、一体、輪廻の輪を廻しているのは誰であろうか。悪魔の仕業なのであろうか、とんでもない。一遍は、輪廻の輪を廻しているのは他でもないわれわれ自身であると言う。具体的には、身・口・意（心）の三業（の造作）によって善処（天・人）・悪処（阿修羅・畜生・餓鬼・地獄）を独り巡っているのだ。従って、これらの行為（自業）が止むならば、自ずと生死の世界（世間）を離れ、涅槃の世界（出世間）へと帰って行くであろうというのだ。つまり、輪廻の輪を廻すのも、止めるのもわれわれ一人ひとりの問題であるということだ。

当に知るべし、世間の一切の境界は皆衆生の無明妄心に依りて住持することを得るのみなり。是の故に、一切の法は鏡中の像の体として得べきもの無きが如く、唯心のみにして虚妄なり。心生ずれば則ち種々の法生じ、心滅すれば則ち種々の法滅するを以ての故なり。

『大乗起信論』

『起信論』の著者（アシュバゴーシャ）もまた、われわれが六道輪廻のいずれの境涯にあり、逼迫しようとも、その根元にはわれわれ自身の心、すなわち無明妄心（無明に基づいて妄りに起こる心という意味）があり、輪廻の輪を廻しているのは心を措いて他にないことを、「世間の一切の境界は皆衆生の無明妄心に依りて住持するのみ」と言ったのだ（三業の基本は心＝意であるから、一遍が「三業の造作による」と言ったことと矛盾しない）。しかも、心（妄心）に因って作り出される事物・事象のすべて（一切の法）は、鏡に映る像に実体がないように、虚妄であるというので、「唯心のみにして虚妄なり」と纏めているのだ（虚妄とは老子のいう「大偽」にあたる）。つまり、われわれが確かなものとして捉えているこの世界（世間）は、夢がそうであるように、心が投影した映像（影像）に過ぎないということで「妄境界」とも言う。ただ心が妄りに起こるが故に、さまざまな事物・事象（法）の世界が擾々と現われ、逆に言えば、心（妄心）が消え去るならば、それらもまた消えてないだろう。つまり、「心生ずれば則ち種々の法生じ、心滅すれば則ち種々の法滅す」ということになる。

心と世界は、丁度、合せ鏡のように、心を離れて世界はなく、世界を離れて心もない（三界唯心）。世界は心が投影したものであるにもかかわらず、かえって心はその世界に執われ、巻き込まれてしまうのだ。分かりいいところで、「鏡中の像」を例にすれば、鏡に映った自分の姿を敵と見誤り、牙を向く犬のように、仮想の敵（だけではなく、味方）もわれわれ自身の心の中にのみ存在する影像に過ぎない。そうとも知らず、敵に（個人から国家まで）挑み掛かることは、無駄なエネルギーと犠牲を強いられるばかりで、得られるものなどあるはずもなく、結局は徒労に終わり、悲惨と空しさだけが残る。かくして、心と世界は数限りない悲喜劇を繰り返しながら、どこに行き着くということもなく、歩みを共にして行く。このように、心が投影したものに心が捕らえられ、同じ処で堂々巡りしていることをサンサーラという。そうして、仏教はこのサンサーラの世界（世間＝妄境界）から如何にしてニルヴァーナの世界（出世間＝一法界）へとわれわれ衆生を連れ戻す（解脱させる）かを目的としているのだが、われわれは一体どこから生死・輪廻する迷いの世界へと入って来たのであろうか。

迷いも一念なり。悟りも一念なり。法性の都を迷い出《いで》しも一念の妄念による。迷いをひるがえすも一念なり。然《しか》れば一念に往生せずば、無量念にも往生すべからず。

一遍『播州法語録』

一遍は法性の都（生死なき本分）から、しかも、さ迷い出たのだと言う。すると、この生が如何なるものであるかを考えてみるのもあながち無意味ではないはずだ。否、迷いに留まっていて良いはずもない。法性の都を、法然の言葉で言えば、「生死の家」（世間）に対する「涅槃の城」（出世間）というこことであるが、われわれは「一念の妄念」（無明の忽然念起）によって、本来の場所である「涅槃の城」（出世間＝一法界）から生々死々する「生死の家」（世間＝妄境界）へとさ迷い出てきたということだ（馬祖の言葉に「一念の妄心は、即ち是れ三界生死の根本なり」とある）。だから一遍は、迷いを翻して、再び法性の都（出世間）へ帰って行きなさいと勧めているのである。それを彼は「往生」と解しているのであるが、われわれが迷い出た処が法性の都なら（流出）、帰るべき処もまた法性の都であること（還源）、これはよく理解されなければならない。

仙道の思想家・劉一明（拙著『神秘主義の人間学―我が魂のすさびに―』参照）は流出と還源を「順造化」と「逆造化」と表し、次のように言う。

順造化則生人生物　　生老病死輪廻不息
逆造化則成仙成仏　　不生不滅寿同天地

順造化とは、人や物と生まれ、生・老・病・死の止む（息《や》む）ことのない輪廻の世界へ退転してきたことをいう（流出）。一方、逆造化は仙と成り、仏と成って、不生不滅の本源のいのち（寿）、すなわち、生死なき本分に帰って行くことである（還源）。ところが、世の人は挙げて順造化はよく知っているが（そうでもないが）、逆造化については全く知らないがゆえに、生々死々を繰り返し、輪廻は息やむことがないのだ、と劉一明は言う。

現在、われわれは順造化の道の最果てに来ているが、ここでわれわれは迷っているのだ。しかも、自分でここへ来たいと思った訳ではない。いろんな段階を経てここまでやってきたのであるが、その先が見えてこないのだ。事実、われわれは生々死々を繰り返すばかりでどこへも行き着かない。さらに順造化の場合、あなたは人間であっても、基本的には動物と同じ種の保存にかかわっている。「生殖とは死すべきものが、永遠なるものであるためなのです」とはプラトンの言葉であるが、種の保存が死すべきものに代わる永遠性の代用と考えられようとも、基本的にあなたは過去から引き継いだ情報（ＤＮＡ）を未来に遺す単なる伝導者（道具）であり、あなた自身は生死の円環を巡るばかりで、本質的に何も起こっていない。

そこに示された道が、彼の言う、順造化の道を逆修して、再び本源の世界（生死なき本分の世界）に立ち帰る逆造化の道であったのだ。このように、道には二つあり、生死に迷う順造化の道（流出）か、生死の流れを断ち、仙・仏と成る逆造化の道（還源）であるが、不幸にして、われわれは二つの道があることなど教えられてこなかった。

翻って、「法性の都」（涅槃の城）はわれわれの永遠の故郷であるにもかかわらず、今、われわれは故郷を離れて異郷の地（生死流転の家）をあてどなくさ迷う乞食のようなもと言えるだろう。「長者窮児の比喩」(『法華経』「信解品」)も、要するに、富める父の家(法性の都)を離れ、三界・生死の世界で逼迫しているわれわれ衆生を永遠の故郷に連れ戻そうとする父(仏)の召喚(本願)と理解されるだろう。法性の都を迷い出たのが一念(一瞬)の不覚なら、迷いを翻して再び法性の都に帰って行く(往生する)のもまた一念の覚り(悟り)であるはずだ。

このように、われわれが辿るべき処は生死の迷いの世界(世間)から涅槃の悟りの世界(出世間)であり、この帰趨すべき生の源泉を『起信論』は心源、真如、法界、無境界といろいろと呼ぶが、中国宋代の禅家・廓庵(十一世紀頃)はそれを「真源」と言う。

それ諸仏の真源は衆生の本有なり。迷いに因《よ》るや三界に沈淪《ちんりん》し、悟りに因るや頓に四生を出ず。ゆえに諸仏として成るべき有り、衆生として作るべき有り。

廓庵『十牛図』

真源は仏(諸仏)だけではなく、われわれ衆生にとっても共通の基盤をなしている。チベット密教・ニンマ派はその基盤を土台(gzhi)というが、真源に迷うと、われわれは三界・生死の世界(妄境界)に沈淪し、悟ればたちまち六道・四生を超えて涅槃の世界(一法界)に遊ぶ。つまり、真源の覚・不覚に依って、われわれは仏ともなれば衆生ともなる。すると、仏と生死に迷うわれわれ衆生の間にそれほど大きな違いはないことになる。確かに、われわれは今、生死・輪廻する世界にあるが、今もなお悟りの源泉、すなわち真源を有しているというので、「真源は衆生の本有なり」と彼は言ったのだ。そして、仏とはこの真源に帰り着いた人のことであり、衆生とは内に真源を運びながら、それを知らず、生と死を繰り返しているわれわれ自身のことなのだ。

世間の凡夫は諸法の本源を観ぜざるが故に、妄に生ありと見る。所以《ゆえ》に生死の流れに随って自ら出づること能はず。

空海『吽字義』

「諸法の本源」とは存在するすべてのもの（一切の法）が現象してくる始原という意味であり、廓庵の真源に相当することは言うまでもないが、源信僧都（九四二〜一〇一七）が「願はくは、われ早く真性の源を悟りて、すみやかに如来の無上道を証せん」と言ったように、真性の源（真源＝本源）を知ることが、生死を離れ、仏と成る無上の道なのだ。ところが、われわれ人間（世間の凡夫）はこの万象の基盤をなしている本源（始原）を見て取る（悟る）ことができないがゆえに、生死の流れを離れられないまま、徒に生々死々を繰り返していると空海は言う。

衆生は狂迷して本宅を知らず、三趣に沈淪《ちんりん》し四生に跉跰《りょうびょう》す。苦源を知らざれば還本に心なし。

空海『十住心論』

「本宅」という言葉は、われわれには帰るべき我が家、つまり、本源の世界（出世間）があることを示す端的な例であるが、逆に言えば、ここ（世間）はわれわれが在るべき本当の場所ではないということだ。われわれは今、狂迷して本宅（本源＝真源）があることを知らず、三趣（畜生・餓鬼・地獄）に沈淪し、四生（胎・卵・湿・化）の間を転々としながら、「生死の苦海」に身を淪《しず》めているが、その自覚もない無知な大人が、生死流転の家（世間）から生死なき本宅（出世間）に帰（還）ろうとするはずもなく（還本に心なし）、繰り返し火宅無常の世界で仮の住いを営々と築き、蓄財や地位（保身）に汲々としている。そんな彼らが、よどみに漂う泡沫が生じては瞬く間に消え去るように、ますます存在のリアリティーが希薄になっていく現代社会の病巣と原因を指摘できるとはとても思えない。本宅を忘れ、場末に居を構え、天下国家を論じ、またマネーゲームに興じて何とするのだろう。よくよく人間は本末顚倒の凡夫であるようだ。

誠にこれ本に背き末に向ひ、源に違して、流れに順ずるの致すところなり。この故に三界六道、長く一如の理に迷ひ、常に三毒（貪・瞋・痴）の事に酔ふて、幻野に荒猟して、帰宅に心なく、夢落に長眠す。覚悟何れの時ぞ。

空海『吽字義』

本源（真源）に辿り着きさえすれば、三界・虚妄の世界は自ずと消え、「一如の理」（存在は本来、一なるものであるということ。エックハルトの「一つの存在」、スーフィズムの「存在一性」、老子の「一を抱く」、王陽明の「万物一体」などに通じる）に目覚めるというのに、われわれと言えば、内に本源を運びながら、自心所現の幻境（幻野）に自ら迷惑し、波々として「生死の苦海」を往来する。本源に背いて、如夢如幻の世界（夢落）をさ迷うばかりで、一向に生死なき本分（本宅＝本源＝真源）に帰ろうとしないから、生と死のサンサーラの輪はいつ果てるともなく廻り続けるのであり、空海はこの嘆かわしい惨状を見て、一体、世間の人々はいつになったら、この無明長夜の眠りから目を覚ますのであろうと、独り愁嘆に暮れているのだ。

さて、本に背き末に向う本末顚倒を正し、本源（始原）に帰るという思想は（それを「摂末帰本」、あるいは「返本還源」という）、洋の東西を問わず見られる。まず、劉一明の順造化・逆造化の原型ともいえる文章が老子の中にある。

虚《きょ》を致すこと極まり、静を守ること篤《あつ》ければ、万物は並び作《お》こるも、吾（老子）は以て復《かえ》るを観る。夫れ物の芸芸《うんうん》たる、各《おの》おの其《そ》の根に復帰す。根に帰るを静と曰《い》う。是を命に復ると謂《い》う。命に復るを常と曰い、常を知るを明と曰う。常を知らざれば、妄作《もうさ》して凶なり。

老子『道徳経』

老子はあらゆるものが連綿（芸芸《うんうん》）と生じてくる光景（順造化）と、それらが再び同じ処へ帰（復）っていく光景（逆造化）を見ているのだが、そこを彼は「根」（本源）と呼び、そこに再び根付くことがわれわれの目的なのだ。というのも、われわれは現在、生の源泉（本源＝根）との繋がりを失ったがゆえに（流出）、いずれは朽ち果てるいのち（有限の生）しか知らず、もう一度本源（根）へと帰っていかねばならないのだ（還源）。しかし、そのためには「虚を致すこと極まり、静を守ること篤ければ」（後述）と条件を付け、老子は自らの心を空（虚）しくして、深く内側（根＝本源）へと辿り、沈黙を守る三昧（瞑想）という境地に立って見ると、万物はすべて本源から立ち現われ（流出）、本源へと帰って行くのが分かると（還源）、自らの体験を語っているのだ。

われわれもまたそうあるべきで、本源（根）へと帰り着いて初めて人は有為転変する世界（人道＝世間）を離れ、寂静無為の世界（大道＝出世間）を知ると共に、移ろいゆく儚い生命ではなく、生死なき本分のいのちに復する（命に復る）ことになるのだ。しかし、そうできなければ（現在そうなっているのだが）、われわれは生々死々を繰り返す無常の世間にあって、政治から経済、個人から国家に至るまで、議論の上に議論を重ね、ただ妄りに画作するばかりで、為すことすべてが最後は違順相い争い、悲しみと禍（凶）の元になると老子は見ているのだ。

東洋から西洋に目を移すと、プロチヌス（二〇五～二七〇）は「すべての探求は始原に向かって進み、これに到達して静止するのである」と言うが、そこには、かの世界（始原＝一者）から離れ、生成への一歩を踏み出しただけではなく、自他の差別を立て、私と私のもの（「我」と「我所」）に執着するあまり、いつしか本来の自己と神（の関係）を忘れてしまったことが、そもそも「不幸」の始まりであるとも知らず、その悲劇的な状況を包み隠すという形で、ただひたすら幸福（富貴）を求めようとするが、そうではなく、この顚倒を正して、始原に復帰するならば、生の目的は自ずと成就されるという彼の基本思想が貫かれている。

果たして一体何ものが、精神に父なる神を忘れさせてしまったのであろうか。自分はかしこから分派されたものであって、全体がかのものに依存しているわけなのに、そういう自己自身をも、また神を知ることのないようにしてしまったのは一体何であろうか。むろんそれは、あえて生成への一歩を踏み出して、最初の差別を立て、自分を自分だけのものにしようと欲したから、それが精神にとって、そのような不幸の初めとなったのである。

プロチヌス『三つの原理的なものについて』

われわれ人間がこの地上で求めているものは、恐らく、人類の数よりも多いだろう。われわれは生涯、あれもこれもと探し求めるが、それで満足するかというとそうでもないようだ。というのも、この探求（欲望）には終わるということがないからだ。われわれが本当に求むべきは、あるいは辿るべきは始原（本源）であることを知らないから、ひたすら外側を探し求め、その欲望には果てしがないのだ。イスラーム神秘主義（スーフィズム）の思想家・モッラー・サドラー（一五七一～一六四〇）

もまたわれわれが帰るべき生の源泉を始原と言う。

存在について無知なものにあっては、魂がいかにして究極の始原に帰り行き、その旅路の最終点に到達するかについても、全く知らない。

サドラー『存在認識の道』

人間という旅は、始原という言葉が明確に示しているように、われわれがそこから来た本源に立ち帰ることによって初めて本当に安寧（無事）を得るのであり、それが人生究極の目的を達成することにもなっている。しかし、そうとも知らず、ますます始原（本源）から遠ざかり、いつも夢ばかりを追い続けているのがわれわれ人間なのだ。存在について無知な大人はそれをすばらしいことでもあるかのように言う、全く愚かなことだ。キリスト教最大の神秘思想家・エックハルト（一二六〇～一三二八）も流出（Ausfluss）と還源（Durchbruch）を説いた。

すべての草もまた原初の純粋性においては一である。そこではすべてのものは一である。原初の初めは最後の終りのためにある。生が一つの存在であるような生の明白な原因の内に連れ戻されない限り、生は決して完全なものとはならない。

『エックハルト説教集』

彼は人間だけではなく、存在するすべてのものはわれわれの目に個々ばらばらに映っているけれども、深く見る者の目には（見者の眼には）、この孤立は単なる仮象であって、その「原初の純粋性」において、存在は一なるものであることが分かると言う。もちろん、原初とは始原であり、初めが終わりとなるところに、彼はわれわれ人間の完成と究極の安息の場を見ているのだ。『トマスの福音書』

（拙著『自己認識への道―禅とキリスト教―』参照）は、それを極めて簡潔に「始めがあるところに終りがある」と言ったが、始原がわれわれの帰るべき終局の目的地であることは、深く心に留めておかねばならない。

このように、仏教に限らず、宗教とは（敢えて宗教という言葉を使えばということだが）、本に背き末に向かう本末顚倒を正し、本源（本宅）へ帰って行くと纏められるが、その根本思想は、人生の目的が夢や欲望を満足させることにあるのではなく、われわれがそこからやって来た本源（始原＝源初＝真源）が目的地であるということだ（流出と還源）。というのも、そこに辿り着いて初めて人間は究極の完成と安寧（涅槃）を得、人として生まれてきた意味もあったということになるからだ。従って、仏教（宗教）において「行」（実践の道）を言うならば、常に、われわれがそこからやって来た本源（マトリックス）を見据えたものでなければならない。

第3章　大夢と大覚

仏教は目覚めの宗教であると言われる。悟りを開いた釈尊を、真理に目覚めた人（覚者）と呼ぶのもそのためである。では、真理に目覚めるとはどのような体験を言うのであろうか。それは夢の眠りから目覚めるようなものと言えるだろう。なぜなら、われわれが現実として捉えているこの世界もまた夢のようなものであるからだ。それを一遍は「夢も現も共に夢なり」と言い、ヴェーダーンタ（不二一元論）の思想家・シャンカラ（八世紀）は「目覚めは夢の延長に過ぎない」と言ったのだ（ここに「目覚め」とあるのは、三態の一つjagrat＝wakingのこと。残る二つはsusupti＝sleeping, svapna

＝dreamingである）。つまり、人は眠りに就くと夢を見るが、われわれが現実と見なしているこの世界もまた、夢のようなものと彼らは理解しているのだ。そして、夢を見ていた者が目を覚ますと、夢はすべて消え、現実の生活（日常）に戻るように、この現実という夢（māya）から目覚め、もう一つの現実（リアリティー＝第一義）を知ることが真理に目覚めること、すなわち悟りなのだ。

このように、「夢の比喩」は悟りとはどういうことかを示す端的な例であるが、夢というのは、どんな夢であれ、それを見ている当人には真にリアリティーがあるものとして映っている。ときには恐ろしい夢を見て、逃げ惑うということがあるかもしれない。その時、人は何としても、その状況から逃れたいと思うほどリアリティーをもって夢を見ているはずである。しかし、目を覚ますと、それが夢であったと知ってホッとする。目覚めてからも夢に悩まされる人はいない。夢を見ている間は確かに存在していたが、目覚めると、夢はもうどこにも存在しないからだ。

逆に言うと、目覚めない限り、人は独り悪夢と格闘し続けることになるだろう。もちろん、中にはいつまでも見ていたいと思う夢もあるかもしれない。しかし、いずれも心が生み出した、文字通り、夢幻であることに変わりはない。実は、これが現在のわれわれに起こっていることであり、われわれが現実として捉えているこの世界もまた夢のようなものであることを、良寛は次のように言う。

夜の夢はすべてこれ妄にして　一も持論《じろん》すべきなし
その夢中の時に当たっては　宛《えん》として目前に在り
夢を以て今日を推《お》すに　今日もまた然り

良寛『草堂詩集』

夢は、それが美しい夢であれ、悪夢であれ、目覚めればすべて消えてない。それゆえ夢を取り立てて議論する人はいない。しかし、夢を見ている間、その夢は宛然とその人の前に立ち現われている。そして、夢を見ている時、当人にはそれが夢だと分からないものだ。夢であったと知るのは、目覚めた時であることをわれわれは経験から知っている。それと同じように、われわれがこの世を夢と本当に知るのは、正に真理（リアリティー＝第一義）に目覚めた時に限られるのだ。

荘子はこの世（現実）を実際の夢と区別して、「大夢」と呼ぶが、夢から覚めるように、「大夢」からも覚めるということがあるのだ。それを同じく「大覚」というが、現実が「大夢」であるとわれわれが本当に知るのは、「大覚」あって初めて可能になるのは、夢の場合と同じである。

その夢見るにあたりては、その夢なるを知らざるなり。夢の中に、またその夢を占う。覚めて後に、その夢なるを知る。かつ大覚ありて、しかる後に、これその大夢なるを知るなり。

『荘子』

夢を見ている間はそれが夢だとは分からないと荘子も言う。それどころか、われわれは夢の中で夢占いをすることだってあり得る。いわゆる現実という「大夢」の中で、われわれはこれと同じようなことをしているのではないか。人間はこれほどまでに奇怪な生き物であると彼は言おうとしたのであろうが、この「大夢」からわれわれ自身が目覚めない限り、この「奇妙な光景」（プラトンの言葉）にわれわれは何の疑いを抱くこともなく、「生死の夢」はいつ終わるともなく続いてゆく。なぜなら、夢がそうであるように、この現実（三界・六道）もまた、自ら進んで「大夢」だと言いはしないからだ（「三界は自ら我はこれ三界なりと道《い》わず」『臨済録』）。

好悪など（二元性からなるという意味）で満ちたこの世は夢の如きものである。しかし、われわれの無明（avidyā）ゆえに、存在するかのように映っているに過ぎない。もし、（無明を除き）目覚めるならば、この世は実際に存在しないと分かるであろう。

シャンカラ『自己認識』

生死・好悪をはじめ、二元性からなるこの現実（二元性の世界）はわれわれの無明ゆえに実在するかのように映っている虚妄の世界（大夢）なのだ。それゆえ、無明を除き、目覚めるならば、この世は夢の如く消え、その後に残る世界が真実（一元性の世界）であり、それが真理（リアリティー）に目覚めること、すなわち悟り（大覚）なのだ。要するに、われわれは眠っているから夢を見るのであり、夢を見ている限り、現実（日常）は見えてこないように、「無明の眠り」（源信の言葉であるが、内なる真実に目を閉ざし、「生死の闇」に沈淪している状態。アダムが神の国に眠り、地の国に目覚めた形而上的眠りと同義）から目覚めない限り、真理（第一義）は見えてこないということだ。

翻って、無明（avidyā）はいつどこから始まったのであろうか。結論から言えば、無明には始まりもなければ、どこからという特定される場所もない。というのも、無明と共に時間と空間は現われたのであって、それ以前は存在しなかった（「以前」という言葉自体がすでに時間を前提としているので、この表現は矛盾しているのであるが、白隠の「空劫以前」ということ。一四二頁参照）。しかし、すでに説明したように、われわれは今、心ゆえに生死に迷う無明存在になっているのであるから、時間と空間はいずれも心（無明妄心）の産物として現われ、心の外に時間と空間（世界）があるのではない。

ついでに言えば、その時、われわれは言葉をも手にし、言葉を操る知的鋭意、もっとも仏教的に言えば、妄りに分別する戯論の始まりともなっているのだ。夙《つと》に知られた聖書の「初めに言葉があった」（『ヨハネの福音書』）というのも、その意味であり、それゆえ言葉（数式を含む）というものは、時空からなるこの世界（時空世界）を記述することはできても、それ「以前」（空劫以前）の永遠なるもの（究極のリアリティー＝第一義）を表現するツールとはなり得ない。

それはともかく、われわれが陥っているこの状況は夢と酷似している。例えば、今あなたは深い眠り（susupti＝sleeping）の中にいるとしよう。その時、世界はもちろん、あなた自身も全く自覚されていない。ところが、その何も無いところに忽然と原因もなく夢（svapna＝dreaming）が立ち現われ、それを見ているあなたがいる。しかし、あなたはその夢がいつ、どこから始まったかを知らないし、それが夢であるとも知らず、夢に巻き込まれてしまうようなものである。われわれが現実として捉えているこの世界もまた夢のように、われわれの前に宛然と立ち現われているものであるから、シャンカラは「目覚め（jagrat＝awaking）は夢の延長に過ぎない」と言ったのだ。

ところが、夢は目覚めればすべて消えて無いというのが夢の特徴であった。この事実から、無明についてとても重要な結論が導き出せる。それは無明に始まりはないけれども、終わるということがあるのだ。目敏い読者なら、無明ゆえにわれわれは生死流転しているのであるから、生死に始まりはないけれども、それを終わらせることができるのではと考えられるだろう。正にその通りで、無明を除き、如何に生死（輪廻）を離れるか、その方法論（行法）を探ってきたのが仏教に限らず、宗教であったのだ。しかし、夢の場合と同様、無明を除くために、ことさら何もする必要はない、ただ目覚めさえすればいいのだ（大覚）。そのためにはまず、われわれ（の心）が今捉えているこの現実もまた夢のようなものである（大夢）と常に想起し（sammāsati）、それに巻き込まれなければ（なかなか容易でないが）、やがて眠り（sleeping）、夢（dreaming）、目覚め（waking）という三態（われわれの毎日はこの三態の繰り返しである）を超えた「第4のもの（Turiya）」（ヴェーダーンタの哲学は究極のリアリティーを言葉で表現できないというので、ただ数字で表す）を知ることになろう。言い換えれば、無明を除き、真理（Turiya）に目覚めるならば、この世界は実際には存在しない、より正しくは、われわれが見るが如くには存在しないと知るであろうということだ。遠くに陽炎が見えている、それに近づけば近づくほど、陽炎は自然に消え、その向こうに今まで見えていなかったものが突然目に飛び込んでくるようなものである。

しかし釈尊が、「眠れる者たちの中にあって、よく目覚めてあれ」（拙著『真理の灯龕』参照）と、いくら呼び掛けようが、われわれが、今、どっぷり浸かっているこの現実を夢と知ることは容易なことではない。実は、夢の場合と同様、今われわれはぐっすりと眠りこけているために（形而上的眠り）、「生死の夢」（大夢）は無始劫来続いているのであり、それは昨日、今日、始まった夢でないだけに、なおのこと難しいのだ。

さらに、この世が夢（大夢）であることを人に説得する術はないことにあなたは気づいているだろうか。例えば、悪夢にうなされている人に、それは夢に過ぎないと、あなたはどう説明する。あなたが外側から眠れる者に、それは夢だと説き続けても、彼（彼女）は、今、自分の面前で繰り広げられている夢の方を信じ、あなたの呼びかけに耳を貸そうとしないであろう。永き「生死の夢」を貪り、いぎたなく眠るわれわれ人間の覚者に対する姿勢もこれと同じなのだ。たとえ彼らが慈悲の心、はたまた憐憫の情から、「夢も現も共に夢なり」と言ったところで、酔っ払いが素面の人間に食って掛かるように、それこそ戯言ではないかと、笑って取り合わないだろう。

哀なるかな、哀なるかな、長眠《ちょうめん》の子《し》。苦なるかな、痛なるかな、狂酔の人。痛狂は酔わざるを笑い、酷睡は覚者を嘲る。

空海『般若心経秘鍵』

酷睡の人（われわれ自身のこと）を目覚めさせることはとても難しい。それでもなお、仏教に限らず宗教は、「生死の夢」（大夢）を見ている最中にあって、真理に目覚め（大覚）、それが夢に過ぎなかったと気づく術（方法）を教えようとしているのだ。そして、「この世は夢の如し」と言葉として知ってはいても、それだけでは本当に知ったことにならない。一休宗純が「夢ぞとは常に言えども目を醒ます　人こそ見えぬあわれ世の中」と言った通りである。源信もまた、世の人々が「生死の夢」から目覚めるのは一体いつの日であろうかと、慨嘆して言う。

我ら何《いず》れの時にか真覚を得て（真理に目覚めること。無著のいう「真智の覚」のことであるが、詳細は後述）、今《きょう》の生死を翻して、昨《きのう》の夢となさん。彼の春夜の夢は醒《さま》さんと欲せずとも、しかも自ら醒る期《とき》あり。此の生死の夢は発心せざれば、塵劫《じんごう》を経るといえども覚《さ》めじ。

源信『観心略要集』

夜の夢なら、朝日を覚ませば、自ずと終わる。しかし、「生死の夢」はわれわれが意を決して（発心して）、自ら覚醒の道（悟りへの道）を辿るのでない限り、永劫に覚めることはない。そして、「生死の夢」から目覚めることと、真理に目覚めること（真覚）は同時なのであるが、実のところ、われわれ今、「生死の夢」を見ていることさえ知らないのであるから、真理に目覚めることなど金輪際あり得ない。

ともあれ、われわれの当面の問題は、この夢の如き現実（大夢）から如何にして目覚めるかにかかっている。そして、この夢から目覚めることを「大覚」と言い、これが悟り（真覚＝真智の覚）なのであるが、悪夢にうなされている人に、それが夢だと分からせるには、起こしてやればいいように、「生死の夢」を見ているわれわれにも、少しばかり外からの揺さぶりと気づき（sammāsati）が必要なのだ。もちろん、それはわれわれ一人ひとりが自分自身に働きかけることであり、それが一般に瞑想といわれているものである。そして、幸いにも、目覚めることができたら、三界・六道の世界はそこに消えてないだろう。それはわれわれが「生死の夢」（大夢）を見ている限り存在するものであるからだ。

夢裡　明明として六趣（六道）有るも
覚めて後　空空として大千無し

永嘉玄覚『証道歌』

眠りから目覚めると、悪夢だけではなく、美しい夢もまた消える。同じように、われわれがこの現実（大夢）から目覚める時、あれほど狂喜したことも、また、生きては行けないのではと思うほど深刻な事態も悉く消えてないだろう。われわれが考える幸不幸など、そこには一切存在しないのだ。しかし、われわれは悪夢のような出来事は早く消えてほしいが、楽しく、美しい夢はいつまでも見ていたいと思う。しかし、事の本質からして、そんなことはありえない。「夢の比喩」は、われわれが現在立ち至っている状況を見事に言い当てているだけではなく、われわれ人間の余りにも人間的な夢や欲望の本質を暴く諸刃の剣でもあるのだ。

このように、われわれが現実と捉えているこの世界もまた夢の延長に過ぎないが、大夢と大覚の関係、とりわけ、大夢から目覚めるプロセスにおける注意点を挙げれば、宗教というのは、いわゆる現実という共同幻想の世界（大夢）に直接手を加えたり、況や破壊活動に手を染めることではない。それは政治家や革命家がすることである。

しかし、彼らは気づいていないけれども、彼らがしていることは、もう一つの共同幻想の世界を作り出しているだけなのだ。事はそれに留まらず、彼らの心を掠めた妄想と劣等感の裏返しに過ぎない権力への飽くなき欲望のために、どれだけ凄惨、かつ意味のない流血を見たか、われわれは歴史を少し振り返れば明らかなことだ。地上の楽園建設が一転、権力者の保身と欲望を満たす圧制と恐怖政治となった例は枚挙にいとまがないし、今この時も、世界のどこかで惨劇は繰り返されていることだろう。

宗教は、いわゆる心（妄心）が作り出した共同幻想の世界（虚妄の世界＝妄境界）に直接手を加えることではなく、その幻想（大夢）から目覚めるならば、その後には真実の世界（一法界）が拡がっている、どこにも問題はなかった。生死をはじめ、すべての混乱はただわれわれの心が生み出した「自心所現の幻境」に過ぎなかったと知るだけなのだ。

こう見てくると、目覚めには二つあることが分かるだろう。一つはわれわれがよく知っている、夜の眠りから目覚め、新たな一日が始まるというものだ。この日々の繰り返しが人生なのであるが、その全体が夢の如きものであると説いているのが仏教に限らず、宗教なのだ。それに対して、夢の延長に過ぎない、いわゆる現実（大夢）から、さらに目覚めること（大覚）によって見えてくる真実の世界（Turiya）があるのだ。釈尊が「眠れる者たちの中にあって、よく目覚めてあれ」と言うのも、後者を指しているが、かく真理（第一義）に目覚めたものを、仏教は覚者、すなわち仏と呼ぶのだ。

第4章　自家の宝蔵

それでは、真理に目覚めた覚者（仏）といわれる人たちは一体何を悟ったのであろうか。それは彼ら自身の内側にある「勝れた宝」（『法華経』などが「宝珠」と呼んでいるもの）を知ったのだ。しかし、それは彼らのみが有していたのではなく、われわれもまたそれを携えている。だから釈尊は、自らの体験を踏まえ、次のように言ったのだ。

この世また来世におけるいかなる富であろうとも、天界における勝れた宝であろうとも、われわれの全き人（覚者＝仏）に等しいものは存在しない。この勝れた宝は目覚めた人のうちに存在する。この真理によって幸いであれ。

『スッタニパータ』

釈尊もまたこの内なる真理（勝れた宝＝宝珠）に目覚めた覚者の一人なのであるが、三五歳の彼が菩提樹の下で悟りを開き、仏と成った時、その真理（第一義）は、私が世に出ようが、出まいが、あるいは私が悟ろうが、悟るまいが、古より（浄土教的に言えば、十劫の昔から）常に私自身の中に、そしてあなた方の中に存在していたにもかかわらず、それに気づくこともなく、幾多の生涯にわたって、生死の流れを無益に経巡ってきた。ところが、今回、幸いなことに、過去に輩出したであろう多くの仏たちと同様、私もまたこの内なる真理（如来蔵）に目覚め、不死の境地（涅槃）を知ることができたというのが、彼の悟りの体験であったのだ。すると、彼が知り得た真理は釈尊自身よりも古いといえうか、古いも新しいもなく、時間と場所を超えて常に存在し、釈尊以前にも、また以後にも、彼と同じ真理を悟った人は他にも沢山いたであろうということだ。しかし、その一方で、知る機会は常にあったにもかかわらず、今に至るまで、「無明の闇」に閉ざされ、それに気づくこともなく、徒に生まれ、徒に死を繰り返してきたのが、われわれ人間（衆生）なのだ。

生死は仏者のみが問題としたのではない。三七歳の王陽明が文化果てる流謫の地・龍場に左遷された時、得失栄辱など世間的な事柄はすべて超脱していたものの、ただ一つ、生死の問題が未だ解決されていなかった。そこで彼はこの不遇の機会をチャンスと捉え、洞窟に籠り（当時、この地の人々は多く洞窟に住んでいたようである）、瞑想に耽っていると、大いに悟るところがあり、真理はわれわれの外側ではなく、われわれ自身の内側にあることを知った。それを彼は「良知」と呼んだのであるが、だれもが本来具えているこの真理（良知）は実に千古の昔から心血を注ぎ、一点の狂いも無く、滴骨血の如く、聖賢たちによって師資相伝されてきたものであり（「吾がこの良知の二字は実に千古世世、相伝の一点滴骨血《てきこつけつ》なり」）、これを知るに至って、年来、彼を悩ました生死の問題に決着をつけることができたことを、「良知は真にもって患難を忘れ、生死を出づるに足る」と述懐している。

王陽明の「良知」が師資相伝されてきたものであったように、仏教においても、学問が目指しているような、独創的な真理の発見などというものはない。もし、そんなものがあるとしたら、それこそ怪しいものである。この事実は将来に亘って変わることはない。また、学問における真理の発見はその人の功績に帰すべき新たな発見となるが、仏教はそうではない。それは仏教の開祖である釈尊の場合も同じなのだ。学問を論じる大学人は、個々の人間に個性的、かつ独創性を求めるが、仏教はそんなものを求めているのではない。もちろん、仏教が説く真理も個人によって開発されるものであるが、それは新たな発見ではなく、かつてそれを体験的に知った覚者たち（諸仏）によって、師資相伝されてきた真理を知ったに過ぎないのだ。しかしそれを知るために、人はそれぞれ自分自身の内側に入って行かねばならない。それが仏の道、すなわち仏道を歩むことであり、真理に目覚めるかどうかは、われわれ一人ひとりに委ねられているのである。

一切の衆生は諸趣煩悩の身中に在りといえども、如来蔵ありて常に染汚なく、徳相備足して、我が如く異なることなし。……我（釈尊＝仏）、仏眼を以て諸の衆生を観ずるに、如来の宝蔵の無明の殻にあること、猶《なお》し果種の核内にあるが如し。

『如来蔵経』

この世のどこを探しても仏（神）など存在しない。が、あなたの内側には如来蔵（仏性）という形で、仏と成る種子（文字通り「仏種」という）を宿している。それをこの経典は「猶し果種の核内にあるが如し」という。この種子（如来の宝蔵）が華開くのでない限り、われわれは仏（神）とは何かも分からなければ、真の安寧（涅槃寂静）を得ることもない。事実、多くの人々はその可能性（仏性＝如来蔵）すら耳にすることなく、その種子は無明の殻（自我＝仮我）に閉ざされたまま、終には息絶える。つまり、可能性として平等であっても、実際に違いが生じてくるのは（平たく言えば、悟って仏と成るか、生死に迷う衆生に留まるかは）、その実現に向けて努力する者に限られるのだ。空海はその違いを、蓮華を例に挙げ、われわれ衆生（凡夫）が内側に宝蔵（仏性＝如来蔵）を懐きながら、未だ固く閉ざした蕾（合蓮華）のようなものであるのに対して、仏はそれが開華した状態にあることを、次のように詠んだ。

凡夫の心は合蓮華の如く
仏心は満月の如し

空海『秘蔵宝鑰』

キリスト教はこの種子を「からし種」（Mustard Seed）と呼び、それは地上における一番小さなものであるが（われわれの目には見えていないということ）、それが根付き、大きな枝を張るまでに成長すると、鳥たちはその木陰で憩い、巣を作るだろうという。

それは、からし種のようなものです。地に蒔《ま》かれるときには、一番小さいのですが、それが蒔かれると、成長してどんな野菜よりも大きくなり、大きな枝を張り、その陰に空の鳥が巣を作れるほどになります。

『マルコの福音書』

仏の種子（仏種）が育てば、仏に成るのは必定であることを考慮すれば、イエスの比喩が如何にすばらしいか理解されるだろう。ところが、多くの人々はその内なる可能性（種子）を知ることもなく、この世の富貴に汲々とし、結局、その種子は硬い殻（自我）を纏ったまま、芽吹くこともなく、あたら一生を無駄に使い果たす。

ところで、われわれの生命と財産を守るのが政治の努めであるようだが、仏教は、いずれは朽ち果て、すべてを残して去り逝く、この世の生命や財産ではなく、また、名なり功を成し遂げ、その足跡を歴史に残すことでもなく、真理に目覚めた人（覚者＝仏）のみが知る「勝れた宝」を明らかにしようとしているのだ。それを『法華経』は「衣裏宝珠」に譬えたが、その宝（宝珠）は覚者だけが有しているのではなく、すべての人々の内側（本源＝心源）に本より具わる真理（如来の宝蔵）であり、それを知った（悟った）ものを釈尊は「全き人」と呼び、あなたの内なる真理（如来蔵）を知ることがあなたを真に幸福にするであろうから、「この真理によって幸いであれ」と注意を喚起していたのだ。ここに仏教が説く幸福のエッセンスが凝縮されているが、人の道（人道）と仏の道（仏道）が最も際立った違いを見せるのは、人類共通のテーマである幸福を巡って顕著に現われてくる。何をもって幸福と考えるかは人それぞれであろうが、その違いだけは明らかにしておかねばならない。

それを親鸞が「功徳の宝」、あるいは「真実の利」と呼んだことは、「この経（『無量寿経』）の大意は、弥陀（阿弥陀仏）、誓いを超発して、広く法蔵を開きて、凡小を哀れみて、選びて功徳の宝を施することをいたす。釈迦、世に出興して、道教を光闡して、群萌（生死に迷うわれわれ自身のこと）を拯い、恵むに真実の利をもってせんと欲してなり」と主著に引用している通りである。しかも、その功徳の宝は「われら迷倒の心の底には法界身の仏（法身・阿弥陀仏）の功徳、満ち満ちたまへる」（『安心決定鈔』）とあるように、どこか遠くに求められるものでもなければ、況やこれからわれわれが修善に努め、功徳を積むということでもなく（つまり、自力ではなく）、すべての人々の心の底

（心源）に本より（十劫の昔から）具わっているものであり、ただ、われわれが妄想顚倒の心（迷倒の心＝無明妄心）で以てそれを翳《かざ》すがゆえに見えていないということだ。それゆえ親鸞は「無明の闇夜には功徳の宝珠を大炬《だいこ》とす。心昏《くら》く識寡《さとりすく》なきもの、敬ひてこの道を勉めよ」（『浄土文類聚鈔』）と、われわれを勉励しているのだ。

われわれにとって本当に必要なものは、釈尊が言う「勝れた宝」（衣裏宝珠＝真実の利）であるにもかかわらず、不幸にして、われわれはそれ有ることを教えられてこなかったというか、われわれの耳目には届かなかった。それゆえの生の焦燥、不安、恐れ、孤独、悲しみ……であることが理解できないまま、あれもこれも手に入れようと画作するが、この世であれ、あの世であれ、それが天国（天界）であったとしても、それに勝る「勝れた宝」がわれわれ自身の内側に本より存在すると教えているのが仏教であり、禅はそれを「自家の宝蔵」というが、これにはよく知られた逸話がある。

それは唐代の禅僧・慧海が初めて馬祖に参じた時、あなたは何のためにはるばる遠くからここまでやって来たのかと問われ、仏法を求めてと答えると、すかさず馬祖は彼に対して、「自家の宝蔵を顧みず、家を拋って、散走してなにをか作す」と厳しく諭したというものである。もとより仏教は、何か仕事や目的（ノルマ）のために忙しく外を駆けずることではないが、ただ少欲知足を美徳としたり、飽食の時代に清貧の生き方を説いているのでもない。「自家の宝蔵」という言葉が端的に示しているように、仏教とは、われわれ自身の内側（自家）に必要なものはすべて円かに具わり、一つとして欠けるものがないという体験なのだ。それを知る（悟る）時、すべての欲望が消え、少欲すらもない。

しかし、人はそれ有ることを知らず、「長者窮児」の譬えの如く、父（仏）の家（自家）を投げ捨てて、独り火宅無常の世界（世間）をさ迷い、帰るべき仏の家（本宅）があること知らないまま、さながら乞食のように、あれもこれも手に入れようとするが、いつも何かが欠けているのだ。

長者の家の子となりて
貧里に迷うに異ならず

白隠『坐禅和讃』

長者（仏）の子であるわれわれが貧里（「久遠劫よりいままで流転せる苦悩の旧里」『歎異抄』）を転々としながら、物心両面で、その欠乏を満たそうとすることが欲望であり、その欠乏と欲望はあたが「自家の宝蔵」を知るまでなくならない。仏教は、ともすれば禁欲を説いているかのように思われるが、そうではなく、あらゆる試みは自家（内なる真理）を投げ捨てて、外（二元葛藤する火宅無常の世界）へとさ迷い出たあなたの足掻きであり、「月華」を求めて水中に没した猿たちのように、空しい努力であると教えているのだ。つまり、生と死（時間）を超えて、真にあなたのものと言えるのは、ただ一つ「自家の宝蔵」であり、それを顧みることなく、今生で何をし、何を手に入れようとも、本当にあなたを豊かにすることはないということだ。

本より具わる「自家の宝蔵」にわれわれが付け加えるべきものもなければ、自ら善行に励み、功徳を積む必要もなく（浄土教的に言うと、十劫の昔に、すでに功徳成就しているからとなろう）、釈尊の悟りの体験が示すように、ただ内側（本源＝心源）へと辿り、「勝れた宝」（宝蔵）を知りさえすればいいのだ。従って、仏教において「行」を言うならば、この内なる真理（衣裏宝珠＝如来蔵）を知るかどうかの問題ということになるが、それはすべての人の内側（自家）にすでに存在するにもかかわらず、血肉のからだを纏ったがゆえに、われわれには見えていないという含みがある。なぜなら、仮我に過ぎない血肉のからだ（身心）を自分と見誤り、その養いとそれを満足させることがわれわれのすべてになっているからだ。

宝珠は失わず、失想を作すこと莫《なか》れ。血肉の皮、覆って、この故に現れず。

『涅槃経』

すると、仏教とは、今はわれわれの無知（無明）ゆえに見えていないけれども、われわれ自身の内側に隠された「宝珠」を発見することだと言えよう。それなのにあなた（慧海）は仏法を求めてわざわざ私（馬祖）のところまでやって来た。それは大きな過ちである。あなたの内にあるもの（自家の宝蔵）を私はあなたに与えることはできないし、その必要もない。それはあなた自身が回向返照して（内側を顧みて）、手にするかどうかの問題であるからだ。早く臨済も、この内なる真理を知るために、「ただ自家に看よ」と言っていた。われわれの内側こそ真理が隠れ住まう処であるにもかかわらず、われわれは「自家屋裏のものをあえて信ぜず、ひたすら外に向かって求める」と。

臨済の言う通り、われわれは幸福になるためであろうが、物（財）、マネー、人（異性）、権力、名誉……と、求めるのは外側ばかりで、一瞬たりとも立ち止まって、内側を見るということがない。本より、内側という観念すらないのだから、当然というべきであろうが、死の時、あなたはそれらすべてを残し、冥々と独り旅立つのだ。

イエスもまた、われわれの内側に本より存在し、死によっても朽ちることのない至福の源泉を「大いなる富」（『トマスの福音書』）と呼んだが、人はそれ有ることを知らず、「空でこの世に入ったあなたは、再び空でこの世から出ようとしている」（同上）と諌めたように、この無知と愚かさを正してきたのが、仏教に限らず、宗教であったのだ。

エックハルトも、それは人間にとって必要なただ一つのものでありながら、シャンカラが「第4のもの（Turiya）」と言ったように、言葉で以て名づけることも（不可称）、表現することも（不可説）できないという理由で、「一つのあるもの」と呼んだが、それを知った者は、われわれ人類が営々と探し求めてきた幸福（至福）の本当の在り処を知ることになろうと言う。

この「あるもの」を知ればだれでも、どこに至福があるか分かるであろう。この「あるもの」には以前もなく以後もなく、付け加えるべき何ものもない。なぜならそれは得ることも、失うこともありえないからである。

『エックハルト説教集』

人間の内側には、われわれが考える幸不幸にかかわらない至福の源泉が隠されている。エックハルトは、幸いにも、それを知れば、われわれ人類が幸福を求めて様々な環境と条件を整えようと努力してきたが、それらはすべてこの「至福」の儚い代替物に過ぎず、人間が自らの努力（自力）に依って勝ち取る幸福の何と小さく、虚しいものであったかを知るであろうと見ているのだ。そして、内なる至福は時間（生と死）を超えて常に（以前もなく、以後もなく、今ここに）存在するものであり、われわれが地の国（この世）であれ、ハデス（黄泉）であれ、どこをさ迷っていようとも失うことはなく（だから『涅槃経』は「失想を作すこと莫れ」という）、また、人為的に付け加えるべきものもない、いわば不増不減の如来蔵（宝蔵）であり、プレーローマ（充溢）なのだ。

しかし、父母から得た肉体の内側（身中）に朽ちることのない「勝れた宝」（宝蔵）が種子としてあることを知らず、あたら一生を無駄に使い果たす人の何と多いことか。それどころか、この世がどんなところかも知らず、まるで情報（チップ）を埋め込まれた機械のように、遺伝子を残すことで自分は繋ぎの役割を果たしたなどと、たわいもないことで自分のこの地上に存在した証などと大人は言う、全く愚かなことだ。イエスが繰り返し、「耳あるものは聞け」という言葉が空しく思えるほど、この地上に蠢く人間は、何か決定的に大切なものをいつかどこかに忘れてきてしまったようだ。

なぜ、あなた方は外に向かって求めていくのか。なぜ、あなた方は自分自身の内に留まって、あなた方自身の宝をつかまないのか。あなた方はすべての真理をあなた方の内に本質的に持っているではないか。

『エックハルト説教集』

一連の文脈の中で、もはや多くを語る必要もないほど、的を射た彼の言葉を深く味わってほしいものである。馬祖が慧海に「自家の宝蔵を顧みず、家を抛って、散走してなにをか作す」と諭したように、洋の東西を問わず、現代が最も必要としている真の善知識（師）の姿がそこにある。

さらに、スーフィズム（イスラーム神秘主義）の偉大なシェイフ・ルーミーも、この血肉の皮（肉体）によって覆われた「隠れた宝」を知りさえすればいいのだと言う。彼もまたエックハルトと同様の意味で、この永遠不滅の宝（真珠）を「あのもの」と呼ぶ。

世間でいう学問とか技能とかは、いずれも海水を茶碗で量るようなもの。真珠を見つける方法はそんなもととは全然違う。あらゆる技術で身を飾り、金もあり顔も綺麗だが、一番大切な「あのもの」を欠く人がたくさんいる。反対に、見かけはいかにも見すぼらしく、美しい言葉も力強い言葉も喋れないが、永遠不滅の「あのもの」だけは持っている人もたくさんいる。それこそは人間の栄光であり高貴さの源であり、またそれあればこそ人間は万物の霊長なのである。……もし人間が「あのもの」に辿り着けさえすれば、それでもう己の徳性を完全に実現したことになる。が、もしそれができなければ、人間を真に人間たらしめる徳性とは縁なき衆生だ。

『ルーミー語録』

羊毛の粗衣（スーフ）を身に纏う神秘家を意味するスーフィーたちが求めた一番大切な「あのもの」に対して、われわれが日夜エネルギーを注ぎ、自分の周りに一体何を溜め込もうとしているか、少しは立ち止まって、考えてみる必要がありはしないか。もしかしたら、われわれは生涯を通してただお荷物に過ぎないガラクタを溜め込み、金魚の糞のように、引き摺っているだけなのかも知れない。それは物（金銭）だけではない、心にもさまざまな知識や経験を蓄え続ける。それが記憶といわれるものであり、私という個性（仮我）を形作るが、かえってそれが一番大切な「あのもの」を翳し、見えなくなっているのだ。

それはともかく、真珠（隠れた宝）は、いわゆる知識の対象になり得ないがゆえに、もとより凡庸な学問や偏差値教育を通して知られることは全くない。ルーミーが「真珠を見つける方法はそんなものとは全然違う」という所以である。正に人間の高貴さの源であり、われわれが求めて止まない至福の源泉（真珠）がわれわれの実存深くに隠されている。それゆえ人は、一度はすべてを放棄して、自己ひとりになることを試み（プロチヌスの言葉）、それぞれ自分自身の内側に入っていかなければならない。そして、もしわれわれが永遠不滅の「あのもの」に辿り着けさえすれば、この世に生を享けた人間として、為すべきことを成し遂げたことになるので、ルーミーは「それでもう己の徳性を完全に実現したことになる」と言ったのだ。スーフィズムの思想家たちは、そのように自己を実現した者を「普遍的人間」、あるいは「完全な人間」(al-insān al-kāmil) と呼び、人間があるべき理想の姿をそこに見ていた。

このように、人間を真に人間たらしめる「隠れた宝」(スーフィズム)、「大いなる富」(キリスト教)、「勝れた宝＝衣裏宝珠」(仏教)、「自家の宝蔵」(禅)、「功徳の宝珠」(浄土)、「良知」(陽明学)を知ることもなく、われわれ人間はこの地上で何をしているかと言えば、如何にも譬えは古いが、イエスの指摘する通りである。

イエスが言った、「ある金持が多くの財産を持っていた。彼は言った、『私は私の財産を利用して、蒔き、刈り、植えて、私の倉を作物で一杯にしよう。いかなる欠乏にも悩まされることがないためである』。これが、彼の心の中で考えたことである。そして、その夜に彼は死んだ。耳ある者は聞くがよい」。

『トマスの福音書』

時代と所が変わろうとも、われわれ人間は自分の名誉のため、家族のために汗し、果ては、いかなる欠乏にも悩まされることがないように、少しのお金を元手に、さらに多くのお金(物)を得るために忙しくして(これがビジネスの意味である)、蔵を物(金銭)で一杯にしようとしているのではないか。相も変わらず、人は急き立てられるように、日夜ノルマのため、紙幣のために、疲弊するほど頭を使い、宝の山を築こうとしている。そうして、堆く積まれた宝の山で蔵が一杯になろうとするその夜、人は内に懐いた「大いなる富」を知ることもなく、すべてを残して独り旅立つ。そこで、例によってイエスは言う、「耳ある者は聞くがよい」と。この響きの中には、人間はここまで愚かなのだという、彼の嘆きと深い悲しみが込められている。

第5章　自力と他力

「勝れた宝」（功徳の宝珠）はだれもが携えているけれども、これまで一度たりともそれを顧みることなく、それが為に生と死を繰り返す常没の凡夫に甘んじてきたと教えているのが仏教なのだ。良寛もまた、この宝を「一顆の珠」、あるいは「明珠」と呼び、その得失が彼岸（涅槃の世界）と苦海（生死の世界）の違いを生むことを、次のように言う。

ここに一顆《いっか》の珠あり
終古《しゅうこ》　人の委《す》つるなし

明珠は元と我が方寸に在り
光は日月を蔽うて方隅を超え
彩は眼睛を射て正視し難し
これを失えば　永劫苦海に淪《しず》み
これを得れば　登時《とうじ》彼岸に遊ぶ

一顆の珠（明珠）は本よりわれわれ自身の心の本源（心源＝心性）に具わるもので、古より誰もそれを棄て去った者はいない。というのも、それがわれわれの本性であり、それはかつて有ったし、今も有り、たとえあなたが輪廻の世界をさ迷っていようとも、いつもあなたはそれを携えている。しかし、この宝珠（衣裏宝珠＝隠れた宝）を悟ることができなければ、あなたは永劫に「生死の苦海」（サンサーラの世界）に身を淪めることになるが、逆に、それを悟るならば、あなたは登時（忽ち）彼岸の世界（ニルヴァーナの世界）に遊ぶ、と良寛は言う。しかし、それ有ることを疑う者について、釈尊は次のように言う。

良寛『草堂詩集』

私（釈尊）は世間におけるいかなる疑惑者も解脱させ得ないであろう。ただあなたが最上の真理を知るならば、それによってあなたはこの煩悩の激流を渡るであろう。

『スッタニパータ』

釈尊は生死に迷うわれわれ人間を世間（生死の世界）から出世間（涅槃の世界）へと連れ戻そう（解脱させよう）としているのだが、仏と成った彼が、その憐愍の情から、われわれがそうという自覚もないまま生死・輪廻していることを説き、生死の世界から涅槃の世界へと渡って行きなさいと、どれだけ勧めようとも、敢えて信ぜず、最上の真理（勝れた宝＝宝珠＝第一義）を蔑ろにする不遜の輩を解脱させることはできないと言う。釈尊が、「最上の真理を見ないで百年生きるよりも、最上の真理を見て一日生きるほうが優れている」（『ダンマパダ』）と言った意味もここにある。

それは、一遍の言葉に「三毒（貪・瞋・痴）を食として、三悪道（畜生・餓鬼・地獄）の苦患を受くること、自業自得の道理なり。しかあれば、自ら一念発起せずよりほかには、三世諸仏の慈悲も済うことあたわざるものなり」とあるように、われわれが「生死の苦海」を転々とし、常没の凡夫に甘んじているのは、われわれ自身が招いた結果であって、誰がそれを強いたわけでもない、正に自業自得なのだ。また、そうであるからこそ、一念発起し、自ら仏法を求め、悟りへの道（仏道）に趣こうとしない限り、たとえ仏（諸仏）であっても如何ともし難い、と彼が言うに同じである。

仏教が、生死に迷うわれわれ衆生に対して慈悲の心を注ぎ、解脱（生死出離）に向かわせようとしているこ とはまぎれもない事実であるが、この度し難い人間（疑惑者）の耳に彼らの声は届くこともなければ、況や、稀に人間として生まれ、たまたま仏法に遇えるこの機会を捉えて、生死の流れ（煩悩の激流）を渡るのでなければ、「何れの生にか、この身を度せん」（道元の言葉）と注意を促した覚者の気遣いなど分かるはずもない。ともあれ、輪廻の輪を廻しているのは他ならぬわれわれ自身であり、それを止めるのもまたわれわれ自身なのだ。

まさに知るべし、生死の家には疑をもつて所止となし、涅槃の城には信をもつて能入となす。

法然『選択本願念仏集』

「生死の家」とはサンサーラの世界を、「涅槃の城」とはニルヴァーナの世界を指している。法然もまた、世界を二つに分け、われわれが辿るべきは涅槃の世界であるにもかかわらず、時が未だ熟していないのか、機根拙く、疑いの眼差しで以て見るがゆえに、自ら「生死長夜の苦果」（白隠の言葉）を招く。

ところで、仏教は悟りの、成仏の宗教であるといわれる。そのためには修行といっても、苦行のイメージが強いが、その取り組みには注意を要する。というのも、仏に成るというと、どうしてもわれわれが日常生活の中で何か目標を設定し、それに向けて努力をした結果、常に成功と失敗（成果）が問われるようなものと同じレベルで考えがちであるが、悟り（成仏）は因果成敗というような二元対立の彼方にある。それでは、成道、あるいは成仏のために何もする必要はないのかというと、そうではない。

学びざる者はいよいよ迷い　行ぜざる者はいよいよ巡る
このゆえに身を捨てて行じ　心を尽くして修すべし

『一遍聖人語録』

もし仏法を学ばなければ、人は迷いを迷いとも知らず、一層迷いを深めることになる。また、悟りに向けて、何もしなければ、生死・輪廻の輪はいつ果てるともなく廻り続ける。だから、身を捨て、心を尽くして修行に励むのでなければならない、と浄土門の一遍は言う。しかし、仏道を修することが「我が身と我が心」（親鸞の言葉）を恃《たの》んで、つまり、自力を恃んで功徳を積み、悟り（成道＝成仏）に至ることはありえない。親鸞なら、そんなものはすべて「雑毒雑修の善」に過ぎないと一蹴するであろうが、だからといって、何もする必要はないと嘯いているなら（不修）、あなたは今、自分がどんな処《ところ》に迷い込んでいるかも分かっていなければ、得がたい人間として生まれた意味も分からないまま、波々として生を渡る凡夫（凡人）と何ら変わらない。もっとも、凡夫で結構と開き直られたら、もう返す言葉もないが、ここは一つ、馬祖の言葉をよく噛み締めてほしいものだ。

道は修に属せず。もし修し得と言わば、修は還《かえ》って壊となる。もし不修と言わば、即ち凡人に同じ。

『馬祖の語録』

仏教に限らず宗教は回心ということを重視する。一般的には、心を改めるという〝改心〟の意味に用いられることが多いが、親鸞はその回心に独自の解釈を付している。それは、「回心というは、自力の心をひるがえし、捨つるをいうなり」（『唯信鈔文意』）というものである。自力の心を捨てて、他力を用いることを回心と理解し、『歎異抄』にも、「自力の心をひるがえして、他力をたのみまつれば、真実報土の往生をとぐるなり」とある。もちろん、こういう解釈は、彼独自のレトリックであって、語義的にそういう意味は存在しないであろうが、親鸞の宗教性、あるいは救済論の基本にある生命線であったことだけは確かだ。このように、自力の心を翻して、他力に基づくというのが親鸞の宗教の特徴であるから、彼は『五ヶ条要文』の冒頭で、

我が宗において自力を捨てて他力を取るといふは、人の貪、瞋、痴の三毒に惹かるる剛強の自力を捨てて、無明の煩悩に汚されざる明明たる本心に基づくということなり。

『親鸞聖人五ヶ条要文』

と自らの宗教的立場を明確にしている。すると、言葉の上では、心に二つあり、自力と他力の違いは心をどう理解するかということになるから、少し検討を加えて見よう。まず、親鸞自身が「凡夫自力の心」に対して、「大悲回向の心」（大悲とはこの場合、仏の謂と解する）と言ったように、他力は明らかに仏の方より与えられた心（『五ヶ条要文』で言えば、「無明の煩悩に汚されざる明明たる本心」）を用いることで、われわれが日常的に心と呼んでいるもの、すなわち自力の心でないことは確かだ。

このように、自力を捨てて他力を取るというのが親鸞の教えの要であり、自力を取るならば、それは禅をはじめとする聖道門であり、他力を取るのが浄土門であると一般的に考えられている。聖道・浄土を分けるのは、この自力（の心）か他力（の心）かということだと言ってもよい。そうして、「聖道門の人はみな　自力の心をむねとして」（親鸞『高僧和讃』）、悟りの境涯に赴こうとしているが、末法の世にそんなことはあり得ないと、浄土門の人々は考えているのだ。

自力というは、わが身をたのみ、わが心をたのむ、わがちからをはげみ、わがさまざまの善根をたのむ人なり。

親鸞『一念多念文意』

自力とは、何よりも「我が身と我が心」を恃《たの》んで、悟りに至ろうとすることだと親鸞自身も言う。しかし、その結果は明らかで、「自力の菩提（悟り）かなわねば　久遠劫より流転せり」（『高僧和讃』）と、彼は聖道門の人々に対してなかなか厳しい。自らの身と心を恃んで、善根・功徳を積み、悟り（菩提）を得ようとしても、末法の世にそれは叶わぬことであるから、われわれ凡夫はもとより、修行に励む聖道門の人々も生死流転を重ねてきたというわけだ。しかしわれわれは、目的は何であれ、自らの身と心で以て目標に立ち向かい、最善を尽くしてこそ良い結果も得られるはずと普通は考える。ならば、悟り、同じことであるが、生死を離れ、仏と成るという宗教的な目標においても、自ら善行を積み、力を尽くし、修行に励んでこそと考える方がむしろ理に適っているように思える。それなのに、自力（聖道門）はだめで、他力（浄土門）でなければならないというのは何故であろうか。

そこで、「我が身と我が心」を恃む自力がなぜ無効であるかを、ただ聖道・浄土の二門で片づけるのではなく、その真意をもう少し深く探ってみよう。まず、われわれの身心は空海が「五蘊の仮我」と言ったように、色・受・想・行・識の五蘊からなる仮初の私（仮我）に過ぎなかった。

四大を身となす。四大に我無く、また主無し。故に知る、この身に我無く、また主も無きことを。五蘊を心となす。五蘊に我無く、また主も無し。故に知る、この心に我無く、また主も無きことを。……ただ本心のみ有りて、蕩然として清浄なり。

黄檗『伝心法要』

黄檗も、身体（色蘊）は地・水・火・風の四大からなる仮和合であり、そこに私（主）と呼ぶべきものなど存在しない。心もまた感情、思考、意志、意識（受・想・行・識）など、絶えず脈絡もなく、湧き起こっては消える想念（妄念）の流れであるから、そこにも私（主）と呼ぶべきものなど存在しない。つまり、四大・五蘊からなるわれわれの身心のどこを探しても私（主）など存在しないのだ（つまり無我ということ）。すると、自力とは、我もなく、主もなき仮我（身心）を恃んで仏に成ろうとすることであるから、初めから実を結ばない不可能なことをしていることになる。なぜなら、ありもしない私が仏に成ることも、悟ることも、事の道理からしてあり得ないからだ。これは、聖道・浄土を問わず、仏道を歩む者が銘記すべき要点の一つである。

凡夫の身心と思える者は空華のごとし。……それ菩提とは、身を以ても得べからず、心を以ても得べからず。身心は皆幻の如くなるが故にと……。

夢窓『夢中問答』

われわれが自分と思っている身心は実体もなく、空華のごときものであるから、そんな私（仮我）

が悟り（菩提）を得ることなどあり得ない。それなら、人の形（身心）を取って生まれてきたことに意味はないのかというと、そうでもなく、身心（人身）はわれわれにとって悟りを得るための道具（法の器）になっているのだ。それは対岸に渡たるための筏のようなもので、もちろん渡り終えれば、筏は役目を果たし、そこに残して立ち去るように、われわれも悟りの岸（彼岸）へと辿り着けば、身心は役目を終え、もはや再びそれを纏う必要はない。河を渡り終えても、なお筏を担いで歩き出したら可笑しなことになるのと同じである。しかし、逆に、彼岸に到達するのでない限り、われわれは何度も身心を纏い、つまり人身を享け、生々死々を繰り返すことになるのだ。

このように、身心から成る私（仮我）が悟るということはなく、身心（人身）が悟り（成仏）の道具、あるいは通路となっているのだ。それを仏教は即身成仏、あるいは即心成仏というのであるが、実際に、身と心を正し（例えば、禅門で調身・調息・調心などをいうように）、生死を離れ、仏と成ることがあるのだ（「心を制する人々は、死の束縛から逃れるであろう」『ダンマパダ』）。

ところが、実際は、この我もなく、主もなき私（仮我）が喜んだり、悲しんだりしながら、生々死々を繰り返すばかりで、帰るべきところ（本宅＝生死なき本分）も分からないまま、多くの人々は寿夭にして保ちがたい人生をただ駆け抜ける。しかし黄檗は、身心のいずれにも私（主）はないが、「ただ本心のみ有りて、蕩然として清浄なり」と言う。本心とは、いわゆる心（妄心＝妄念）ではなく、心の本性（真心）であり、一遍が、妄念もなき心を「本分の心」と呼んだことを思い出していただきたい。

そして、生死と涅槃、迷いと悟り、衆生と仏を分けるのはわれわれの心に、真心（無心＝本心）と妄心（有心＝妄念）の二相があるからということになるが、妄心と言っても、われわれが普通に心と呼んでいるものであり、その心に基づいて善行・修行を重ねようとも（それを親鸞は「自力修善」と言う）、その心が迷い（無明妄心＝妄想顚倒の心）であるから、生死を離れ、仏と成ることは必ず不可と説いたのが、親鸞をはじめとする浄土の思想家たちであったのだ。

しかしそれならば、禅もきっぱりと否定する。慧海は「心をもって修行するは、たとえば滑泥にて垢を洗うが如き」、愚かな振る舞いと言う。汚れを落とすために、汚れた雑巾を使うようなものであり、それが徒労に終わることは誰の目にも明らかであるが、臨済に至っては、親鸞よりもさらに口調は激しい。

もし作業《さごう》して仏を求めんと欲すれば、仏は是れ生死の大兆なり。……たとい修し得る者有るも、皆な是れ生死の業なり。仏を求め、法を求むるは、即ち是れ造地獄の業。

『臨済録』

「作業して仏を求める」とは、自らの身と心を恃み、「自力修善」によって仏果に至る、すなわち生死を超えた悟りの境涯（不死の境地）に至ることはあり得ないどころか、それこそ生死・輪廻の根元にあるもので、仏を求め、法を求めることとすら、「造地獄の業」ともなりかねないと臨済は言う。というのも、我もなく、主もなき「五蘊の仮我」が修行と称して（作業して）、たとえ仏を求め、法を求めようとも、ただ生死の業縁（カルマ）を結ぶだけで、生死出離（解脱）とはならない。ならば、すべては仏の方より為したまうのかというと、そうではない。もし生死を離れ、仏と成ることがすべて仏（如来）の加威力（他力）に依るならば、われわれ人間は一人残らず成仏し、解脱（生死出離）

を成し遂げているはずだ。しかし、実際はその逆で、今に至るまで、世々生々に迷う「迷道の衆生」に留まっていることは、禅・浄・密、いずれも認めるところである。

もし仏にして能《よ》く衆生を度するならば、過去の諸仏は微塵の如き数なれば、一切の衆生はすべてまさに度し尽くさるべし。何が故に我等は今に至るまで生死に流浪して、成仏することを得ざるや。当に知るべし、衆生は自ら度するものにして、仏は度すること能《あた》わざることを。努力《つとめ》よや。努力よや。自ら修してかの仏力に倚《たよ》ること莫《なか》れ。経に云わく、夫《そ》れ法を求むる者は仏に著《つ》いて求めずと。

慧海『頓悟要門』

慧海は「衆生は自ら度するものにして、仏は度すること能わざる」と言い切る。ところが、こう言うと、それこそ自力ではないかと直ちに反論する者がいよう。しかし、現在のわれわれは本心（真心）を知らず、妄心（われわれが普通に心と呼び、良くも悪くも多くの問題を作り出しているもの）を生きている。自力とは、この心（妄心＝妄想顚倒の心）で以て仏と成り、かの世界（涅槃の世界）に生まれんと功徳を積み、坐禅や念仏に努める人のことだ。

これは親鸞が「自力作善の人」（『歎異抄』）と呼んで、徹底的に貶《おとし》めたものであり、この心（妄心）に基づいて自ら度す、つまり、生死の世界（虚妄の世界）から涅槃の世界（真実の世界）に渡ることは断じてあり得ない。一方、他力とはわれわれの本分の心（本心＝真心）を用いることであるが、その心を翳し、真実を蔽っているのは、他でもなく、われわれ自身の心（妄心）であり、そんなものを一体誰が除くというのか。もしそれさえも仏（他力）というなら、慧海が言うように、われわれ人間

（衆生）は遠の昔に一人残らず成仏しているはずだ。さらに、黄檗は仏道を歩むについて、次のように言う。

ただ直下《じきげ》に頓に自心は本来是れ仏なりと了して、一法の得べき無く、一行の修すべき無き、これは是れ無上の道なり。これは是れ真如仏なり。

黄檗『伝心法要』

浄土門は他力であり、禅をはじめとする聖道門は自力であると一般に考えられているが、黄檗の言葉に虚心に耳を傾けると、成道・成仏のために、もともと行（自力の修行）など必要なかったのではと思わせる。そして、彼が「自心は本来是れ仏なり」と言うとき、自心とは本心（真心）を指していることは明らかで、彼には「本心の仏」（本心仏）という言葉もある。また、真言密教の空海が「仏（如来）はすなわちこれ本心なり」（『一切経開題』）と言い、浄土門の親鸞が「阿弥陀仏とは我が心の異名なり」（『五ヶ条要文』）と言ったその心も本心（明明たる本心）を指していたように、本心が仏に他ならないから、われわれがその心に付け加えるべきものもなければ、また、ことさら修すべき行があるわけでもなく（一行の修すべき無き）、ただその心（自心＝本心＝真心）を知りさえすれば、それが悟りとなり、また成仏（真如仏）ともなるということだ。だから黄檗も、親鸞が「涅槃の門に入るは、真心に値《もうあ》うなり」（『浄土文類聚鈔』）としたように、心（妄心）を除き、自心（本心＝真心）を知ることが「無上の道」（悟りへの道）であるとしたのだ。

さらに、自心を知り、悟ったからといって、つまり、仏に成ったからといって、われわれは新たに何かを手に入れるのではない。というのも、本心（本心の仏）は見失うことはあっても、それを失くしてしまうことはなく、ただ見失っていた心（仏）を再発見したに過ぎないがゆえに、「一法の得べき無く」、と彼は言ったのだ。

このように、浄土門の側から自力聖道門の代表のように見られる禅に少し親しむと、いわゆる行（自力の修行）の捉え方が、浄土門に比べてより徹底しているのではないかと思わせる文章に遭遇することがよくある。ともあれ、聖道・浄土、いずれの道を辿ろうとも、われわれは努力して仏と成るのでも、往生するのでもない。むしろ、努力をしないことによって、自然に拓かれてくる世界なのだ。しかし、無努力（他力）だからと言って、何もしなくていいのかというと、またそうではなく、奇妙に聞こえるかもしれないが、無努力（無為）を達成するためにも、あらゆる努力（有為）が必要なのだ。それが只管打坐であれ、称名念仏であれ、全エネルギーを注ぐほどの努力が必要なのであり、浄土門の人々がそれさえも放棄して、ただ他力（仏力）を口にするだけでは、生死を離れ、仏と成るその時は金輪際あり得ないばかりか、仏道の入り口にも立っていないと言うべきであろう。

ただわが身をも心をもはなちわすれて、仏のいえになげいれて、仏のかたよりおこなわれて、これにしたがいもてゆくとき、ちからをもいれず、こころをもついやさずして、生死をはなれ仏となる。たれの人かこころにとどこおるべき。

道元『正法眼蔵』

我もなく、主もなき身心（仮我）を恃んで仏となることはできない（それが自力であり、親鸞が強く否定したもの）。むしろ、我が身と我が心を放ち忘れて、全面的に「仏の家」に明け渡しなさいと道元も言う。もちろん、「仏の家」とは、われわれが帰趨すべき生の源泉（本源＝心源＝本心）であり、そこに身も心も投げ入れた後は、仏の方より行われ、生死を離れ、仏と成る時を待つのだ。というのも、その時をわれわれは引き寄せることはもちろん、いつなのか前もって知ることもできない。今この時かもしれないし、死の時なのかもしれない。否、今生では終に起こらないかもしれないが、ともあれ、我が身も我が心も解き放ち、かのもの（仏）の到来をただ待つのだ。その時、われわれは計らわずして（ちからをもいれず、こころをもついやさずして）、生死を離れ、仏と成る。このように、自力・聖道門の代表の如く思われている禅の思想家たちの言葉に虚心に耳を傾けるならば、浄土門の側からの聖道門批判が如何に的外れであるかが分かるだろう。

第６章　念仏と坐禅

他力真実のむねをあかせるもろもろの聖教は、本願を信じ念仏まうさば仏になる、そのほか、なにの学問かは往生の要なるべきや。

『歎異抄』

往生とは、生死の世界（穢土）から永遠の故郷である涅槃の世界（浄土）に生まれることであり、その実践的方法論が親鸞の場合、常々阿弥陀仏と唱えて往生を願うということなのだ。その阿弥陀仏は別名無量寿仏というが、一遍が「一切衆生の命根、不生不滅にして、常住なるを無量寿というなり」（『播州法語集』）と言ったように、死で以て終わる、われわれの生の根源に不生不滅にして、永遠なるいのちが伏在し、それを無量寿（無量寿仏＝阿弥陀仏）と言うのだ。もちろん、われわれが一般的に考えるような時間的に無限のいのち（寿）を有するということではなく、不生不滅という意味において永遠のいのちであり、そのいのち（無量寿）に目覚めるとき、もはや再び生（人身）を享けることはないので親鸞は「不生」（『涅槃経』に依っている）、あるいは「滅度に至る」と言った。さらに、親鸞の名前の由来ともなった中国浄土教の思想家・曇鸞は「無生の生」、また真言密教の空海は「不生の生」と言うが、往生とは生々死々を繰り返すわれわれの有限の生に対して、生まれることがないがゆえに（不生）、死ぬということもない（不死）、そういう意味において、永遠の生（無量寿）に目覚めることであり、同じ生という言葉であっても、その内容は全く異なるのだ。

過去に輩出したであろう多くの覚者（仏）と呼ばれる人たちはそのような生を知って、生死に迷うわれわれ衆生が如何にすれば永遠のいのち（無量寿）に目覚める、同じことであるが、仏に成るかを考えてきた。しかも、煩雑なものではなく、可能な限り修し易いものは何かを模索してきたが、その方法論において違いはあっても、人間が本来有している本心（真心）を明らかに知るというところでは一致していた。しかし、これが意味するところは何かを明らかにしなければならない。

仏教（仏道）を習うとき、まず仏・法・僧の三宝に帰依することが求められてくる。それぞれ何を指すかは各宗によって、その内容も少しずつ異なるようであるが、一般的には、仏とは仏教の開祖である仏陀（釈尊）、法とは彼の教え（教法）、僧とはその教えを奉じ、仏道を歩む者たち（僧伽）に帰依するということになろう。しかし、今日、日本で仏教（法）を学ぶ人はいても、釈尊（仏）に常々帰依を表明する人は多くない。まして僧となると、何をか況やである。

ところが、これまで見てきたように、真言密教の空海や黄檗をはじめとする禅の思想家たちは心を明らかに知ることの肝要を説いていた。彼らにとって、仏とは心（自心＝本心）に他ならず、それを知ってわれわれ衆生は仏に成るとした。浄土門の親鸞においても、「この如来（阿弥陀仏）微塵世界にみちみちたまえり。すなわち一切群生海の心にみちたまえるなり」とあったように、仏とはその心（本心＝真心）を知って、涅槃の世界に入った人のことである（「涅槃の門に入るは、真心に値うなり」親鸞『浄土文類聚鈔』）。このように、真言・禅・浄土の思想家たちがいずれも心を仏とするなら、法（知慧・徳相）は当然のことながら、その心に本より具わっているはずだ（「弥陀（阿弥陀仏）の身心の功徳、法界衆生の身の内、心の底に入り満つ」『安心決定鈔』）。そればかりか、僧もまたその心（自心＝本心＝真心）を明らかにした真理の証人であり、それを他者にも教え勧める人（善智識）と言えるだろう。すると、われわれの心に仏・法・僧の三宝すべてが凝縮されていることになる。

人が仏教（宗教）を批判し、貶めようとも、私にとってはどうでもいいことであり、まして取り入るつもりなど更々ないが（彼らの宗教批判はせいぜい、今日、何かと世間を騒がせ、メディアを通して目にしている社会現象としての宗教理解を出るものではない）、仏教を今述べたように理解するならば、少しは見る目も変わってくるのではないか。というのも、仏・法・僧の三宝がわれわれ自身の心（自心＝本心＝真心）と深く関係しているならば、仏教を蔑むことは、自分自身の尊厳を否定し、ひいては生の高貴な可能性を自ら閉ざすことにもなるからだ。

心を究め、明らかに知ることの肝要を説いたのは、仏者ばかりではない。王陽明もまた「君子の学は、吾が心を尽くすを求むるのみ」と言って、心を尽くし、「良知」（真知）に至ることがわれわれ人間にとって唯一必要な学問であるとし、それを達成した人を聖人（賢人）と呼んだ（「心の良知、これを聖という。聖人の学はただこの良知を致すのみ」『王陽明文集』）。

常々私が言う、人間の不誠実は他者に対する不誠実ではなく、自己自身に対する不誠実であるという意味はここにある。われわれは他者に誠実を求める前に、自己自身に対して誠実でなければ、生きとし生けるすべてのものに対して誠実とはなり得ない。言い換えれば、皮相な人間関係（その殆どは利害関係であるが、その背景には常に自己保身がある）を論ずる前に、自己自身との関係をもう一度取り戻さない限り（王陽明的に言えば、自らの「心の良知」を知るに至らない限り）、他者に対して誠実とはなり得ないということだ。ともあれ、われわれが帰すべきは心（本心＝真心）であり、その心を知れば自ずと仏・法・僧の三宝に適うことになる。今述べた三宝理解に類似したものとして、鈴木正三の言葉を挙げておこう。

本心を仏宝とし、契ふを法宝とし、人に施するを僧宝とす。

正三『驢鞍橋』

三宝をこのように理解すると、歴史上、悟りを開いたとされる釈尊も自らの心（自心＝本心）を知って仏と成った真理の証人、すなわち人々に法を施す真の僧宝の一人ということになるだろう。僧とは本来この意味なのであるが、釈尊を僧宝の一人に数えることは、決して彼の存在価値を貶《おとし》めるものではなく、彼の悟りこそ後に続くわれわれ人間に人の道だけではなく、仏の道（悟りへの道）があることを宣言する、それはまたとないエポックメーキングであったのだ。それは後に、釈尊の法（仏法）を継ぐ祖師方の顕証によって、「自心の仏」（空海）、あるいは「本心の仏」（黄檗）などと纏められることになる。

さらに、この三宝理解の中に釈尊の最も重要な教義の一つ、「自帰依・法帰依」の原型がある。というのも、生死に迷うわれわれ衆生が本当に依るべきは自心の仏（本心の仏）であり、それを知れば法（真理）をも知ることになるからだ。つまり、自らに帰依すること（自帰依）と法に帰依すること（法帰依）は一つの事柄であり、「この真理（法）によって幸いであれ」というのが釈尊四五年に及ぶ教化活動の根本思想であったのだ。ここに私は、一人の先達として、釈尊の偉業の前に深く礼を尽くすものである。

仏教は戒律を守り、何劫にも亘って修行（善行・功徳）を積むことによって、初めて仏に成ると思われているようだが、すでに仏であるあなたがさらに仏に成ることもできないし、またその必要もない。というのも、あなたの心（自心＝本心＝真心）がすでに智慧・徳相を具えた仏であるから、心を明らかに知りさえすればいいのだ。ここには「心を離れて別に仏あらず。……汝が心性は本より是れ仏にして、別に仏を求むるを用いず」（『馬祖の語録』）という一貫した人間理解があり、心性とは心の本性ということであった。従って、われわれは仏法（悟り）を求めてどこに赴くこともなく、心から心の本源（心性＝本心＝真心）へと辿り、自心の仏（本心の仏）を知ることが仏道を歩むこと、すなわち「行」なのだ。

六祖慧能（神秀の漸悟禅に対して頓悟禅を説き、わが国の禅宗は彼の流れを汲む）も人は言うにおよばず、仏（他仏）に帰依するのではなく、自心の仏に帰依することを「自帰依」と言った。もちろん、そこには自心（本心）が仏であるという理解があったからだ。そうして、自らの本性（自性＝仏性）を知って、生死の世界から涅槃の世界に渡る（度す）ことを「自性自度」と言う。

衆生は心を識って自ら度《ど》す。仏は衆生を度すること能《あた》わず。

慧能が仏は衆生を救う（度す）ことはできないと言うのも、もし仏（神）が一般的に考えられているような絶対者なら、生死に迷う衆生はとっくの昔に一人残らず成仏していただろうという思いがあるからだ。しかし、われわれは今に至るまで、生々死々を繰り返す常没の凡夫であるというのが、禅・浄・密、いずれも一致した人間理解であり、自らの心（自心＝本心＝真心）を知ることに依って、生死を離れ、仏とも成り、それを成し遂げるかどうかは、われわれ次第であるからだ。

しかし、この事実は、われわれが自らの意志と努力に依って（親鸞的に言えば、「自力作善」に依って）、これから仏に成るということではない。この矛盾とも取れる微妙な違いを理解しない限り、とりわけ浄土門の人々は自力・他力、聖道・浄土という形式にいつまでも固執し、ただ罪悪深重を繰り返すばかりで、そこから謙虚に一歩を踏み出さないとしたら、いつしか悪しき「本願ぼこり」（『歎異抄』）になりかねない。そういう意味で、一遍が「自力他力は初門の事なり。自他の位を打ち捨て、唯一念、仏になるを他力とはいうなり」（『一遍聖人語録』）としたことは、正鵠を射た発言と言える。

生死というは妄念なり。妄執煩悩は実体なし。しかるをこの妄想顛倒の心を本として、善悪を分別する念想をもって生死を離れんとすること、いはれなしと常におもうべし。念は出離の障りなり。生死を離るるというは、念を離るるをいうなり。心は本の心ながら、生死を離るるということ全くいはれなきものなり。

一遍『播州法語集』

『華厳経』が「生死はただ心より起こる」と言ったことを、一遍は「生死というは妄念なり」と言う。その意味は、われわれの心（妄念）が実体のない妄心（無明妄心）であるがゆえに、生死もまた確固としたものではなく、夢や幻の如きものであるということだ（「生もまた夢幻、死もまた夢幻」白隠『遠羅天釜』）。しかし、われわれ人間にとって、生むこと、そして死ぬことほどリアリティーを感じさせる経験は他にない。それを彼らは妄念（夢幻）であると事もなげに言う。が、この事実を見抜かない限り（瞑想などによって）、「生死の夢」（生・老・病・死の四苦）はいつ果てるともなく続いてゆく。それを理解した上で、生死・輪廻の根元にあるのが心（妄心＝妄念）であるから、その心を基にして、何を試みようが、生死を離れることは絶対にあり得ないというので、一遍は「心は本の心ながら生死を離るるということ、全くいはれなきものなり」と言い切ったのだ。「本の心」とは、この場合、本心ではなく、われわれが言うところの心を指しており、それを彼は「妄想顛倒の心」と呼び、また「善悪を分別する念想」とも言うが、他ならぬこの心（分別心＝思考）が現実の社会（世間）を形成し、また是非・善悪を論じ、富貴・得失を計りながら、自己保身のためにいろいろと画策し、かえってわれわれを生死・輪廻の絆に繋ぎ止めているものなのだ。親鸞は、この妄りに起こる心（妄心）を『五ヶ条要文』では「散乱の心」（散心）と呼び、念仏はその心を止めるための方便とした。

常々阿弥陀仏と唱えて往生を願ふ。その阿弥陀仏とは、我が心の異名なり。然《しか》あれば念仏は、我が心を呼び返し呼び返し、散乱の心を止むるがための方便なり。斯《かく》の如く念仏修行の心を知るものは、心もさながら朗らかなり。　　『親鸞聖人五ヶ条要文』

親鸞は、念仏とは我が心（『五ヶ条要文』の第一条にある「明明たる本心」を指している）の異名である阿弥陀仏を呼び返し呼び返しすることであり、専ら念仏の一行を通して、散乱の心（散心＝妄心）を止め、無明の煩悩によっても汚されることのない本心（真心）に値遇するならば、生死を離れ、仏と成るとした。

心をほろぼして、心をそだてよ。明明たる心を朦々《もう》たる心に掩《おおわれ》て、苦しむことなかれ。

正三『盲安杖』

正三もまた、朦々たる心（妄心）を滅ぼして、明明たる心（本心）を育てよと言う。ところがわれわれは、心と言えば、無明妄心（煩悩）しか知らず、その心で以て明明たる心を覆う（掩う）がゆえに、そうと気づくこともなく、「生死の苦界」を転々としている。禅であれ、浄土であれ、いずれも悟りへの道（菩提の正因＝行）は、如何にして妄りに起こる心（妄心）の根を絶ち、本心（真心）に基づくかということで、正三は「心（妄心）をほろぼして、心（本心）をそだてよ」と言ったのだ。

世間（生死の世界）から出世間（涅槃の世界）に渡って行こうとするとき、われわれが陥り易い過ちとして、いわゆる心（妄心＝散心）を用いて、どれだけ修行に励もうとも、必ず不可であるとしたことだ。平たく言えば、いわゆる行為には身・口・意（心）の三業があるが、その基本は心（意）であり、その心に基づいて、どれだけ修行（自力作善）に励もうとも、かえってそれがカルマ（業）を結び、生死を離れ、仏と成ることはできないということだ。親鸞が自力無効を強く言う理由もここにあるが、この点において、禅を含む、いわゆる自力・聖道門も同じ理解に立っている（「心をもって修行するは、たとえば滑泥《かつでい》にて垢《あか》を洗うが如し」慧海『頓悟要門』）。

もちろん、禅・浄、その方法論は異なるけれども、一度は心（妄心＝散心＝妄念）が生じてくる心の本源（本心）、あるいは心の本性（心性）まで遡るのでなければならない。白隠はそれを「一念未興已前、万機不到の処」と言ったが、一念の妄念（妄心）が未だ起こらないところ、あるいは、人間の思考や計らいが及ばない心の本源（心源）へと立ち帰らねばならないということだ。

　古人一則の公案を授けたまうこと、念根を截断《せつだん》せんがためなり。又、念仏の一行を授けたまうことも同意なり。その義正しき則《とき》んば、南無阿弥陀仏と唱るも、念根を截断するの剣にして、菩提の正因となるなり。

正三『反古集』

親鸞が念仏の易行一つを勧め、「念仏は、我が心を呼び返し呼び返し、散乱の心を止むるがための方便」としたように、正三もまた、禅の公案（坐禅）も浄土の念仏も、心（妄念）が兆す根元（念根）を切断する方便と見なしていたことが分かる。いずれの道を採るかは（方法は他にもある）、その人の資質にも依るであろうが、どちらを選ぶにせよ、坐禅なら坐禅、念仏ならば念仏を徹底させ、根本（念根）を断ち、心の本源（心源）へと立ち返ることができたら、それが悟り（菩提）の正因ともなるということだ。

　このように、禅では只管打坐、あるいは公案というものを与え、参禅工夫することによって、悟りへの道を開こうとするが、それも妄念（妄心）が起こる念根を絶とうとしているのだ。念仏もまた同様に、散乱する心の根（念根）を絶つ方便なのだ。その根拠は、やはり釈尊の「想念（思考）を焼き尽くして余すことなく、心の内が整えられた者は、この世とかの世をともに捨てる」（『スッタニパータ』）という言葉にある。だから、浄土門の人々も、現世と来世（この世とかの世）を共に超えた不死の境地（涅槃の世界）に至るために、念仏という易行を通して、是非一度は心の本源（本心＝真心）を知るのでなければならない。坐禅をするだけでは成仏できないし、称名念仏に励むだけでも成仏はできない。いずれも心（妄心＝散心）を止めて、心の本源（心源）に立ち返るのでなければならないのだ。

念仏を唱ふる人も、念仏を以て煩悩の病を退治すべき心有りて、発《おこ》る念にかまわず、ひた責めに責めて念仏するは、即心成仏の念仏なるべし。極楽浄土の快楽を望み、来世を願う念仏は、輪廻の業増長なるべし。

正三『驢鞍橋』

禅なら只管打座するところに本心（明明たる心）を明らかに知ることがあるように、どんな想念（思考）が起こってこようとも、目もくれず、ひた責めに責めて念仏するところに、親鸞的に言えば、専ら我が心（本心＝真心＝信心）を呼び返し呼び返し念仏するところに（専称念仏）、信心を開発し、悟りを得ることにもなろう（「信心開発すれば、すなわち忍（悟りの智慧）を獲、生死すなわち涅槃なりと証知す」親鸞『浄土文類聚鈔』）。決して、来世に浄土の楽しみ多きことを願って念仏するのではなく、今生において本心（信心）を明らかに知るのでなければ、その念仏すら生死・輪廻の業（カルマ）に堕してしまう。このように、念仏を通して、心（本心＝信心）において悟ることが仏と成ることであり、そのとき初めて、求めていた仏（悟り）はわれわれの心を離れて存在しないと知ることになるので、それを正三は「即心成仏」と纏めているのだ。

第7章　往生と見性

浄土宗には念仏を以て信心を申起し、禅宗には坐禅を以て、無相無念の本心を修し出すなり。

正三『驢鞍橋』

信心というも、本心というも、われわれの「本分の心」（一遍の言葉）を指している。そこで、浄土門においては、念仏の一行を通して信心を開発し、一方、禅においては坐禅に努め、本心を知るならば、いずれの道を辿ろうとも生死を離れ、仏と成る。しかし、仏とは心（本心）に他ならないから、念仏、あるいは坐禅を通して、われわれの真の主体（本来の面目）を明らかにしようとしていることになるだろう（「仏こそ命と身とのぬしなれや　わがわれならぬこころふるまい」一遍『播州法語集』）。文脈に沿って言えば、現在、われわれが自分と思っている身心のどこを探しても、我もなければ、主もなく、ただ五蘊から成る仮初の私（五蘊の仮我）に過ぎないから、仮我（世俗の我）から真我（真実の我）を、生死に迷う衆生から衆生本来仏であることを明らかにしようとしていることになる。それについて思い出されるのは、瑞岩が毎日自らに「主人公」と呼びかけていたことである。彼にはわれわれ人間が真の主体（それは仏に他ならないが）を知らず、我もなければ、主もなき「仮初の一身」を自分と見誤り、空しく生々死々を繰り返しているという思いがあったろう。

瑞岩彦和尚、毎日自ら主人公と喚び、また自ら応諾す。すなわち云わく、惺々著、喏。他時異日、人の瞞を受くること莫れ、喏、喏。

『無門関』

人格形成、自己実現、個性化と識者は喧《かまびす》しいが、そんなことに惑わされてはならないということであろう。何と言っても、我もなければ、主もなき仮我（身心）をどう自己実現するというのだろう（仏教における自己実現については後述）。いずれは機能不全となって、朽ち果てる機械に過ぎない仮我（世俗の我）を繕うばかりで（ここまで進化を遂げ、人知を超えた極めて精巧なものではあるが）、あなたが内なる真実（真実の我）を知らないとしたら、所詮は真の自己認識に欠ける「迷道の衆生」に留まるということだ（詳細は拙著『自己認識への道―禅とキリスト教―』参照）。一体、仏教はいわゆる自己（身心）を磨き、教養豊かな人格者になることを（そんな人がこの世に存在しているのかどうか、私は知らないが）目的としているのではない。むしろ、人間という在り方、その中には男・女も含まれるから、それさえも超えて行こうとしているのだ。つまり、われわれはこの地上に人間という名（nāma）と形（rūpa）を採って存在しているけれども、それですらなく、人間は本来仏であることを知りなさいと教えているのだ。だから親鸞も瑞岩も、彼らの内なる主人公（真実の我）を呼び返し呼び返ししていたのだ。親鸞にとって、それは阿弥陀仏であり、瑞岩にとっては、臨済の「一無位の真人」ということになろうが、その真人について白隠は次のように言う。

この真人は空劫以前、空劫以後、少しの病気もなく、鼻もしみたることは無き人なるぞ。これを法華には久遠実成の古仏と称賛したまえり。「今、西方に在りて、弥陀と名づく」と釈したまへるも、この真人のことなるぞかし。

白隠『遠羅天釜』

始まりがあるものには、いつか終わるということがある。悠久の時を刻んできたこの宇宙にも、始まりがあったがゆえに終わるということがあるのだ（生・住・滅）。白隠はこの宇宙（世界）が生じる前（空劫以前）と滅んだ後（空劫以後）に思いを馳せているのであるが、そこに時間は流れていない（詳細は同上参照）。この始まりもなければ終わりもない無時間の内に存在する永遠なるもの、すなわち天地に先だって存在し、生滅を超えた万象の主を禅では「真人」（本来の面目）と呼ぶが、老子が「無名は天地の始め、有名は万物の母」と言ったように、それは本来名づけようのないものであり、仮に『法華経』では久遠実成の古仏と言い、浄土教では十劫を経た阿弥陀仏（無量寿仏）と呼んでいるのだと白隠は言う（その阿弥陀仏について、親鸞の『浄土和讃』には「塵点久遠劫よりも久しき仏とみえたまう」とある）。そして、われわれもまたいつか「生死の夢」から目覚め、真の主人公（真我）である久遠の仏（真人）へと帰って行かねばならない。それが人間の運命であり、その帰るべきところを親鸞は「西方寂静無為の楽《みやこ》」（元は善導の言葉）と呼ぶ。

西方寂静無為の楽《みやこ》は、畢竟《ひっきょう》逍遥して有無を離れたり。大悲、心に薫じて法界に遊ぶ。いざなん、魔郷には停まるべからず。曠劫よりこのかた六道に流転して、悉くみな経《へ》たり。

親鸞『教行信証』

われわれ人間は「生死の闇」（親鸞の言葉）に惑い、帰るべき本宅があるとも知らず、否、ここが魔郷であるとも知らず、始めとて分からない遠い過去から、六道輪廻の世界を悉く経てきた。その間に受けた生死の苦しみは数知れず、もう充分ではないのか。しかし、われわれには生とは何か、死とは何か、つまり、人としてこの世に棲息することがどういうことかが全く理解されていないために、「生死を離れ、仏と成る」という観念もなければ、「生死の家」から「涅槃の城」（西方寂静無為の楽）に帰ろうとするはずもない。たとえあったとしても、白隠の生きた時代、念仏の行者の中には、『阿弥陀経』に「これより西方に、十万億の仏土を過ぎて世界あり、名づけて極楽といふ。その土に仏まします、阿弥陀と号す。いま現にましまして、法を説きたまふ」とあるように、文字通り、この世界を去ること遥か彼方に西方浄土（極楽）があって、そこに仏（阿弥陀仏）がましますと信じる者がいたようだ。しかし白隠は、明らかに浄土門の人々（浄業の行者）を意識して、西方とはわれわれ自身の心の本源（心源）であると言う。

西方は自己の心源なり。悲しむ所は、今時《こんじ》浄業の行者、往々に諸仏の本意を知らず。西方に仏在りとのみ信じて、西方は自己の心源なりということを知らず。

白隠『遠羅天釜続集』

十劫を経た阿弥陀仏（久遠の仏）がおわします西方極楽浄土とは、他でもないわれわれ自身の心の本源（心源）に拓かれてくる世界であるから、浄土門の人々も散乱の心（散心＝妄心）を止めるための方便である称名念仏を手掛かりとして、心の本源へと帰って行きなさいというわけだ（それを一遍は「生死なき本分に帰る」と言った）。つまり、聖道・浄土を問わず、われわれが行ずべきは、あるいは辿るべきは心の本源であり、そこに辿り着くことがサンサーラの世界（穢土）からニルヴァーナの世界（浄土）に渡ること、すなわち往生が定まる時なのだ。

称名の行者は打成《たじょう》一片に称名し、純一無雑に専唱して穢土を観ぜず、浄土を求めず、一気に進んで退かずんば、五日三日ないし十日を待たずして三昧発得し、仏智煥発《かんぱつ》して、立地《りゅうじ》に往生の大事を決定せん。往生とは何をか云うや。畢竟《ひっきょう》見性の一著《じゃく》なり。……生を観ぜず、死を観ぜず、心失念せず、心顛倒せず、唱え唱えて一心不乱の田地《でんじ》に到って、忽然として大事現前し、往生決定す。この人を指して真正見性の人とす。

白隠『遠羅天釜続集』

心の本源（心源、また心地ともいう）を白隠はここでは「一心不乱の田地」と言うが、浄土門の人々は念仏を唱え唱えて（呼び返し呼び返し）、その本源へと辿り着けば、散乱の心（散心＝妄心）は自ずと消え、立ち所に往生の大事は現前するであろう、と彼は見ているのだ。つまり、穢土と浄土、生と死……など、二元性を問題にしているのが仏教であるかのように映るが、それもこれも心（妄心＝妄想顛倒の心）から生じてきたものであるから、専ら念仏を唱えることによって、やがて三昧の境地（一心不乱の田地）に入り、仏智見が開くならば（開仏智見）、二元性はすべて消え、そこは生死なき本分の世界（涅槃界＝一法界＝無境界）であるだろう。さらに、禅では自性（それは仏性に他ならない）を明らかにし、仏智に目覚めることを「見性」というが、浄土門でいう往生は禅門でいう見性体験に他ならないと彼は考えているのだ。

もちろん、往生の大事現前は白隠の指摘を待つまでもなく、浄土門、とりわけ親鸞の救済論の鍵概念であると共に、生死を離れ、仏と成るための必須条件であり、それは彼の宗教がその一事に収斂する『無量寿経』の「信心歓喜、乃至一念（信心歓喜せんこと、乃至一念せん）。即得往生、住不退転（即ち往生を得、不退転に住せん）」に基づいていることは言うまでもない。

ここに「一念」とあるのは、「信心をうるときのきわまりをあらわすことばなり」（『一念多念文意』）と彼自身が注を付しているように、また白隠が「忽然として大事現前し、往生決定す」と浄土門の真骨頂を代弁したように、忽然と信心（真心）を開発し、往生の素懐を遂げる瞬間をいう。さらに「不退転に住せん」とは、信心を得て、往生の大事が現前した人は、もはや再び生死・輪廻する虚妄の世界（世間＝魔郷）に戻り来ることはないという意味であり、この不退の位に到達した者を親鸞は「正定聚の人」（『一念多念文意』）と呼ぶ。このように、今生において正定聚の位に定まることを、彼は往生と解しているのであるが、この正定聚・不退の人を、白隠は禅門でいう「見性の人」と同定しているのである。

親鸞においては、往生の大事を成し遂げるとき（白隠においては、見性を成し遂げるとき）、人は正定聚・不退の位に登り、もはや再びこのような生存を享けることはなく、滅度（無上涅槃）に至るというのが彼の救済論の基本であり、幸い、人間として生まれただけではなく、なお宿縁に催され、仏道を歩む者に要請されている一事（大事現前）なのである。もちろん、不退の位に定まるという原型は釈尊自身の体験にあり、それを彼の言葉に求めれば、次のようになろうか。

生まれることは尽きた。清らかな行いはすでに完成した。なすべきことをなしおえた。もはや再びこのような生存をうけることはない。

『スッタニパータ』

親鸞は、往生の大事を成し遂げた正定聚の人を「分陀利華《ふんだりけ》」（白蓮華）に譬えるが、正定聚・不退の位に至ることも（浄土）、見性すること（禅）も、極めて稀であることから、いずれの場合も「人中の希有人」（『教行信証』）ということになる。

信心を得たる人をば、「分陀利華」とのたまえり。この信心を得がたきことを、『経』には「極難信法」とのたまえり。しかれば『大経』には、「もしこの『経』を聞きて、信楽受持すること、難きが中に難し、これに過ぎて難きことなし」と教えたまえり。……釈迦牟尼如来は、五濁《ごじょく》悪世にいでて、この難信の法を行じて、無上涅槃に至ると説きたまう。

親鸞『唯信鈔文意』

聖道門が難行であるのに対して、浄土門は易行であるといわれる。いずれも生死を離れ、仏と成る方法、あるいは無上涅槃に至る方法を説いているが、親鸞は聖道門を捨てて浄土門に帰すことを勧めていた。しかし、この文章を見る限り、六年の修行を経て悟りを開いたとされる釈尊が、一体何を行じ、何を得たのかというと、「難信の法」を行じ、忽然と信心（本心）を得た時（『維摩経』に「即時に豁然として還た本心を得たり」とある）、生死は尽きて、仏（覚者）と成った、と彼が解していたことが分かる。

信じ難いのは（難信の法であるのは）、五濁悪世にあって（親鸞の生きた時代だけではなく、釈尊在世も、子（王子）が親（父王）を殺すという悪行が横行する「五濁悪世」であったし、それはすでに末法の世となって久しい今日も変わることはない）、欲多く、障り多きわれわれ凡夫がすでに携えている心（本心＝信心）を明らかに知りさえすれば、仏とも成るということである。もちろん、その事実を知らされたとしても、にわかにそうと悟ることは禅・浄・密、いずれの道を辿ろうとも、困難であるがゆえに「極難信法」であり、幸運にも、それ（信心＝真心＝本心）を得る人は極めて稀であるがゆえに、彼らを「人中の分陀利華」、「人中の上上華」、「広大勝解の者」とさまざまに呼ぶのだ。

このように、それぞれ宗派や方法論は異なるものの、仏教であることにおいて、心の本源（心源）へと辿り、われわれが本来仏であると知ることに何ら変わりはない（『起信論』に「心源を覚するを以ての故に究竟覚（悟りの極地、即ち仏ということ）と名づく」とあったことを思い出してほしい）。空海（真言密教）、黄檗（禅）然りであり、親鸞（浄土）もまた同じなのだ。もし、我が宗は特別だと考え、難行・易行といって修行するものは、法（真理）にも背くことにもなろう。それでは何が難しいのかというと、無明の煩悩に汚されざる本心（信心）を開発し、往生の大事が現前（禅的に言えば見性、真言では悉地成就）することが実に難しいのだ。

親鸞、そして師である法然も、善導に依りながら、悟り（無上涅槃）に至る行（往生の行）として読誦・観察・礼拝・称名・讃嘆供養の五種を挙げ、その中でも称名念仏を正行とし、他を雑行とした。そして、親鸞は『五ヶ条要文』の中で「雑行を止めよといふことは、愚痴の凡夫には、万行を措し置いて、ただ阿弥陀仏の名号一遍に志深ければ、必ず極楽の国に生るること疑いなし」と、まず念仏を勧めるが、本当に正行と言えるのは心の本源（心源＝本心＝信心）を明らかに知ることであり、そのための方便として、彼が選んだのが易行としての称名念仏であったのだ（「然あれば、念仏は、我が心（本心）を呼び返し呼び返し、散乱の心（妄心）を止むるがための方便なり」同上）。

このように、親鸞において、念仏は自らの心を明らかに知るための方便であり、あくまでも目的は本心（信心）を開発し、往生の大事を決定することであるから、「信心ある人に言ふ、ただ我が心（本心）を明らむ外は雑行なり」（同上）と彼は言ったのだ。禅も真言も本心（真心）を知ることの大切さを説き、またその心を知る方法（方便）を考えてきた。親鸞においては、万行を排して、念仏の易行を勧めたが、それも本心（信心）を知るための方便（確かな道）であったのだ。

しかし、末法の世に生きるわれわれに用意されていた易行（念仏）だからといって、一体どれだけの人がこの「難信の法」を行じて、今ここで（立地に）、往生の大事を成し遂げ、正定聚・不退の位に到達したであろうか。言い換えれば、この得難い信心（本心＝真心）を開発して、悟りの岸（彼岸）に到達した者はどれだけいたかということだ。そして、この億劫にも得がたい信心（信楽）を得れば、求めずとも、自然に一切の功徳（無上妙果）に与るというもので、われわれがこれから修行して、功徳を積むということではないのだ。

しかるに、常没の凡愚、流転の群生、無上妙果の成じがたきにはあらず、真実の信楽、実に獲ること難し。……たまたま浄信を獲ば、この心顚倒せず、この心虚偽ならず。

親鸞『教行信証』

親鸞は無上妙果（悟り）に至ることが難しいのではなく、真実の信楽（浄信＝信心＝本心＝真心）を得ることが難しいのだと言う。逆に言えば、この心を得れば仏智煥発して、立地に往生の大事が決定し、自ずと涅槃（無上妙果）の岸に至るであろう。しかし、「もしまたこのたび疑網に覆蔽せられば、かえりて曠劫を径歴せん」（同上）とあるように、今生において、この法（信心＝本心＝信楽＝真心）有ることを疑い、得ることができなければ、曠劫多生の間、生々死々を繰り返す「迷道の衆生」に留まることになろう、と釘を刺しているのだ。

信の巻

第1章　信心論争

仏教は基本的に教・行・証へと進む。まず、教え（教義）があり、次いで修行に努めるならば、最後には悟りの証果（涅槃）に至るであろうというものだ。四五年の長きに亘って、教え（法）を説き続けた釈尊の最後の言葉が「諸行は無常である。怠り無く努めるがよい」であったのも、そのためである。しかし親鸞は、その上に「信」を加えて、広く心の問題を扱い、彼の主著『顕浄土真実教行証文類』は通称『教行信証』と呼ばれる。このように、彼が別に一巻を設け、心（信）を扱うには、それなりの理由があったと思われるが、事実、「信巻」は心を巡る彼の論考と見なされる。そこで私も、仏教における心の理解について、この巻を充て、彼の意趣を汲み取るとともに、さらに仏教全体の流れの中で心をどう捉えるべきか明らかにしたいと思っている。そのために、まず、彼の生前に起こった古事から始めよう。

法然門下の間で、親鸞の「聖人（法然）の御信心と、善信（親鸞）が信心といささかもかわるところあるべからず、ただひとつ一なり」という発言を巡って、信心論争が持ち上がり、彼が「聖人の御信心も、他力（阿弥陀仏）よりたまわらせたまう、善信が信心も他力なり。かるがゆえにひとしくしてかわるところなし」と、その理由を述べたにもかかわらず、彼らはどうしても肯うことができず、結局、その判断を師法然に委ねたところ、「他力の信心は、善悪の凡夫、ともに仏（阿弥陀仏）のかたよりたまわる信心なれば、源空（法然）が信心も、善信房（親鸞）の信心も、更にかわるべからず、ただひとつなり。わがかしこくて信ずるにあらず。信心のかわりおうておわしまさん人々は、わがまいらん浄土へはよもまいらせたまわじ。よくよくこころえらるべき事なり」と答えたと歴史は伝えている（『親鸞聖人伝絵』、『歎異抄』）。

このやり取りから、多くの弟子たちの中で、親鸞一人が師法然の教え（法）を正当に受け継ぐ後継者の如く思われるかもしれないが、この論争の意味するところは何か、正確に理解する必要がある。確かに、法然と親鸞は、われわれが言うところの心ではなく（これは先に妄心と呼んだものであり、その一方に、親鸞が「涅槃の門に入るは、真心に値うなり」と言ったように、真心がある）、「仏のかたよりたまわる信心（真心）」というところで、彼らが同じ浄土（涅槃の城、あるいは法性の都ともいうが、平たく言えば、悟りの世界）への道を歩んでいることにはなろう。しかし、残る弟子たちは信心（真心）を具えていなかったのであろうか。言い換えれば、仏（阿弥陀仏）は彼ら二人のみにそれを与え、残る弟子たちには与えなかったのであろうかということだ。そんな出し惜しむ仏など、私には到底考えられない。事実はそうではなく、仏は彼らにも、そしてわれわれにも等しく浄土に生まれる、あるいは、涅槃の門に入るための条件ともいうべき信心（真心）を与えているはずだ（文脈に沿って、与える、与えないと言ったまでで、そんな気まぐれな仏など存在しない）。すると違いは、われわれがその心を開発し、目覚めるかどうかの問題、言い換えると、妄心（無明妄心）で覆われた本有の心（本心＝信心＝真心）を自らの体験として、如実に知るかどうかの問題なのだ。

一切の有情、皆本覚の真心あり。無始以来、常住にして清浄、昭々として昧《くらま》されず、了々として常に知る。また仏性と名け、また如来蔵と名く。無始の際より妄想これを翳《かざ》して、自ら覚知せず。

宗密『原人論』

中国華厳宗・第五祖の宗密（七八〇〜八四一）は、われわれ衆生（有情）は本より真心を具え、それを仏性、あるいは如来蔵と同定しているのであるが、その真心を翳しているのが妄想といっても、われわれが心として理解しているものであり（妄心）、それが為にわれわれは真心を知ることもなく、無始劫来、生死に繋縛《けばく》されてきたと彼は理解しているのだ。

ここに、本有の心（真心）であるからといって、すべての人が平等に浄土（涅槃の城）へ至るとは限らない理由がある。われわれもその心を如実に知るのでなければ、少なくとも法然が思い描く浄土に辿り着くことはできないまま、生死流転の家を往来することになる。なぜなら彼は、「信心のかわりおうておわしまさん人々は、わがまいらん浄土へはよもまいらせたまわじ」と、よくよく心に留めておくよう、弟子たちを諭しているからだ。われわれは身中に同じ心（信心＝真心）を懐きながら、それ有ることを知らず、心（妄心）に誑かされて、生々死々を繰り返す「迷道の衆生」に留まることがあり得るのだ。

仏教は愛（慈悲）の心を以て、われわれ衆生をサンサーラの迷いの世界（穢土）からニルヴァーナの悟りの世界（浄土）へと渡そうとしているのであるが、時に、慈悲の人が、法然のように、また親鸞が『歎異抄』の中で「……このうえは、念仏をとりて信じたてまつらんとも、またすてんとも、面々の御はからいなり」と言い放ったように、非情なまでに、われわれ人間を冷厳に突き放すことがあり得る。仏教（宗教）はただ物乞いする（待ち望む）ことではなく、すべての人々に条件（機会）は平等に与えられているが、その内なる可能性を拓くかどうかは、われわれ一人ひとりに委ねられているということだ。

それ真実信楽を案ずるに、信楽に一念あり。一念というは、これ信楽開発の時剋《じこく》の極促《ごくそく》をあらわし、広大難思の慶心をあらわす。

親鸞『教行信証』

ここには親鸞自身が自らの体験として、信楽（信心＝真心＝本心）を開発したときの様子が語られている。「一念」とは、信楽が開発され、それを得るときの瞬間（時尅の極促）を表している。つまり、時間の裂け目（前後際断）である、「今」という一念に信楽が開発され、労せずして往生が定まることをいう。何であれ、事を成し遂げる場合、努力と時間を要する世事とは異なり、宗教的体験は瞬時（一念）に成就されるところにその特徴がある。また、「広大難思の慶心」とは、その時の歓びと感動はとても言葉では言い尽くせない、全く予想もつかない出来事であったことを示している。白隠もまたこの一念（一刹那）の体験を次のように纏《まと》めている。

この時（身心が消え失せるその時）、恐怖を生ぜず、間もなくはげみ進み侍《はべ》れば、いつしか自性本有の有様を立処に見徹し、真如実相の慧日は目のあたり現前し、三十年来、未だかつて聞かざる底の大歓喜は求めざるに煥発せん。これを見性得悟の一刹那とも名づけ、これを往生浄土の一大事とも相伝する事にて、自心の外に浄土なく、自性の外に仏なし。一念不生、前後際断の当位を往といい、実相の真理現前の当位を生という。

白隠『藪柑子』

禅と浄土の宗教体験がどのようなものであるかを、これほど見事に纏めた文章もそう多くは無いと思うが、浄土門でいう往生の一大事は、禅門でいう見性体験に他ならず、いずれの場合も未だかつて経験したことのない歓喜（人によってさまざまで、一例として、二六七頁以下を参照）と「実相の真理」（究極のリアリティー）が寂滅現前してくる稀有な体験となっている。しかし、それほどの体験であるにもかかわらず、なぜ人口に膾炙されないのか、また、なぜ彼らのみに起こり、われわれに起こらないのかと言えば、われわれの心というものが一念も生じない「今」（一念不生の「今」）に留まることができず、さまざまな思い煩いの中で、過去の記憶の中をさ迷い、はたまた未来に夢を投影することを止めないからだ。そういう意味において、一刹那（一念）とは、いわゆる時間の概念ではなく、心理的に過去と未来が前後際断される「今」なのだ。

多くの人々が如夢如幻の世界（虚妄の世界）で、心（妄心）が産み出す夢を追い、その結果に一喜一憂しながら、生々死々を繰り返している状況にあって、ごく稀にではあるが、信楽（信心）を開発し（禅的には、見性得悟し）、真理（実相の真理）に目覚めるということがあるのだ。恐らく、それを知った者にとって、その体験は、正に仏の恩寵（他力）と言うしかない、それほど幸運、かつ稀有な出来事であったに違いない。そして、この体験は『無量寿経』の「信心歓喜せんこと、乃至一念せん。すなわち往生を得、不退転に住せん」に、ぴったり沿うものであり、親鸞が数多ある仏典の中から、この経典を唯一のものとして選び出した理由に、彼自身のこの体験があったと考えられる。

信心開発すれば、すなわち忍（悟りの智慧）を獲、生死すなわち涅槃なりと証知す。必ず無量光明土に至りて、諸有の衆生皆あまねく化すと。

親鸞『浄土文類聚鈔』

信心（信楽）を開発した人は涅槃（ニルヴァーナ）の悟りの世界へと赴き、再び虚しく生死（サンサーラ）の迷いの世界へと戻り来ることはない。それでは大乗の精神に悖《もと》ると言う人があるかもしれないが、私は「虚しく」と言う（「信心あらんひとは、むなしく生死に留まることなし」親鸞『一念多念文意』）。事実、信心（信楽）を開発し、悟りの世界（無量光明土）に到達した者のみが、生死に迷うあらゆる衆生（諸有の衆生）に救いの手を差し伸べることが出来るのであって、そこには、この信心（信楽）を開発した人はすでに仏（如来）と等しいという思いが親鸞にあったからだ。

この信楽は、衆生をして無上涅槃に至らしめる心なり。この心すなわち大菩提心なり。大慈大悲心なり。この信心すなわち仏性なり。すなわち如来なり。この信心をうるを慶喜というなり。慶喜するひとは、諸仏とひとしきひとと名づく。

親鸞『唯心鈔文意』

親鸞にとって、信楽（信心）とは生死に迷うわれわれ衆生をして無上涅槃（究極の悟り）に至らしめる心（真心）であるが、それはわれわれの誰もがすでに有している仏性（一切衆生悉有仏性）に他ならず、彼が信心を仏性と同定して、「この信心すなわち仏性なり」としたことに、われわれは注意を払わねばならない。仏性といい、また信心というも、われわれの誰もが本来有している真心であって、仏がわれわれの所業をみそなはして、与える、与えないの問題ではないのだ。さらに、その心は大いなる悟りの心（大菩提心）であるがゆえに、その心を知れば悟りともなれば、仏とも成るということだ。つまり、われわれ衆生（人間）をして、迷いの世界（生死の世界）から悟りの世界（涅槃の世界）へと乗せて渡すのは、ただ篤信の人でもなければ、苦行の聖者でも、また慈善事業に精をだす善人でもなく、信楽（信心＝仏性＝真心＝本心）を開発した人に他ならないということだ。親鸞はその心を「度衆生心」とも言うが、文字通り、われわれ衆生を生死の世界（生死海）から涅槃の世界

（信心海）に渡す（度す）心という意味である（「この度衆生心ともうすは、すなわち衆生をして生死の大海を渡す心なり」親鸞『唯信鈔文意』）。

信心、信楽、真心、本心……何と呼ぼうがいいが、この心が無始劫来、生死・輪廻する世界（サンサーラ）からわれわれをして涅槃の世界（ニルヴァーナ）へと連れ戻すのだ。その他に道はないが、誰もがすでに具えている信心、あるいは仏性ではあっても、法然や親鸞のように、今生において信心（仏性）を開発し、永遠の故郷である浄土（無上涅槃）へと帰って行くとは限らない。何と言っても、われわれは自らが生死に迷う「迷道の衆生」という自覚もなければ、まして、「生死出ずべき道」（悟りへの道）があることなど、多くの人々の耳目に届いていないのであるから、今に至るまで生死流転の愚者（愚夫）に留まっているとしても、何の不思議もない。

しかるに流転の愚夫、輪廻の群生、信心起こることなし、真心起こることなし。

親鸞『浄土文類聚鈔』

第2章　心の諸相

親鸞が師法然を継ぐ者として、「信巻」一巻を割いて言わんとした心は、生死に迷うわれわれ衆生を涅槃の世界へと渡す本有の心（本心）であった。言い換えると、彼らの認識の基本に、生死流転するわれわれが涅槃の門に入るために必要なものは唯一つ、真心（信心＝信楽＝仏性＝本心）であったのだ。しかし、このような心の理解がどこから生じて来たかを明らかにするために、まず釈尊の言葉を引用してみよう。

心は遠くに行き、独り動き、形体無く、胸の奥の洞窟に潜んでいる。この心を制する人々は、死の束縛から逃れるであろう。

『ダンマパダ』

心は色もなく形もなく、縁に触れて、妄りに起こり（それゆえ「妄心」という）、時には抑制が効かなくなることがある。否、それに止まらず、この文章から、われわれの心というものが生死の問題と深く関係していることが分かる。しかも、妄動する心を制する人々は死の束縛、ひいては生の束縛から逃れるであろうというのであるから、そうできなければ、生々死々（生死流転）は果てしなく続き、生・老・病・死の四苦から逃れられないという含みがある。言い換えると、生と死という、われわれの意志や努力ではどうしようもないと思われる出来事が、われわれ自身の心の有り様と深く関係しているということだ。これは、釈尊の言葉の中でも、心というものが社会通念や心理学の狭い理解を超えて、われわれ自身の存在（生と死）と如何に深くかかわっているかを示す典型的な例と言えるであろう。

仏教は世界を涅槃の世界（浄土）と生死の世界（穢土）の二つに分けるが、その違いはわれわれの心に依るのだ。その一例として『起信論』が心を真心と妄心の二相に分けたことはすでに述べたが、妄心といっても、われわれが普通に心と呼び、良くも悪くも、妄りに湧き起こる心という意味であった。そして、われわれが今生きているのは妄心であり、その心ゆえにわれわれは死の束縛から逃れられないまま、空しく生死の世界（虚妄の世界）を巡っているのだ。一方、真心は、その妄りに起こる心を制し、生死の絆からわれわれを解き放ち、涅槃の世界（真実の世界）へと渡す心、すなわち「度衆生心」なのだ。つまり、妄心ならば生死・輪廻する世界に入って行くが、真心ならば涅槃の世界へと帰って行くということだ。

このように、心が生死の世界（サンサーラの世界）への入り口ならば、涅槃の世界（ニルヴァーナの世界）への出口ともなっているという事実は、心がわれわれ人間にとって、正に諸刃の剣となっていることを物語っている。言い換えると、生死と涅槃、浄土と穢土、真実と虚妄が心の真・妄（真心と妄心）に因るということだ。しかし、こう言うと（以下も同様）、心に截然と二つあるかのような印象を与えるが、波立っているのは表面（外縁）であって、その内側には広大な海が拡がっているように、真心を離れて妄心もなく、妄心を離れて真心もないことを初めに断っておかねばならない。

心を真・妄の二相に分けるにはいくつかのバリエーションがあり、少し例を挙げてみよう。分かりいいところで親鸞であるが、彼は『五ヶ条要文』（詳細は拙著『親鸞聖人五ヶ条要文』参照）の中で心を本心（明明たる本心）と散心（散乱の心）の二相に分ける。散心とは、もちろん妄心に相当し、われわれが普通に心と呼んでいるものであり、それに対して無明の煩悩（妄心＝散心）によっても汚されることのない本心がある。そして、無始劫来、われわれを永く生死・輪廻の絆に縛るものは、良くも悪くも、われわれが日常的に心と呼んでいる散心（妄心）に他ならないというものである。

心には、波のように、生じては消える妄心だけではなく、その源（心源）には、妄心によっても影響されない本心（真心）があることを、われわれは不幸にして教えられてこなかった。言葉は悪いが、心理学のように心を弄び（正しくは、心に弄ばれ）、ただ実験データを取り、心を研究対象としているだけでは、到底仏教が説く真実（涅槃の世界）には一歩も近づけないだろう。というのも、他なら

う。

人間にとって、これほどの錯誤と迷妄はないと、禅の思想家・鈴木正三（一五七九〜一六五五）は言
きれば、幸せな人生であったということになるのであろうが）、本心（真心）を知らないとしたら、
そうして、この余りにも人間的なみだりがわしい心（妄心）に楽しみ多きことのみを求めて（そうで
ぬこの心（妄心＝散心）がわれわれの目から真実を覆い、見るもの悉くが虚妄となっているからだ。

永く三悪道（地獄・餓鬼・畜生）に引いて入り、世々生々、我を責むるものは、すなわちこれ我が心なり……。人の心は愚かなるものにして、みだりに物に移り、物に恐れ、物に誑《たぶら》かさることを。かくの如くの妄心を楽しみて、本来の本心を失うこと、大いなる錯《あやま》りなり。

正三『反古集』

人の心（人心）は愚かなもので、いつの時代も、大人から子供に至るまで、物（金銭）に囚われ、物に狂い、物に欺かれ（物とは肉体も含め、名と形あるすべてのものをいう）、心の教育を声高に叫ぶ識者も心（妄心）に楽しみ多きことのみを求め、その内奥に本心（真心）があることを知らないであろう。しかし正三は、これこそわれわれ人間の最たる過誤（無知）であると言う。要するに、妄心に過ぎない心に迷惑し、本心を知らないから、生死の苦患は絶えて終わることがなく、ひいては三悪道に沈淪《ちんりん》することにもなりかねない。

如来（仏）はすなわちこれ本心なり。一切の妄念はみな本心より生ず。本心は主、妄念は客なり。本心を菩提と名づけ、また仏心と名づく。

空海『一切経開題』

空海も、心を妄念と本心の二相に分け、妄念とは、文字通り、妄りに起こる想念ということであるが、その一方に本心があり、それは仏（如来）に他ならないと言う。ところがわれわれは、「本心は主、妄念は客」であるにもかかわらず、主客顚倒して、あるいは本末顚倒して、妄念（妄心＝散心）に過ぎないものを自分の心と思い、本心こそわれわれの本当の心（真心）であることを知らない。さらに、「本心を菩提と名づけ、また仏心と名づく」とあるように、菩提とは悟りのことであるから、その心（本心）を知れば悟りともなり、また仏とも成るがゆえに、本心は仏心ということになろう。しかも、本心はわれわれの心の本源（心源）であるから、それ（仏）を求めてどこに趣く必要もなく、ただ自らの心を明らかに知りさえすればいいのだ。それこそ、仏道（悟りへの道）を歩むことであり、ただ言葉を操り、机上で思考を巡らせているだけでは意味も無い。

修行の人、すべからく本源を了すべし。もし本源を了せざれば、法（仏法）を学ぶも益なし。いわゆる本源とは自性清浄心なり。本より起滅なし。起滅するはすなわちこれ妄心なり。妄心は亀毛兎角のごとし。

空海『一切経開題』

ここで空海は心を妄心と本心の二相に分け、われわれは今、生滅（起滅）もなき本心（本源清浄心＝自性清浄心）を知らず、亀毛兎角の如き心（妄心＝妄念＝散心）に惑って、徒に生々死々を繰り返す「迷道の衆生」に甘んじているとした。そして、この本心（仏心）を釈尊の悟りの体験と結び付け、その特徴を見事に表現したのは、臨済宗中興の祖・白隠（一六八五〜一七六八）であった。

この妙法の仏心の衆生に在りても穢れず減らず、仏に在りても浄からず増さず、仏（釈尊）も凡夫にて在《おわ》せし時は、一切衆生に少しも違《たが》はせたまわで、五欲の泥土に汚されたまうは、さながら蓮の泥中に在るが如し。その後、雪山において、本具の真性を発明し玉ひて、「希有なる哉、一切衆生、如来の智慧徳相を具す」と声高に唱えたまひて……。

白隠『遠羅天釜』

誰もが本来具えている仏心（本心）は、さながら泥中の蓮のように、われわれの心（客塵煩悩）に依っても些かも汚されることはない。また、この心（仏心＝本心＝真心＝信心）は、われわれが生死に迷う衆生である時も、生死を離れ、仏と成ったとしても何ら変わることがない、いわば不増不滅の如来蔵（仏性）なのだ。あの釈尊自身も三五歳で悟りを開くまでは、われわれと同じ生死に迷う「迷道の衆生」であったが、時至り、本有の真性（仏性＝仏心＝真心）を開発し、仏と成られた時、「希有なる哉、一切衆生、如来の智慧・徳相を具す」（『華厳経』）と感嘆の声を上げられたのだ、と白隠は言う。しかし、その事実を知らず、今に至るまで「生死の苦海」を転々としているのがわれわれ人間（衆生）なのだ。

次に、心を心と心性の二相に分ける例を挙げておこう。心とは、もちろんわれわれが日常的に心と呼んでいるものであり、一方、心性とは心の本性という意味であるが、それは先の本心、あるいは真心を指している。この言葉（心性）は源信の中にも登場してくるが、彼は『心地観経』の「能く心を観ずる者は究竟して解脱す。観ずること能はざる者は究竟して沈淪《ちんりん》す」を引用した後、「まさに知るべし、生死の沈と不沈とは、心性の観と不観なることを……観心はこれ出離の正因なり」と、仏道を歩む者が一体何を見届けるべきかを、明快に述べている。要するに、われわれが生死に沈淪するか、解脱（生死出離）して、仏と成るかは、自らの心の本性（心性）を観て取れるかどうかにかかっているということだ。それを彼は「観心」という短い言葉に纏めているのであるが、瞑想（Meditation）とは正にこの意味なのだ。

また、チベット密教ニンマ派の思想家・ロンチェンパ（一三〇八～一三六三）も心（sems）と心性（sems-nyid）の違いを言う。いずれも、心に惑い、生々死々を繰り返しているのが現在のわれわれであり、一方、心性（心の本性）を知ることが悟りであり、また生死の流れを渡ること（生死出離）にもなる。浄土門の親鸞は心性を次のように言う。

罪業もとよりかたちなし
妄想顚倒のなせるなり
心性もとよりきよけれど
この世はまことのひとぞなき

親鸞『愚禿悲歎述懐』

罪業、すなわちわれわれが生死・輪廻するカルマ（業）というものがどこから生じて来るかというと、「妄想顚倒の心」（一遍の言葉）といっても、われわれが日常的に心と呼んでいるものであり、『華厳経』の「生死はただ心より起こる」というのも、同じ文脈で理解することができるだろう。そして、心の本性（心性）は誰もが本より具えている本有の心（本心＝真心＝信心＝仏性）であり、その心は無明の煩悩（無明妄心）にも染まることはないということで、「心性もとよりきよけれど」と親鸞は言う。ところが、その心を知る人は極めて少ないがゆえに、「この世はまことのひとぞなき」

と結んでいるのだ。ここには、われわれの陥り易い過ちとして、心性は本より清浄だから、それで良いというのではなく、心（妄心）を除き、心性（真心）を明らかに知るのでなければ、「流転の愚夫」（親鸞の言葉）に留まることになろうという含みがある。

さらに、仙道の思想家・劉一明は、心を人心と道心の二つに分ける。もちろん、一義的に心といえば人心を指している。心理学は人心を扱う学問であるが、その心は、よくも悪くも、ありとあらゆる幻想を造り出し、それが織りなす人生模様のすべてが夢であることを悟らないがゆえに、人は混乱した人生を送る。一方、「道心は心に非ずの心」と言われるように、いわゆる心ではなく、先天的に永遠なる本性（心性）として、誰もが平等に具えている真心であり、それあればこそ仙・仏とも成り得るのだ。道心は空々洞々、我もなく人もなく、本来無一物。本より虚空の如く生死の影を宿すことがない。然るに、人に生死ある所以は後天の人心に依るのであり、この心に惑うがゆえに人は有生有死（生も有り、死も有るという思いに囚われ）、歴劫輪廻して息むことがないと劉一明は言う。

心は一なり。未だ人に雑えざる、これを道心といい、雑うるに人偽をもってする、これを人心という。人心のその正を得たるものは、すなわち道心にして、道心のその正を失うものは、すなわち人心なり。初めより二心あるにあらざるなり。

王陽明『伝習録』

百数十億年という進化の中で、人類がこの地上を歩み始めたのはごく最近と言えるが、未だ人間に交わらず、人身として機能する以前の純一無雑な未発の心を道心という。道心は虚空に遍く拡がる空なるものであるが、その心が已発に向かうと、つまり風によって海が波立つように、一念の心（妄心）が動くと（『起信論』は、心は「無明の風」によって起動すると言う）、われわれは事物・事象の世界を捉え（「一念わずかに瞥起すれば、万象目前にうずたかし」良寛『草堂詩集』）、果ては、さしたる違もない是非、優劣、損得・富貴……などを計りながら、多くの問題を抱え、逼迫しているのがわれわれの心、すなわち人心なのだ。しかも、その心に基づいて為される人的営為（人為）のすべては道（タオ）から外れた虚妄なるもの（それを外道という）であるという理由から、敢えて彼が人為を「人偽」（老子の「大偽」と同じ）としたことは、この世（世間）がどういうところかを暗示してなかなか興味深い。浄土門の人なら、親鸞が「煩悩具足の凡夫、火宅無常の世界は、よろずのこと、みなもって、そらごとたわごと、まことあることなし」（『歎異抄』）と言ったことが思われるであろう。

しかし、この已発の心（後天の人心）を摂して、未発の心（先天の道心）に立ち帰るならば（それを「摂末帰本」という）、道（天理）に適う人となり、この心（道心）に到達した者を王陽明は「聖人」と呼ぶ。一方、未だ人心に留まっている者を「愚人」というのであるが、もし人心がなければ、それと対立する道心という言葉（概念）すら存在しない。つまり、道心と人心の二心があるのではなく、本来、心は一心のみであるから、彼は初めに「心は一なり」と言ったのだ。しかし、すでに心は道心と人心の二心（二相）に分裂し、われわれは今、後者を生きている。そして、道心は人心が無くとも常に存在するが、人心は道心なくして存在しない。そうすると、心（人心）というものが進化の途上で、如何に偶発的に現われ、われわれは今その心に惑い、徒に生々死々を繰り返す「愚人」に甘んじているのだ。仏教が、いわゆる心（人心＝妄心＝妄念）を本有の心（本心＝心性＝真心）に一時的に付着し、悟りへの道（聖道）を妨げる塵芥のようなものであるという意味で「客塵煩悩」と呼んだことと符合している。

わずかな例で申し訳ないが、このように辿ってくると、凡そ心には人心（妄心＝妄念＝散心）と仏心（本心＝真心＝心性＝道心）の二つがあると纏められるであろう。それは先に、人間は衆生（人）と仏の二つのカテゴリーに分けられるとしたが、それを心でいうならば、人心と仏心の二つがあるからということになる。人心ならば「生死の闇」に惑う常没の凡夫に留まることになるが、仏心を知れば、忽ち生死を離れ、仏とも成るということだ（「成仏を求める者、当《まさ》にこの心を習うべし。出離生死はただこの刹那にあるなり」覚鑁『一期大要秘密集』）。すると、浄土門の人々が自力を捨てて、他力を恃むとした真意が見えてくる。というのも、自力と他力に分かれるのは、われわれが人心を用いるか、仏心を用いるかの違いということになるからだ。しかし、生死の世界（穢土）から涅槃の世界（浄土）へとわれわれ渡すのは自力の心（人心）ではなく他力の心（仏心）であるとしたのは、浄土門に限らず、聖道門も同じであった。唐代の禅僧・馬祖は次のように言う。

迷は即ち自家の本心に迷い、悟は即ち自家の本性を悟る。一たび悟らば、永《とこしな》えに悟り、また更に迷わず。

『馬祖の語録』

生死に迷うことになるのは、われわれが「自家の本心」を知らないからだと馬祖は言う。この「自家」という言葉が大切なのだ。われわれ自身の心の内側には本より具わる本有の心というものがあり、それで「自家の本心」と言う。しかし、それはいわゆる心ではなく、心の本性（心性）、あるいは心の本源（心源）であり、その「本分の心」（一遍の言葉）を知ることが悟りともなるということだ。

さらに彼は「自家の本性」とも言い、一義的には自性（自己の本性）という意味であるが、われわれの本性は仏性に他ならないから（一切衆生悉有仏性）、それを悟ることができたら、生死の絆を解き（解脱し）、仏と成って、再び生死に迷うことはないであろうから、彼は「一たび悟らば、永えに悟り、また更に迷わず」と言ったのだ。親鸞的に言えば、一たび信心を開発するならば、もはや再び生死の世界に戻り来ることのない、正定聚・不退の位に登るということだ。

本心を識《し》らずんば、法を学ぶも益なし。もし言下に自らの本心を識り、自らの本性を見れば、即ち仏と名づく。

慧能『六祖檀経』

本心を知るのでなければ、どれだけ仏教（法）を学んでも、いやもっと広く、学問をどれだけ究めようとも、あなたにとって何の益にもならないと慧能は極論する。しかし、決して誇張ではなく、これが事実なのだ。本心（本分の心）を知るのでなければ、仏教（宗派を問わない）をただ学んでいるだけでは意味がない。逆に、もし今生において、否、今この瞬間（一念）に、妄心を除いて、自らの本心（仏心＝真心）を知り、自らの本性（自性＝仏性）を開発する（禅的には、見性する）ことができたら、この世とかの世を共に捨てて、仏とも成ろうということだ（親鸞が「信楽開発の一念」と言ったことを思い出してほしい）。それはあなたがどの国に生まれ、またどの宗教（宗派）に属していようとも変わらない。なぜなら、宗教とは、文化や歴史の違いにかかわりなく、あなた自身の心、より正しくは心の本性（心性）、あるいは本有の心（本心）を明らかに知ることであるからだ。

成仏は異国本朝もろともに

宗にはよらず心にぞよる　『一休道歌』

第3章　一心の宗教

ある時、法（教え）を説いていた釈尊が一本の花を採り、弟子たちに見せ、しばらく黙していたが、十大弟子の一人、迦葉（摩訶迦葉）がその意趣を理解し、微笑んだのを見て、釈尊は自らが悟った法（最上の真理）を数多《あまた》いる弟子たちの中でも彼一人に授けたと歴史は伝えている。この故事を「拈華微笑」というが、その時、迦葉が理解したもの、言い換えれば、釈尊の四五年に及ぶ教化活動の原点ともなり、彼が弟子たちに伝えようとした法（教理）とは一体何であったのか。これを明らかにすることは極めて大切である。というのも、その後、釈尊から弟子へ、法は脈々と受け継がれていくことになるからだ。それを一義的に決することには注意を要するが、その一つを「一心」の法（教え）とすることもできよう。

十方の諸仏世に出でて、ただともに一心の法を説く。ゆえに仏はひそかに摩訶迦葉に付与す。この一心の法体の、虚空を尽くし、法界にあまねきを、名づけて諸仏と為す。　黄檗『宛陵録』

仏は釈尊一仏ではなく、かつて世に出興したであろう多くの仏たち（十方の諸仏）は何を悟って仏に成ったのかというと、それはすべてに（虚空を尽くし、法界にあまねく）満ちている一心であり（一心はキリスト教の「プネウマ」の概念に近い）、仏とは、本来、この一なる心を知った人に他ならない。従って、その彼らが「生死の苦海」に淪《しず》むわれわれ衆生に説いたのも当然のことながら「一心の法」であったと黄檗は理解しているのだ。必要なことは多くはない、ただ一心を知ることであり、その心（一心の法体）に再び根付けば生死を離れ、仏と成る。なぜなら、仏とわれわれ衆生は一心において一つであるからだ。

但《た》だ一心を悟らんのみ。さらに少法の得べきなし、これ即ち真仏なり。仏と衆生とは一心にして異なることなし。

黄檗『伝心法要』

釈尊から迦葉へと以心伝心された「一心の法」は、その後、中国へと伝えられることになるが、その来歴を馬祖は次のように纏めている。

汝等諸人、各、自心は是れ仏、この心即ち仏なるを信ぜよ。達磨大師、南天竺国より中華に来至し、上乗一心の法を伝えて汝等をして開せしむ。

『馬祖の語録』

禅宗初祖のボーディダルマ（達磨大師）が、はるばる印度から中国へ仏法を伝えようと旅をしたのは、ただ「一心の法」（教え）を説かんがためであった。「一心の法」とは、自らの心（自心）を知りさえすれば、それが悟りともなれば、仏とも成るというので、馬祖は「自心は是れ仏、この心即ち仏なるを信ぜよ」と言う。生死に迷う衆生に留まるか、悟って仏となるかは、この一心（自心）を知るかどうかの違いなのだ。その後、禅は日本にも伝えられ、夢窓国師はわれわれが知るべきは、あるいは修すべきは一心であることを、次のように言う。

諸仏の説法無辺なれども、戒・定・慧の三学を出でず。その三学とは衆生の一心に具はれり。故にもし一心の本源に到りぬれば、三学の妙徳、皆悉く満足す。……然《しか》れば則ち、一心の本源を究むるを、大乗修行と名づく。

夢窓『夢中問答』

仏教における修行の基本は戒・定・慧の三学であるが、それらはすべて一心に収まると夢窓は考えているのだ。なぜかと言うと、一心に本より悟りの智慧・徳相が円に具わり、心（妄心）を摂し、一心の本源（それを夢想は「本分の田地」、白隠は「一心不乱、純一無雑の田地」などという）に落ち着くことが「定」であり、一心を保つことが「戒」に他ならないからだ。すると、仏教において修行（大乗修行）を言うならば、この「一心の本源」（本源清浄心）を究めることに尽きるだろう。

ところで、先にわれわれは仏・法・僧の三宝が本心に具わっているとしたが、本心というも、一心というも、それは心の本源（心源）に他ならない。すると、本心＝一心に仏・法・僧の三宝が具わっているだけではなく、われわれが修すべき戒・定・慧の三学もそれに収まるというのであるから、仏教というものが如何にわれわれ自身の心（一心＝本心）と深く関係しているかが理解されるはずだ。そこには、仏教というものが、戒（五戒）を守り、功徳を積み上げることによって、仏に成るという自力（親鸞のいう自力修善）でないことをよく物語っている。また、『法華経』を読誦している時、悟りを開いたとされる白隠も（それを「開仏知見」という）、悟りとは一心を明らかに知ることであるにもかかわらず、末法の世に、この心を俎上に載せ、まともに論ずる人もなく、世間の人々は本より、出家の僧侶も徒に混乱するばかりだと嘆く。

開仏知見（仏知見を開く）とは、一心の妙法を発明することなり。悲しみても悲しむべきは、今、末法澆季《ぎょうき》の世の中なれば、一心の妙法の沙汰はすたれ果てゝ、思い思いの有様なり。

白隠『遠羅天釜』

一心を知ることが如何に大切であるかを説いたのは、禅の思想家ばかりではない。真言密教の開祖・空海を例に、一心の意味をさらに確認しておこう。

奇哉《きさい》の奇、絶中の絶なるは、それただ自心の仏か。自心に迷ふが故に六道の波、鼓動《くどう》し、心源を悟るが故に、一大の水、澄静なり。澄静の水、影、万像を落《うつ》し、一心の仏、諸法を鑒知《かんち》す。衆生、この理に迷つて、輪転、絶ゆること能《あた》はず。

空海『秘蔵宝鑰』

空海も長い修行と苦悶の末、明らかに自分の心（自心）を知ってみると、それが仏に他ならなかったという感動を「奇哉の奇、絶中の絶」と最大の驚愕を以て告白しているのだ。それを彼は「自心の仏」と呼んだが、さらに「一心の仏」と言い換える。もちろん、自心といっても、いわゆる心ではなく、「心源を悟るが故に、一大の水、澄静なり」とあるように、心の本源（心源＝一心＝本心）が仏であるということだ。もちろんこの理解は、『起信論』の「心源を覚するを以ての故に究竟覚（究極の悟り、すなわち仏）と名づく」に依っている。

それを悟る時、衆禍の波は自ずと収まり、寂静無為の世界（涅槃界）が拡がっているにもかかわらず、われわれは「自心の仏」、あるいは「一心の仏」を知らないがゆえに六道の波に翻弄され、輪廻の世界を転々としているというのが空海の心の理解なのだ。これは先に彼が心を本心と妄念、同じであるが、本心と妄心に分け、本心を悟り（菩提）の心、あるいは仏心としたことを考慮すれば、無理なく理解されるだろう。

心というものを深く究め、その意義と可能性を自らの体験に即して明らかにした空海は、日本における最も重要な宗教思想家の一人であるが、それは、夙《つと》に知られた『般若心経』のマントラ（掲帝　掲帝　般羅掲帝　般羅僧掲帝　菩提僧莎訶）に付した彼の解釈一つを取り上げても、十二分に発揮されている。マントラ（真言）である限り、翻訳（音訳）することにあまり意味はないと思うが、空海は自らの悟りの体験に照らして、次のように纏めている。

行行として円寂に至り　去去《ここ》として原初に入る
三界は客舎《かくしゃ》の如し　一心はこれ本居《ほんこ》なり

空海『般若心経秘鍵』

心の本源（本心＝一心）は本より静寂で至福に満ちている、何ら欠けるものはない（円寂）。いつも永遠にそうなのだ。ところがわれわれは今、本源（心源）に背いて「生死の苦海」に身を淪め、徒に三界・虚妄の世界を往来し、ここが仮の住い（三界は客舎）であることがどうしても理解できない。われわれが本当に在るべきはわれわれが始めに在った「原初」であり、心源（本心＝一心）こそわれわれの本当の我が家（本宅）であって、真に安らぐ「涅槃の城」であるから、「一心はこれ本居なり」と彼は言ったのだ。そして、仏とはそこに帰り着いた人のことであり、客舎（三界）と本宅（本居）の違いがあることをよく理解し、「一心の本源」（夢窓の言葉）こそ生死流転するわれわれが帰るべき永遠の故郷であるから、「行行として、去去として」、そこへ帰って行きなさいというのが、空海のマントラ理解なのだ。さらに空海は『華厳経』の「心と仏と及び衆生と、是の三に差別無し」を補って、次のように言う。

若《も》し自心を知るは即ち仏心を知るなり。仏心を知るは即ち衆生心を知るなり。三心平等なりと知るを、即ち大覚と名づく。

空海『性霊集』

三心（自心・仏心・衆生心）平等の思想とは、自分の心（自心）を如実に知ってみると、それが仏に他ならなかったと知る（それゆえ空海は仏を「自心の仏」と言ったのだ）。否、その仏の心（仏心）は自分だけではなく、他のすべての人々の心（衆生心）にも具わっていると知る。つまり、自心・仏心・衆生心の三心が同じ仏の智慧・徳相を具えた一心であったと知ることが悟り（大覚）なのだ。

歴史とは、ある意味で、平等をスローガンに掲げながら繰り返される階級闘争の歴史でもあったが、われわれが現実として捉えているこの世界（世間）においては、機会の均等ということはあっても、本当の意味で平等ということはあり得ない。われわれは自らの心（自心）を如実に知って、初めて真の平等とは何かを知るのであって、それ以前ではない。

禅と真言を辿ってきたので、浄土の思想家に話を移そう。そのひとり親鸞は『五ヶ条要文』の中で、自らの宗教を「一向一心の宗旨」とし、次のように言う。

一向一心の宗旨なりとて、他宗に耳をふたげ、我が宗に偏頗《へんぱ》すること誠に愚痴の至りなり。此の如く修行するものは、心狭く人にも疎まれ、法にも背くことなり。一向一心といふは、生死善悪を離れ、神通加持にも心をよせず、自他差別なき一心といふことなり。

『親鸞聖人五ヶ条要文』

「一向一心の宗旨」とは、悟りと迷い、ニルヴァーナ（涅槃）とサンサーラ（生死）は偏に一心を明らかに知るかどうかに依るのであり、何はさておき一心を宗とする教え（宗教）という意味である。その心を親鸞は、すべての人が本来平等に具えている「自他差別なき一心」としたが、それは空海が三心（自心・仏心・衆生心）平等の一心を言うに同じだ。なぜなら、自他差別なき一心はまた仏心でもあり、生死を離れ、仏と成るのもこの一心を知ることであって、それは聖道・浄土を問わず同じなのだ。それにもかかわらず、他宗に耳を塞ぎ、自宗を言挙げするばかりでは、いかにも心狭く、仏教の本義からも外れることになろう、と親鸞は注意を促しているのだ。

いわゆる心（人心＝妄心）には自他の差別があり、思慮深く、心やさしい温厚な人もいれば、人に疎まれ、気性の激しい人もいる。また、趣味や嗜好も人によって異なるのも、この心がそれぞれの個性（自我）を形成しているからだ。しかし、どうあれ人は、良くも悪くも、物（金銭）、人（異性）、地位、名誉に囚われ、心に楽しむことがあっても、その本源にある自他差別なき一心（本心）を知らないがために、かえって心に誑かされ、六道・四生を巡る「迷道の衆生」となっているのがわれわれ人間なのだ。

広く本願力の回向によりて、群生《ぐんじょう》を度せんがために一心を彰《あらわ》す。功徳の大宝海に帰入すれば、かならず大会衆《だいえしゅう》の数に入ることを獲《う》。

親鸞『教行信証』

生死に迷うわれわれ衆生（群生）を涅槃の世界（寂静無為の世界）へと渡さんがために、仏（阿弥陀仏）は「一心」の法を説かれたのであり、「生死の苦海」を離れ、「功徳の大宝海」（「信心海」、あるいは「大信海」なども言うが、悟りの智慧・徳相を円に備えた涅槃界のこと）に帰入すれば、再び空しくこのような生存を受けることのない大会衆（正定聚に同じ）の数（仲間）に入るであろう、と親鸞は言う。

おおよそ大信海を案ずれば、貴賤・緇素《しそ》（出家と在家）を簡《えら》ばず、男女・老少を謂《い》わず、造罪の多少を問わず、修行の久近を論ぜず、行にあらず、善にあらず……ただこれ不可思議・不可説・不可称の信楽（信心＝一心）なり。

親鸞『教行信証』

さらに親鸞は、『無量寿経』の三心（至心・信楽・欲生）を世親（四〇〇〜四八〇頃）の一心に纏め、それを「一心の華文」（『教行信証』）と呼び、称揚したが、一心（信楽＝真心＝信心）こそ生死に迷うわれわれ衆生を悟りの世界（涅槃）へと乗せて渡す大船、すなわち「度衆生心」であり、浄土往生に必要なことは唯一つ、一心（信心＝信楽）を開発することであった。しかし、法然門下の間で持ち上がった信心論争でも言及したように、法然と親鸞だけがこの心（一心＝信楽＝真心＝信心）を有していたのではなく、すべての人が本より平等に具えている自他差別なき一心、あるいは三心（自心・仏心・衆生心）平等の一心であったのだ。そして、仏とはその心（一心）を知った人のことであり、衆生とは自らの心（妄想顚倒の心＝妄心）に迷惑して、輪廻際なき生死の世界を離れられないわれわれ自身のことなのだ。

信心すなわち一心なり

一心すなわち金剛心
金剛心は菩提心
この心すなわち他力なり

親鸞『高僧和讃』

悟りとは、如実に自心を知ることであり、親鸞は信心→一心→金剛心→菩提心→他力の心と続けるが、これら同じ内容を持つ心が他力（の心）であるのは、自他差別なき一心が仏心に他ならないからだ。金剛心とあるのは、いわゆる心（人心）が感覚を通して入ってくるさまざまな情報に妄りに反応し（それゆえ「妄心」という）、常に騒いでいるのに対して、その本性（心性＝心体）は泥中の蓮の如く、妄想顛倒の心（妄心＝人心）に依っても汚されることはなく、また、不生不滅という意味で不動を保っていることに譬えられる（「心性は清浄にして、なほし蓮華の如し。心体は常住なること、譬えば金剛の如し」覚鑁『三界唯心釈』）。そして、その心を開発したところを親鸞は「信楽開発」、あるいは「信心開発」と称し、彼自身が信楽（信心＝一心）を開発したときの驚きを「広大難思の慶心」（『教行信証』）と告白したことは、空海が「自心の仏」、あるいは「一心の仏」を発見したときの驚愕を「奇哉の奇、絶中の絶」と告白したことにも通じるであろう。彼らにとって、一心（信心）、あるいは本心（真心）の開発は六道・四生の世界を超えて、われわれを涅槃の世界へと渡す悟りの心（菩提心）であると共に、また仏（如来）でもあったのだ。

世は末法である、だから自力ではなく、他力でなければと浄土門の人々は言う。しかし、聖道門の人々が用いたのも、いわゆる人心（妄心）ではなく、心の本源である仏心（三心平等の一心）であったことからいえば、彼らもまた自力（の心）ではなく他力（の心）であったと言えよう。そもそも仏教は、自力・他力、聖道・浄土という対立を超えて、その初めから心を真実の相（仏心＝真心＝本心＝心性＝一心）において知ることの大切さを説いてきたのだ。

世情は本より、人心も乱れ、末法という仏教的歴史観を遥かに超えて、今や世界は滅亡に向かってひた走っているのかもしれない。しかもその原因は、われわれが道心（一心）を知らず、ますます大道（タオ＝自然の道理）から外れ、あらぬ方向（それを外道という）に猛進しているからと知る人は少ない。しかし、釈尊が伝えた「一心の法」は末法の世にあっても、汚されることなき心（仏心＝真心）として、かつて有ったし、今も有る。つまり、「一心の法」は釈尊在世であれ、末法の世であれ、時間と場所を超えて、何ら変わることのない存在の基盤（本分の田地＝心地）をなしている。時代と共に、仏教的に言うと、正法・像法・末法と進むにつれて（正しくは、後退するにつれて）、荒んで来たのはいわゆる心（人心）であって、一心（仏心）ではない。そして、この心（真心）に辿り着いて、初めて今生に生を享けた意味もあったということになるが、世は末法だからと言って、あまねく存在する一心（仏心）を顧みることがなければ、われわれは宝（宝珠）の中にいながら、飢え苦しむようなものであると白隠は言う。

世は末世なれども、法（一心の法）はさらさら末世ならず。末世なりとて、打棄て顧み見たまわずば、宝の中にありながら、自ら飢凍《きとう》を苦しむが如し。

白隠『遠羅天釜』

一体、悟りといい、成仏というのも、三心（自心・仏心・衆生心）平等の一心を知ることである。

しかし、何度も言うように、その心はわれわれがいうところの心（妄心）ではなく、心の本源（本源清浄心＝本心）、あるいは心の本性（自性清浄心＝心性）を指している。わずかに、釈尊、禅、真言、浄土と辿ってきたが、心の本源である自他差別なき一心（一心の法体）は一宗一派の独占物ではなく、釈尊は本より、この世に現われたすべての覚者（仏）たちが生まれる根源的マトリックスであり、それはまたわれわれ衆生が仏と成るための共通の基盤（gzhi）をなしているのだ。

第４章　是心作仏・是心是仏

浄土の教えを少し学んだ人なら、馬祖の「自心は是れ仏（自心是仏）、この心即ち仏なる（此心即仏）を信ぜよ」（一七〇頁参照）を見て、親鸞の（元は『観無量寿経』にある）「是心作仏というは、心はよく仏になるなり。是心是仏というは、心のほかに仏ましまさずとなり」を思い出されることであろう。そこでは心と仏を木と火の関係で説明しているが、心の闇（木）もいつかは晴れて、自ら灯明（火）となるのでなければ、六道・四生を巡る「生死の闇」はいつ果てるともなく続いて行く。ただ木を離れて火がないように、今は貪・瞋・痴の三毒（煩悩）に纏われた心（無明妄心）であっても、それを焼き尽くす火となるならば、そこに一心（本心）の妙法は輝き出るであろうということだ。

禅・浄いずれも「是心作仏・是心是仏」（この心が仏となる・この心が仏である）を基本に据えているのだが、これにはよく知られた『涅槃経』の「一切衆生悉有仏性」という考え方が背景にある。そこでは心と仏を酪と蘇の関係（分かり易く言えば、牛乳を原料として、いろんな乳製品を加工すること）で説明している。ある人が蘇を持っているかと尋ねられ、今は無いけれど、酪を持っているから、蘇を持っていると答えてもよいだろうというものだ。文脈に沿って言えば、酪は心（妄心）であり、蘇は悟りの一心（本心）、あるいは仏性（自性）を指している。

衆生もまた爾なり、悉くみな心あり。およそ心あるものは定んで当に阿耨多羅三藐三菩提を成ずることを得べし。この義をもっての故に我は〝一切衆生悉有仏性〟と宣説す。

『涅槃経』

この引用から、われわれ人間（衆生）もまた心を持っているから、悟り（阿耨多羅三藐三菩提）が可能であり、同じことであるが、成仏の可能性（仏性）を宿していると解釈できよう。大切なことは、われわれが心を有している有情（衆生）であるから、仏とも成り得る、つまり「一切衆生悉有仏性」としたことである。ところが仏教、とりわけ浄土の教えに親しんでいる人々にとって、心と言えば、蛇蝎の如きもの（親鸞の言葉）であるから、なぜそんな心が悟りとなり（成道）、仏とも成る（成仏）のかという反論が当然生じてくるであろう。何と言っても、親鸞自身が繰り返し、世々生々に迷うわれわれ凡夫には「真実の心」もなければ、「清浄の心」もないと、口を極めて言っているからだ。

浄土真宗に帰すれども
真実の心はありがたし
虚仮不実のわが身にて
清浄の心もさらになし

親鸞『正像末和讃』

『観経』と『涅槃経』の心（それぞれ比喩で言えば、木と酪）はそのままではいずれも悟りでもなければ仏でもない。それどころか、その心（妄心）ゆえにわれわれは世々生々に迷う常没の凡夫に甘んじているのだ。そして、この心を基にして、修行に励み、功徳を積もうとも、サンサーラの迷いの世界からニルヴァーナの悟りの世界へと渡って行くことはできない。だから親鸞は、「自力の心をひるがえして、他力（の心）をたのみまつれば、真実報土の往生をとぐるなり」としたのだ。しかし、このように考えるのは、親鸞（浄土の思想家たち）だけではなく、真言も禅も、いわゆる心がそうだと言ったことはなく、それは本心（一心）に対する妄心、あるいは妄念であり、その心ゆえにわれわれは今、生死に惑う「迷道の衆生」になっているのだ。従って、この心を私は一連の文脈の中で妄心（人心）と解し、木が火となる、あるいは酪が蘇となるところ、言い換えれば、妄心から真心（仏心＝一心＝信心＝心性）を明らかにするところに成仏（作仏）の可能性（仏性）があると言いたいのだ。というのも、その心には本より智慧・徳相が円に具わり、われわれをして悟りの道へと牽いて行くのもまたその心であるからだ。

彼の一心の中の万徳の性を名づけて仏性とするなり。……凡そ生死の苦を厭い、涅槃の楽を欣《ねが》い、菩提心を発し、仏の加被を蒙《こうむ》るは、これ具縛の身中の真如仏性の力なり。

源信『観心略要集』

しかし、本より自他差別なき一心が万徳を具えた仏心（仏性）であるから、もっと言えば、衆生本来仏であるから、何もしなくていいと、そこで停まってしまっては、仏教の本義から外れることになる。というのも、現在、われわれが生きているのは妄心であり、それが一心（仏心＝仏性）を覆うがゆえに、真実の世界（真如界）を捉えられないまま、虚妄の世界（妄境界）を転々としているのがわわれわれ人間であるからだ（「人の性は本と浄し、妄念によるがゆえに、真如を蓋覆うなり」慧能『六祖壇経』）。『涅槃経』が「およそ心あるものは定んで当に阿耨多羅三藐三菩提（悟り）を成ずる」と言ったのも、本心を離れて心があるのでもなければ、また心を離れて本心があるのでもないから、われわれが心として理解しているものを手掛かりとして、本心（一心＝仏性）を開発し、明らかに知るに至るならば、それが涅槃ともなり、生死・輪廻の陥穽に二度と淪むことなく、必ずや悟り（無上涅槃）に至るであろうということだ。要は、開悟も、成仏もわれわれ自身が自らの心と取り組むことによって初めて可能になるということだ。「一切衆生悉有仏性」の具体的な意味はこんなところにあるが、信心＝仏性を説く親鸞の仏性論についてもう少し言及しておこう。

信心よろこぶそのひとを
如来とひとしとときたまう
大信心は仏性なり
仏性すなわち如来なり

親鸞『浄土和讃』

この和讃に見られるように、信心（大信心）＝仏性＝仏（如来）と彼が纏めていく背景には『教行信証』（信巻）にも引用されている『涅槃経』がある。大信心とは、親鸞のコンテクストから言えば、いわゆる信心（信仰）ではなく、如来（阿弥陀仏）より賜りたる信心（真心＝信楽＝一心）ということで「大信心」なのである。

仏性は大信心と名づく。何をもってのゆえに、信心をもってのゆえに、菩薩摩訶薩はすなわちよく檀波羅蜜乃至般若波羅蜜（六波羅蜜）を具足せり、一切衆生は畢《つい》にさだめて、当《まさ》に大信心を得べきをもってのゆえに。このゆえに説きて「一切衆生悉有仏性」と言うなり。大信心はすなわちこれ仏性なり。仏性はすなわちこれ如来なり。

親鸞『教行信証』

われわれの本性は仏性に他ならないが、現在、それは無明妄心（煩悩）に覆われて、真実（真如）を捉えることができないでいる。しかし、そういうわれわれもいつか信心＝仏性を開発し、必ずや仏と成るであろうから「一切衆生悉有仏性」なのだ。この『涅槃経』の解釈に依りながら、親鸞が大乗仏教の人間観と彼自身の救済論を一つに展開して行ったであろうことが窺える。つまり、仏性を心で言えば信心（大信心）のことであり、信心を得ること（信心を開発すること）が生死の迷いの世界から涅槃の悟りの世界へとわれわれを連れ戻し、ひいては仏に成るとしたことだ。言うまでもなく、信心は彼において、自力の心（人心）ではなく、一心であり、信楽であり、真心であり、本心であり、菩提心（悟りの心）であった。

このように、仏性とはわれわれの本性（自性）であり、仏（如来）に他ならないから、われわれは仏を求めてどこに赴く必要もなく、心の内側へと辿ればいいのだ。そして、内なる本性（自性＝仏性）を明らかにするところに、本心（信心＝一心）の開発ということがあり、その心を知れば、白隠が「当処即ち蓮華国　此の身即ち仏なり」（『坐禅和讃』）と言ったように、ここが浄土（蓮華国＝安楽世界）ともなれば、この身このままで仏とも成るということだ（即身成仏）。浄土の思想家として、後に本願寺教団を二分する契機ともなった、承応の論争（一六五三）の一方の当事者である月感（一六〇〇～一六七四）の言葉を引用しておこう。

真如法性というも、仏性というも、人々本具の我性（自性）のことなり。この我性、善友（善智識）の縁に逢うて顕れたるを信心というなり。この性（我性）すなはち弥陀（阿弥陀仏）なり。この身すなはち安楽世界なり。外に向うて求むべからず。

月感『八邪弁要』

ところで、仏性を具えているのは人間だけではない。黄檗は、諸仏はもとより、小さな生き物に至るまで仏性を具え、その本質は一心において一つ（同一心体）であると言う。彼もまた、仏性を三心平等の一心で捉え、菩提達磨が中国に仏教を伝えたのも「一心の法」であったと言う。

上諸仏に至り、下蠢《しゅん》動《どう》含霊に至るまで、皆な仏性有りて同一心体なり。ゆえに達磨は西天より来って、唯だ一心の法をのみ伝え、一切衆生本来是れ仏にして、修行を仮《か》らざることを直指す。ただ、今こそ自心を識取し、自らの本性を見て、更に別に求むることなかれ。

黄檗『宛陵録』

親鸞が信心＝仏性としたように、彼もまた仏性を心でおさえ、一心＝仏性と同定していることが分かる。要するに、生死に迷う衆生から仏と成るためには、ただ心の本体（一心）を明らかに知ることであり、自らの本性（仏性）に目覚めさえすればいいということだ。というのも、仏とはこの心の本体（一心＝心地）に根付き、心の本性（心性＝仏性）を知った人であり、それ以外にわれわれが求むべきものなど本当は何もありはしないのだ。しかし、これまでわれわれは一体何を求めてきたであろうか。一つ一つ列挙することはもちろんできないが、これだけは言える。それは黄檗のいう、自らの心性（自心＝一心）でもなければ、自らの本性（自性＝仏性）ではなかったはずだ。それが為に、われわれはそうという自覚もないまま、徒に生々死々を繰り返してきたのである。

人の形になりたれど　世間の希望《けもう》たえずして
身心苦悩することは　地獄を出たるかいもなし

『一遍上人語録』

人として生まれたわれわれが、この間、一貫して求めてきたものは、すべて世間であり（人・物・マネー・権力・名誉・趣味……）、人目にどう映るかではなかったか。しかも、それを手にすることが自らに幸福と満足を齎《もたら》してくれると考えたのであろう。もちろん、そう考えるのもいいだろう。私はかつてそれを否定したこともなければ、全く以て関心がない。というのも、われわれが何を手にし、何に成ろうとも、それは世間（生死の世界）であり、出世間（涅槃の世界）ではないからだ。要するに、親鸞や慧能が言う生死出離とならないばかりか、ややもすれば世間的なものの追求が自心（一心）から、また自性（仏性）からわれわれを遠ざけ、生き急ぐばかりで、終には自ら為した業縁（カルマ）に苦縛せられ、身を滅ぼすことにもなりかねない。というのも、自らの本性（自性＝仏性）に背いて試みる全ての人為（人偽）が、個人から国家に至るまで、ますます「無明の闇」を深め、結局は自らを滅びに至らせる自傷行為になっているからだ。

ともあれ、黄檗の言うように、われわれは自らの心（自心＝一心）を知り、自らの本性（自性＝仏性）を一度は見抜かなくてはならない。そうでなければ、われわれは徒に生まれ、徒に死を繰り返す「迷道の衆生」に留まることになるからだ。そして、知るべきは、あるいは帰るべきは自心（本心＝

一心）であり、自性（本性＝仏性）であることは、宗教が他でもないあなた自身の問題であり、あなた自身が目的地になっていることを意味している。というのも、自心であれ、自性であれ（それが無自性であっても）、そんなものをあなたに代わって一体誰が知るというのか。

われわれはこれまで何かにつけ数値目標（ノルマ）を設定し、それを達成するために日夜、多大のエネルギーを注いできた。しかし、何を達成しようとも、あなたは自らの心（自心＝本心＝一心）について何も知ることなくここまで来た。また、宗教的な行為と見なされる如何なる行為もわれわれを仏に仕立て上げることはない。それよりも何よりも、本来仏であるあなたが（われわれの心が仏に他ならないから）、仏に成るために修行や善行を積み始めたら、これは可笑しなことになる。われわれは自心（同一心体）に帰り着いて仏とも成るのであるから、あなたが努力して仏と成る（成仏する）のではなく、すでに予定された自心（一心）を知れば、それが仏であったというだけなのだ。だから菩提達磨も本来仏であるわれわれが何か修行をして仏と成るというのではなく、ただ三心平等の一心（一心の法）を知りさえすればよいというので、「一切衆生本来是れ仏にして、修行を仮らざる」と言ったのだ。この事実は、禅をはじめ聖道門の人々がいわゆる自力の修行、すなわち親鸞の言う「自力修善」を否定していたことを物語っている。

第5章　如実に自心を知る

衆生の生死に輪廻するは、意縁走作し、心六道において停らずして、種々の苦を受くることを致す……人天地獄、六道修羅も尽く心に由って造らるる。

黄檗『宛陵録』

意馬心猿の如く、落ち着きなく妄りに動く心（妄心）ゆえに、天国から地獄までさまざまな世界が現われ、かえって心は種々の苦しみを受けているのがわれわれ衆生なのだ。黄檗が人・天・地獄をはじめとする六道輪廻の世界はわれわれ自身の心ゆえに生じてくるとしたことは充分に注意されていいだろう。それを『楞伽経』は「自心所現の幻境」と纏めたが、人間界（人界）をはじめさまざまな世界はわれわれ自身の心に依って立ち現われてくる幻影の世界（幻境＝妄境界）なのだ。しかし、その一方で、われわれには本心＝一心があり、それを黄檗は「本心の仏」、空海は「一心の仏」と言ったように、その心を知りさえすれば、仏とも成り、生死・輪廻の世界を離れる（解脱する）ことにもなろうということだ。

今日、火急の問題になっているのが心であるにもかかわらず、心理学も含め、心というものをどう理解し、またどう扱えばいいのか、よく分からないというのが偽らざるところではなかろうか。釈尊が「ものごとは心にもとづき、心を主とし、心によって作り出される」（『ダンマパダ』）と言ったように、行為の基本に心がある。そして、ものごととは良くも悪くもわれわれが毎日経験し、また目にしている生死・善悪・愛憎・苦楽・毀誉・損得・成敗・幸不幸……の悲喜劇すべてを指しているが、それらはいずれもわれわれ自身の心から夢や幻のように、実体もなく生じてくるということだ。しかし、仏教はこの二元葛藤する時空世界（世間）にあって、如何にうまく世渡りをし、勝者（成功者）となるかを説いているのではない。むしろ、これら二元性を擾々と生み出す心に誑かされることなく、空劫以前の一元性の世界（出世間）へと帰って行きなさいと勧めているのだ。しかし、心はただ心というだけではなく、仏の可能性（仏性）を宿しているのであるから、われわれは法（仏法）を求めてどこに赴くこともなく、自らの心を明らかにすればいいのだ。

夫《そ》れ法を求むる者は、求むる所なかるべし。心の外に別の仏なく、仏の外に別の心なし。善を取らず、悪を捨てず、浄穢の両辺にともに依怙《えこ》せず。

『馬祖の語録』

善と言えるほどのことを為すことは難しい。否、親鸞も言ったように、悪性はなかなか止められないのが人間という生き物であろう。しかし、そんな自分をことさら貶めるのではなく、むしろ、善を取らず、悪をも捨てず（善人、悪人を言わず）、また穢土を厭い、浄土を願うのではなく、ただひたすら自らの心（自心）を明らかにすることが、仏道を歩むことなのだ。浄土門の人々がときに見せる、自虐的とも映る自己否定が仏道を歩む場合のバリアになっているだけではなく、卑下も度を過ぎると自慢（卑下慢）ともなりかねない。すでに述べたように、聖道・浄土の祖師方がいずれも自らを生死に迷う「迷道の衆生」と認識していたことに変わりはなく、その上で彼らは、善悪・浄穢の二辺（二元性）のいずれにも執することなく、ただ自らの心（自心）に仏法（真理＝第一義）を求めたのである。もちろんそこには、「心の外に別の仏なく、仏の外に別の心なし」という心＝仏の揺るぎない確信があったからだ。

縦《たと》い你《なんじ》多知を学得し、勤苦修行し、草衣木食すとも、自心を識らず、悉く邪行と名づく。かならず天魔の眷属とならん。……仏は本と是れ自心の作るもの、なんぞ文字の中に向って求めることを得んと。

黄檗『伝心法要』

『観経』が「心はよく仏になるなり（是心作仏）。心のほかに仏ましまさずとなり（是心是仏）」と言ったことを、黄檗は「仏は本と是れ自心の作るもの」と纏めているのだが、たとえ学問をし、物知り（情報通）になったとしても、あるいは修行と称して、苦行に励もうとも、自心（本心＝一心）を知るのでなければ、すべては邪行であるばかりか、天魔ともなろうと、なかなか厳しい。いずれも仏教というものが、如何にわれわれ自身の心と深く結びついているかを示す例であるが、機が熟し、われわれが仏道を歩み出し、本当に悟りへの道（生死出ずべき道）を目指し、成仏の可能性を探る場合、必ずやわれわれは自分自身の心と向き合うことになる。即心成仏の具体的な意味はこんなところにある。

聖人は心を求めて仏を求めず、愚人は仏を求めて心を求めず……罪は心より生じ、また心より滅すと。故に知る、善悪皆な自らの心に由《よ》ることを。ゆえに心を根本となす。もし解脱を求めんとせば、先ず須らく根本を識るべし。

慧海『頓悟要門』

仏に帰依し、信仰心の篤い人の姿は外目には立派な求道者と映るかもしれないが、慧海は求めるべきは、あるいは知るべきは心であって、仏ではないと言う。というのも、世に輩出したであろう多くの覚者といわれる人（聖人）たちは仏を求めたのではなく、自らの心を明らかに知ろうとしたのだ。なぜなら、心の外に仏があるのではなく、心を知れば仏とも成り、また生死を離れる（解脱する）ことにもなるからだ。しかし、何度も言うように、その心は生死・善悪を作り出し、われわれを永く輪廻の絆に繋ぎ止めている心（妄心）ではなく、その源にある本心（一心）を知ることであるから、慧海も、「もし解脱を求めんとせば、先ず須らく根本を識るべし」と言ったのだ。

世情が混乱し、人心が乱れるのも、われわれが本有の心（本心＝一心）を知らず、心（妄心）に誑かされて、生死・善悪をはじめとする二元葛藤の世界（世間）が共に心から生じて来ることを知らない根本的な無知（無明）に起因している。言い換えれば、この根本を断つのでなければ、ただ個々の問題の解決を図るだけでは、一向に混乱は収まらないということだ。というのも、心が善くも悪くも混乱を招いている元凶であるにもかかわらず、その同じ心で以て解決を図ろうとするところに土台無理があるのだ。

このように、人心に対して仏心を説いたのが仏教であり、われわれが普通に心と呼んでいるものに基づいて為される如何なる行為（人為＝人偽）も実を結ばぬばかりか、生死・輪廻の軛に繋ぎ止める罪業（親鸞の言葉）になっているのだ。百歩譲って、慧海のように、心の解明を解脱（生死出離）に結びつけることはなくとも、今日の危機的状況を打開するために、掛け声ばかりではなく、一度は真剣に心と取り組むのでなければ、世情は徒に乱れるばかりであろう。自らの心（自心）を明らかに知ることの大切さを言うのは中国の禅家（禅僧）だけではない。

たとえ恒沙《ごうしゃ》の書を読むも　一句を持するに如《し》かず
人ありてもし相い問わば　如実に自らの心を知れ

良寛『草堂詩集』

われわれは本から沢山のことを学ぶ。そして、専門的な知識や幅広い教養を身に付けることはその人の人生を豊かにしてくれるというのが、良識に適った見方であり、私とてそれに異議を挟むつもりは毛頭ない。しかし、今日、われわれの周辺に溢れるほど情報は飛び交っているにもかかわらず、人として生まれたわれわれにとって、本当に必要なものは何かが伝わってこないのはなぜか。相も変わらず、識者から年端のいかない子供までもが、一度しかない人生を悔いなく生きると繰り返すばかりだ。しかし、これだけのことを言うのに、専門的な知識など必要ないし、識者や学者と言っても、所詮は生と死の理解に関しては、年端のいかない子供とさして変わることがない。

ともあれ、良寛の生きた時代にもいわゆる読書家がいたのであろう。彼らは本を通して沢山の知識を身に付け、仏教の教えだって知っていたかもしれない。しかし、それと仏道（悟りへの道）を歩むことは全く異なるアプローチなのだ。黄檗も「仏は本と是れ自心の作るもの、なんぞ文字の中に向って求めることを得ん」と言ったように、論文（仏教学を含む）などと称して、文字や数式（データ）を捏ね回し、詮索している限り、仏教の本来の目的からはますます離れていくばかりであろう。もっとも、初めからそんなことを問題にしていないのだから、ご自由に高尚な学問とやらを続けられればいいが、その非と無知を糺すために良寛は、人生において大切なことは多くない、ただ一つ「如実に自らの心を知る」、つまり、心を真実の相において知ることであると警告しているのだ。もちろん、真実の相とは、いわゆる心（人心）ではなく本心（仏心）を指し、何を知るよりも、自らの心（自心）さえ知ればいいのだという想いが、「一句を持するに如かず」という彼の言葉に込められている。すると『歎異抄』に見える、「学問をむねとするは聖道門なり、難行と名づく」という浄土門の側からの聖道門批判が如何に的外れであるかが分かるであろう。彼らもまた、親鸞が「信心ある人に言う、ただ我が心を明らむ外は雑行なり」（『五ヶ条要文』）と厳しく諭したように、心をその真実の相（実相）において知ることの大切さを説いていたのだ。

如実に自らの心（自心）を知ることの大切さは、空海が真言密教を開く場合に所依の経典とした『大日経』の中にも見られる。

「秘密主よ。云如が菩提とならば、いわく、実の如く自心を知る（如実知自心）」と云うは、すなわちこれ如来の功徳宝所を開示するなり。人の宝蔵を聞いて意を発して勤求すといえども、もしその所在を知らざれば、進趣するに由なきが如し……。問うていわく、もし即心これ道ならば何故に衆生は生死に輪廻して、成仏することを得ざるや。答えていわく、実の如く（自心を）知らざるを以ての故に……。

『大日経疏』

悟り（菩提）とは何かを『大日経』は極めて明快に「如実知自心」、すなわち実の如く自心を知ることであるとした。釈尊をはじめ、過去に輩出したであろう多くの仏（如来）たちが悟りを得た時、何を知ったのかというと、彼ら自身の心（本心＝一心）にすべての「智恵・徳相」（宝蔵）は円に具わっているという事実であった。しかも、それは彼らだけではなく、われわれの誰もが本来有している「功徳宝所」であったのだ。だからわれわれもまた、自らの力（自力）を恃んで善行を修し、功徳を積むことによって悟りを得るというのではなく、自らの心（自心）を知りさえすればいいのだ。ここに仏教は、その初めから、成仏、すなわち生死を離れ、仏と成ることが自力（自力作善）ではなく、本有の心（本心＝一心）を用いることであったことが分かる。つまり、仏道を歩むとは、自力・他力という区別を超えて、われわれ自身の心の本源に真理（真如＝第一義＝宝蔵）を見出すことであったのだ。

しかし、心を知ることが即ち仏道（空海は「即心これ道」と纏めているが、もちろん「即心成仏」と同義）であるなら、自分の心は自分が一番よく知っていると人は言うではないか。それなのになぜ人は、今に至るまで生死流転を繰り返し、成仏することができないでいるのでしょうかという問いに対して、それは「実の如く（自心を）知らざるを以ての故に」と応えている。つまり、われわれが知っている心は生死・輪廻の根元にある妄心（妄想顛倒の心）であって、本心（一心）ではないのだ。だから、そんな心を一度は脇において、心の本源へと帰って行きなさいと勧めているのである。

衆生は悟らずして長夜《ぢょうや》に苦を受け、諸仏はよく覚《さと》って常恒《じょうごう》に安楽なり。この故に、衆生をして頓《とん》に心仏（心が仏に他ならないこと）を覚り、速《すみ》やかに本源に帰らしめんがために、この真言の法門を説いて、迷方の指南となしたまふ。

空海『平城天皇灌頂文』

第6章　真智の覚

生死に迷うか、はたまた永き「無明の闇」が晴れ、涅槃の世界（不死の境地）に至るかは、偏にわれわれ自身の心に依る。というのも、すでに述べたように、心に二相（二種類の心）があり、十八世紀に活躍した澤水長茂禅師も、心を浄心（『起信論』の言う「自性清浄心」と同義）と妄心の二種類に分け、この違いが分からなければ生死の解決、すなわち世間（生死）から出世間（涅槃）へと渡って行くことはできないとし、さらに次のように言う。

二種類の心というは、いはゆる浄心と妄心となり。妄心といふは、分別妄想の心念なり。浄心というは、分別妄想の起源なり、これ即ち浄心仏性なり。浄心・妄想、元来同一にして又二なり。たとえば燈と光の如し、燈の本体あるゆえに自ら光あり。浄心仏性の本体あるゆえに、分別妄想の妄心あり。浄心は本体、妄心は用《ゆう》なり。

『澤水仮名法語』

妄心とは、われわれが日常的に心と呼んでいるものであり、この妄りに起こる心（人心）が是非・善悪を論じ（つまり、妄りに妄想分別し）、自らの嗜好や損得・利害を追求しているものである。一方、浄心は妄心の根源に常にあって、誰もが本より有している仏性であり、それゆえ澤水は「浄心仏性」と言う。もちろん、親鸞と黄檗がそれぞれ「信心＝仏性」、「一心＝仏性」を言うのと同じで、その心を知って、われわれは生死を離れ、仏と成る。このような違いはあるものの、妄心（客塵煩悩）も本はと言えば、浄心（心性本浄）から生じたものであり、二つは全く異なるものではないが、さりとて同じとも言えない、丁度、灯（燈）と光の関係にある。ただ、客塵にすぎない妄心を自分の心と見誤り、それに囚われて、生死際なき輪廻の世界を転々としているのがわれわれ人間であるということだ。

さらに、われわれは主客の認識構造に基づいて経験を積み、知識や技術を身に付けてきた。そうなればこそ豊かな人生を送れると誰しも考えるが、『成唯識論』が「二取（能取・所取＝主観・客観）の随眠はこれ世間の体なり。唯しこれのみをよく断ずるを出世間と名づく」と言ったように、主客の二元論がわれわれ人間をして生死の世界（世間）に繫ぎとめる根本原因になっていた。そうすると、主客（能所）を認めた上で（現在そうなっているのであるが）、悪（罪）を止め、善（福）を為すだけでは生死を離れ、涅槃の世界（出世間）へと帰って行くことはあり得ない。

心外に境を置きて罪をやめ、善を修する面《おもて》にては、曠劫《こうごう》を経《ふ》るとも生死は離るべからず。能所《のうじょ》の絶する位に生死はやむなり。いずれの教えも、この位に入て生死を解脱するなり。

一遍『播州法語集』

この主客（心境）の認識構造（分別）の根底にあるのが心（妄心）であり、われわれは見るもの（主＝心＝私）と見られるもの（客＝物＝世界）は実際に存在するという主客の実在論的二元論に立ってものごとを捉えている。しかし、この心（人心）に基づいて見ている限り、見るもの悉くが虚妄となり、真実は見えてこない。従って、宗教とは、ものごとを客観的に見る、見ないの問題ではなく、如何にしてこの心を除いて見るかということなのだ。そのヒントが無著の中にある。

心を離れて別に物無しと体知し、
此《こ》れに由りて即ち心の有に非るを会す。
智者は二（主客＝心物）は皆な無なりと了達し、
二の無なる真の法界に等住す。

無著『摂大乗論』

心を離れて物は無く、物を離れて心も無い。心と物は密接に結びついているというのが仏教の存在論の基本であるが、それらが共に無となる時、われわれは期せずして真実を捉えている。これが真理

（第一義）に目覚めることであり、かく真理に目覚めることを無著は「真智の覚」と言ったが、仏教における真の智者とは、単に専門的な知識を身に付けた学者や識者ではなく、主客（心物）が実体のない空なるものと知って、二（主客＝心物）の無なる一真実の世界（一法界）に到達した人のことなのだ。

翻って、無著の言葉からとても重要な結論が導き出せる。それは、心と物（精神と物質）は宇宙を構成する基本要素ではない、と仏教が見なしていることだ。心を研究対象とすれば、それは心理学であり、物を研究対象とすれば、それは物理学であるが、いずれのアプローチも究極のリアリティー（それを仏教は「第一義」という）を突き止めることは出来ないということである。あるいは、すべてを心に還元する唯心論も、逆に、物に還元する唯物論も、いずれの立場も仏教は採らないと言ってもよい。なぜなら、心と物が共に消え去るところに真実なるもの（第一義）を見ているのが仏教であり、むしろ心と物はそこから実体もなく現われてくる幻影の如きものであるがゆえに、われわれは物心の二元論（人間で言えば、身心の二元論）を超えた一真実の世界（一法界）へと帰って行くことができるのだ。

さらに、仏教は分別（vikalpa）と無分別（nirvikalpa）の違いを言うが、分別とは日常的に分析と思考を重ねながら、是非・善悪・損得などを計る心の働きであるから、分別心ともいう。これがわれわれの言うところの心（人心）であり、それは主客の二元論（物心の二元論）に基づいて、知識や情報を増やしていくことであるから、その〈知〉を分別知という。思考とは、正にこの分別（分析）する心であり、それをツールとして知の体系を積み上げていく学問（哲学も含む）も分別知の一つなのだ。要するに、この世は分別心（思考）と分別知（知識）から成り立っているということだ。そうして、分別と言えば、一般的（世間的）には良い意味で用いられるが、分別（思考）することによって、かえってわれわれは生死・善悪・得失……など、二元葛藤する世界（世間）に沈淪するという、とても矛盾した心、あるいは知の働きなのだ。しかも、すべての二元性はわれわれの心（分別する心）の中に存在するだけで、実際には存在しない虚妄（妄想）であると指摘したのが、仏教に限らず、宗教であったのだ。もちろん、われわれにそういう自覚はなく、自分は分別ある大人を自負するといった、とても扱いにくい代物であり、仏教はこれこそ永くわれわれをして生死・輪廻の絆に縛り付ける「虚妄分別」であるから、いつか超えられなければならないとしたのだ。

この対極にあるのが無分別であり、分別心に対して無分別心というが、それはまた主客（物心）が共に無となるところに拓かれてくる〈知〉の領域であるから、分別知と区別して無分別智という。われわれはこの智に到達する、つまり真智に目覚めることによって、生死の世界（世間＝二元性の世界）を超え、二（主客＝物心＝身心）が共に無（空）となる一なる真実の世界（出世間＝一元性の世界）へと帰って行くのである。

ともあれ、仏教に限らず、古の聖賢たちが、その名に値するのはこの「一なるもの」を知ったことに依るのだ。例えば、老子が理想の人間とした聖人を「一を抱きて天下の式と為る」と言ったように、妄動する心（魄）を収め、一（道）に至ることを説いたのもそのためである。また、大儒・王陽明も「それ聖人の心は天地万物を以て一体となす」（『抜本塞源論』）と、万物一体論を説いたが、そうと知るのは、われわれの心に本より具わる「良知」（真智）に目覚めた時とし、彼の教義のエッセンスを

「致良知」（良知を致す、あるいは良知に至る）の三文字に纏めた。

心の良知、これを聖と謂う。聖人の学はただこの良知を致すのみ。自然にしてこれを致すものは聖人なり。勉然としてこれを致すものは賢人なり。自ずから蔽われ、自ずから昧《くら》まして、あえてこれを致さざるものは愚不肖のものなり。愚不肖のものは、その蔽昧《へいまい》の極といえども、良知はいまだかつて存せずんばあらざるなり。いやしくも能《よ》くこれを致せば、すなわち聖人と異なることなし。この良知は、聖・愚に同じく具わりて、人みなもつて堯舜《ぎょうしゅん》（中国古代の伝説上の人物で、有徳の士とされる）となるべしとなすゆえんのものは、これをもってなり。この故に良知を致すの外に学なし。

王陽明『伝習録』

心には本より良知が具わっている。聖人とはその良知に到達した人であり、愚人（愚不肖のもの）とは自らそれを蔽い、それ有ることを知らないわれわれ自身に他ならない。しかし、この良知は聖人・愚人を問わず、本よりすべての人に具わっているものであるから、後者も努めて良知（真の知識）に至れば聖人と同じということになる。そこで彼は、あたら一生を無知蒙昧の愚人で終わるのではなく、早く良知を求めて努力する賢人でありなさいと勧めているのである。そして、これを知ることが学問であり、それ以外あなたにとって本当に必要な学問などありはしないのだ。文献を渉猟し、データを集め、片々たる論稿を纏めるのではなく、この良知を知りさえすれば、それでもうあなたは自らの徳を完成させた有徳の人（堯舜）となり、この世に生を享けた意味もあったということになる。

しかし、ここから外れると（現在そうなっているのだが）、今日、われわれが見るが如く、人の世は異端・邪説・冥行がはびこる混乱と無秩序の世界となる。王陽明の良知説は、ただ学問や利潤の追及に明け暮れる察々たる人々に、自分たちは一体何をしているのか、改めて反省を促しているのかもしれない。しかし、厚顔にして不遜、聞く耳を持たないのが彼らであるから、無駄を承知の上で、われわれの社会（世間）が如何なるものであるか、彼の言葉を挙げておこう。

良知を知るものまさにこれを知道と謂《い》い、これを得るものまさにこれを有徳と謂う。これに異なって学べば、すなわちこれを異端と謂い、これを離れて説けば、すなわちこれを邪説と謂い、これに迷いて行えば、すなわちこれを冥行と謂う。

王陽明『伝習録』

知の犠牲者・ソクラテスも真理（アレーテイア）を獲得するためには感覚（肉体）を離れなければならないと言ったが（『パイドン』）、その意味は、われわれの身心は真理を捉える器官ではないということだ。文脈に沿って言えば、われわれが知り得るのは身心に基づく、くさぐさの分別知（俗諦）であって、身心が二つながら無となるところに知られる無分別智（真諦）ではないということだ。それを彼は「無知の知」と表現したが、その意味は多くのプラトン学者が輩出したにもかかわらず、よく理解されていないようだ。少なくとも、彼をしてそう言わしめた具体的な体験については、これまで語られたことがないばかりか、何とも陳腐な解釈ですまされてきたように思う。恐らく、この短い表明の中に、彼の体験の中でも最も意義深いもの、いわば彼の悟りの体験が込められている。

知ることには、知るもの（主）と知られるもの（客）がなければならないが、この主客の関係で知識（情報）を得ていくことが、一般的に知的営為（教育・学問）と言われているものだ。ここでは無知よりも如何に多くの情報や知識を有しているかが問われて来ることになる。ところが、深く瞑想的である時（そう言えば、ソクラテスは時と場所を考えず、しばらく立ち尽くすことがよくあったそうだ）、知られる対象（客）だけではなく、知る私（主）も銷殞《しょういん》し、認識が不可能になる瞬間が訪れるが、それでも知るということがあるのだ。それをソクラテスは「無知の知」と呼び、もはや主客の関係で知るのではないが（無知）、もう一つの認識（知）の可能性が拓かれてくる、すなわち真の知識（真理＝アレーテイア）に目覚めるということがあるのだ（真智の覚）。この未知なるものの一瞥を宗教は神と呼び、また仏とも呼んだのであるが、その一例として、まずキリスト教の場合、使徒パウロがダマスコに向かう途中、突然光に包まれて大地に投げ出され、そこから立ち上がった時、彼の目は開いていたにもかかわらず、何も見ていなかったという古事（『使徒行伝』）について、エックハルトが説明するくだりを取り上げて見よう。

一なるものを私は見ることができない。パウロは何も見ていなかったが、それは神であった。神は無であるが、また一なるものである。

『エックハルト説教集』

「一なるものを私は見ることができない」とはエックハルトの卓見であり、ソクラテスの場合と同様、彼の悟りの体験から得られた結論ではないかと私は考えるが、見るもの（主）と見られるもの（客）が共に無となる時（もちろん、無著の「智者は二（主客）は皆な無なりと了達し」に沿う）、初めてわれわれは一なるもの（真理＝第一義）を知ることになる。逆に言うと、われわれの目（それを衆生眼という）は二なるものしか（主客の関係でしか）見ることができないということだ。そして、パウロが目は開いていたにもかかわらず、何も見ていなかったと言うが、すべての被造物が無となる時こそ彼が神を見ていた瞬間ではないかと、エックハルトは自らの体験に照らして理解したのだ。彼は、この無であるとともに、一なるものの横顔を神と呼んだのであり、この何も見ていない無、あるいは空こそ時間（生と死）を生きるわれわれ人間にとって、永遠が顔をのぞかせる最も貴重な一瞬であり、体験的に無なる神（一なるもの）を知る稀有な瞬間でもあるのだ。次に、仏教の場合はどうだろう。例によって黄檗を引用してみよう。

能（主）も無く、所（客）も無しと知って、妄念を動ぜずんば、すなわち菩提を証せん。道を証する時に及んでは、ただ本心仏を証するのみ。

黄檗『伝心法要』

「妄念を動ぜずんば」と彼が言うのは、心が妄りに起動すると、われわれは主客（能所）の関係でものごとを捉え、ゆくりなくも生死・輪廻する迷いの世界へと入る。従って、妄動する心（妄心＝妄念＝分別心）を逆収して、心の本源（本心＝一心＝無分別心）に帰入すれば、本よりそこは無心（無念）であり、自ずと「二（能所＝主客＝物心）は皆な無なり」と知って、「真の法界に等住し」、悟り（菩提）を得る。しかし、悟ると言っても、それは自らの本心が仏に他ならないと知ることであるから、黄檗は「道を証する時に及んでは、ただ本心仏（本心の仏）を証するのみ」と言ったのだ。一遍もまた悟りの体験を「一心の本源は自然に無念なり。無念の作用、真の法界を縁ず」（『一遍聖絵』）と表現したが、禅と浄土の違いはあるものの、有心（妄念）ならば生死・輪廻する迷いの世界（妄境界）へと出て行くが、無心（無念）ならば悟りの世界（一法界）へと還《かえ》って行くということだ。

このように、悟りとは主客（物心）の無なることを知るプロセスであるから、心（妄心）を除き、心の本源（真心＝本心＝一心）へと辿ると、心（主）が無となるだけではなく、物（客）も無となる認識の最果てにいる。廓庵の『十牛図』で言えば、第八図の「人牛倶忘」に相当するが（詳細は拙著『自己認識への道―禅とキリスト教―』参照）、主客が二つながら無となる心の本源（一心の本源）とは、われわれの実存の中心が無、あるいは空（老荘の虚、王陽明の大虚にあたる）に他ならないということを意味している。

しかし、われわれはそこから迷い出たのであり（流出）、もう一度そこへ帰って行かねばならない（還源）。でなければ、「生死の闇」に惑う無明存在として、生々死々を繰り返すことになるからだ。そうして、この無（空）の上に浮かび上がった影が「私」、すなわち身心からなる仮初の私（仮我＝自我）ということだ。それを空海が「五蘊の仮我」と呼んだことはすでに説明したが、私は在るという観念は心から生じて来る（「我思う、故に我在り」）、つまり、心が私を仮構しているのだが、その心ゆえに夢幻の如き身体が擾々と現われ、われわれは無始劫来、生死に輪廻しているのである。

このように、心が存続する限り、身体（六道の苦身）が現われ、身心からなる私（仮我＝自我）も存在を止めない。現在、この仮我（仮初の私）が主人公でもあるかのように振る舞っているのだが、そんなことにお構いなく、われわれは仮我を自分と思い、さらに仮我を仮構している心（人心）が、これまた儚い仮初の幸福を求めて色々と画策しているのだ。しかし、仏道を歩むとは、黄檗が「身心ともに無なる、すなわちこれ仏道」と言ったように、この私（身心）が実体のない無、あるいは空であると体知することから始まるのだ。

機を忘ずるはこれ仏道、分別はこれ魔境なりと。この性（自性＝仏性）は、たとえ汝迷う時にもまた失わず、悟る時にもまた得ず。天真の自性は本と迷悟なし。

黄檗『宛陵録』

先程、分別と無分別の違いに言及したが、黄檗は「分別はこれ魔境なり」と言う。われわれが生息している世間を魔境と言うのであるから（浄土の思想家・善導は「魔郷」と言った）、この世界がどういうところか（正しくは、われわれの心が捉えている世界がどういうところか）、少しは立ち止まって考えて見るのも、あながち無意味ではないはずだ。少なくとも仏教が、こんなところで如何に悔いなく生きるかなどを問題にしているのではないことだけは銘記しておくべきだろう。

それはともかく、機とは、絶えず利害・得失・優劣を図り、つまり分別（計算）し、良くも悪くも身体的・社会的に生き延びるために、日夜、思い煩っているわれわれ自身のことであるが、その機（自己＝身心）を忘れ、自性は本来無自性・空（無我）と知ることが仏道を歩むことなのだ。というのも、われわれの本性（自性＝仏性）は迷悟のいずれにあっても、失うことも、得ることもない不増不減の如来蔵として常に存在し、自性に迷えば魔境（魔郷）に沈淪する衆生となり、悟れば生死を離れ、仏とも成る。しかも、われわれが自性に迷うから、迷悟の違いが生じてくるのであって、自性そのものは迷悟の彼方にある。それは、道に迷った者が再び道（正道）を見つけ、歩み出すように、道（天真）そのものはわれわれの迷悟にかかわらず常に存在し、黄檗が「天真の自性は本と迷悟なし」と言うのもそのためである。

道教（タオ）では、心を虚しくして（心斎）、機（自己）を忘れることを「坐忘《ざぼう》」と言うが、身心脱落し、対象（形＝客）を離れ、賢しい分別（知＝主）を捨て去って、大通（大道）と一つになることである（「枝体《したい》を堕《こぼ》ち、聡明を黜《しりぞ》け、形を離れ知を去りて、大通に同ず、これを坐忘という」『荘子』）。それは道元が「仏道をならふといふは、自己をならふなり。自己をならふといふは、自己をわするゝなり」（『正法眼蔵』）と言ったこととよく符合する。

自己（身心）を忘れる無我の境地（荘子的に言えば、心斎坐忘）においては、如何なる思考（妄分別）も入る余地はない。そこに至る方法が禅では只管打坐であり、浄土では念仏三昧なのだ。一遍が「我が身を忘るゝように念仏したまうべし」と言い、また、禅の鈴木正三が浄土門の人々を意識し、「ただ我を忘れて念仏申すべし。我をさえ忘れば成仏なり」と指摘したように、身心脱落して無我の境地（samādhi）に入り、「入我我入」する時が成仏なのだ。

諸仏を吾が身中に引入す、これを入我といふ。吾が身を諸仏の身中に引入す、これを我入といふ。入我我入の故に、諸仏の三無数劫の中に修集するところの功徳、我が身に具足しぬ。また一切衆生の身中の本来自性の理と、吾、及び諸仏の自性の理と平等にして差別なし。而《しか》も衆生は知せず、覚せずして生死に輪廻す。

空海『秘蔵記』

このように、仏が我に入り、我が仏に入る（入我我入）、すなわち仏と我が一如となるところが成仏なのであるが（いわゆる「生仏一如」ということであるが、浄土教的に言えば、機法一体。禅的に言えば、永嘉玄覚の「諸仏の法身は我が性に入り　我が性は還《ま》た如来と合す」『証道歌』）、それは私が仏と成るということではない。というのも、私（それは仮我に過ぎない）と仏の二つは並び立つことはできない。むしろ、私が無（無我）となるところに真の合一（入我我入）があり、丁度、一滴の雫が大海に消え、一味になるようなものである。そこにかつての私（仮我）は存在せず、大海（功徳の大宝海）と一味になった、全く新たな私ならざる私（真我）が存在している。無我とは釈尊一代の白眉であるが、禅・浄・密、いずれにおいても、単なる論争の具ではなく、それぞれの道（方法）における体験的事実なのだ。

第7章　死の練習

プラトンは「知を求めることとは、まさに死の練習である」（『パイドン』）と言ったが、学問に従事し、知を自負する大学人で、この意味を説明できる者が果たしているであろうか。それは、知を愛する者を意味するピロソポス（哲学者）を自称する御仁も同じである。そもそも、知がなぜ死と結びつくのか、凡庸な彼らに望むべくもないだろう。宗教的な秘儀（浄化の秘儀）を成し遂げた者のみが知に与り、至福を享受するという彼の卓見を、ここで論じるのは適当でないが、この章から想像を逞しくしていただきたいものである。

身心（五蘊の仮我）が共に無となる体験、すなわち無我の体験がどのようなものであるかをいうのは、そう難しくはない。それは生きながら死を体験するようなものと言えるだろう。というのも、心を除き（空じ）、心の本源（心源＝心地）へと辿る時（それはまた万物の本源でもあるのだが）、人は死に飲み込まれていくような恐怖に襲われる。今や白隠が「身心ともに消え失せる心地」（『藪柑子』）と言ったように、身心からなる五蘊の仮我（自我）が無（空）の中へと失われて行くように感じられるのだ。

心を摂して心の本源（心源＝一心）へ帰ろうとする時（摂末帰本＝返本還源）、必ず訪れるであろう死の恐怖は、誰もが一度は対峙しなければならない関門であること、そして、何よりも心が本来空（無心）であることを人はあらかじめ心得ておかねばならない。でなければ、人はそれに恐れをなし、急ぎ元の心（妄心）へと戻ろうとするだろう。しかし、その結果は明らかで、われわれはいつまでも生々死々を繰り返す常没の凡夫に留まることになる。

凡《およ》そ人は多く心を空ずることを肯《うけが》わず、空に落ちんことを恐れて、自心もと空なるを知らず。愚人は事を除いて心を除かず、智者は心を除いて事を除かず。

黄檗『伝心法要』

黄檗は「空に落ちんことを恐れて」と言うが、われわれの内なる実存（本源）は、仏教が言うところの空（sunya）であり、それがわれわれの本性（空性）なのだ。従って、心から心の本源（心源＝心地）へと辿ることは、内に拡がる空（無）の中へと入り、自らの本性（本来の面目）に目覚める機会になっているのだが、同時に（その前にと言うべきか）、どこまでも空に落ち、自分自身が失われて行くような恐怖と向きあうことになる。ところが、われわれはその恐怖に耐えられず、踵を翻して、外へ（世間）と逃げ出し、またぞろ怱々と日々の忙しさの中に自分を紛れ込ませ、ただ生き急ぐばかりで、終には老死へと行き着く。もっとも、多くの人々にとって、内もなければ、外もなく、さして代わり映えのしない日常（世間）に満足しきって生きることになるが、ここには本当に内側へと辿った者しか判らない空（無）の体験が語られているのだ。

しかし、心が本来空（無）だからと言って、それを字義通りに解してはならない。というのも、荘子が「道（一なる真理）は虚（空）に集まる。虚は心斎なり」と言ったように、無心（虚心）こそ純一無雑な真心、本心、一心、信心、心性、道心、仏心、聖心……であり、われわれをして世間（生死の世界）から出世間（涅槃の世界）へと渡す「度衆生心」であって、空海や黄檗にとってそれは仏に他ならず、親鸞にとってもそこは「金剛の真心は無碍の信海なり」（『愚禿鈔』）とあるように、われわれが帰るべき生の源泉（功徳の大宝海）であり、彼が「生死の苦海」を超えて、自ら到達した悟りの世界（涅槃界）を広大・無辺の心の大海（大信海）と表現したことは、心というものがわれわれ人間にとって如何に重要な役割を果たしているかをよく示している。ただ、心の記述に矛盾があるように見えるのは、それを肯定的・積極的に表現するか、否定的・消極的に表現するかの違いであって、菩提達磨が「無心はすなわち真心なり、真心はすなわち無心なり」と言ったことを思い出してもらいたい。

禅僧がときに初心者に向かって、すべてを捨ててみよなどと言う。しかし、除くべきは主義・主張や所有物、また関係（しがらみ）ではなく、その根元にある心（妄心）なのだ。そういう意味で、黄檗の「愚人は事を除いて心を除かず、智者は心を除いて事を除かず」という指摘は、仏道（悟りへの道）を歩む者にとって、銘記すべき確かな指針となるであろう。というのも、除くべきは世事一般ではなく、あなた自身の心（妄心）であるからだ。たとえ住み憂きこの世を厭い離れ、隠者（出家者）となろうとも、心を離れるのでなければ、そこもまた権力闘争と欲望渦巻く人の世（世間＝サンサーラの世界）と同じ地平にある。

その一方で、世事を果たしながら、心（妄心）を除き、真心（信心）に値うならば（信心を開発するならば）、生死は尽きて涅槃に至るというのが、親鸞の在家仏教であった。要するに、心（人心＝有心＝妄心）を除いて、本心（仏心＝無心＝真心）に辿り着いて、初めて人は真理に目覚めた覚者（智者）となるが、それに背を向け、世間（六塵）に埋没している限り（それを「背覚向塵《はいかくこうじん》」という）、いつまでも生死の流れを空しく浮沈する流転常没の凡夫に留まることになる。

ところで、われわれと言っても、いわゆる識者（知識人）のことだが、現代は物質的に豊かになったけれども、心は貧しくなったなどとよく口にする。しかし、世の人々は彼らの戯言に耳をかす様子もなく、相も変わらず物（金）を追いかける。その姿勢はこれからも変わらないであろう。しかし、ここによく知られた聖書の言葉として、「心の貧しい人たちは幸いである、天国は彼らのものである」（『マタイの福音書』）というのがある。イエスはどうしてこんな矛盾したことを言うのであろうか。

ここで言われている心もまた、縷々説明してきた妄心（欲多く、いつも思い煩っている心）なのだが、この心は高尚な政治・ビジネス・学問から、はたまた趣味やお喋り（暇潰し）に至るまで、何かをしていないと不安で落ち着かないのだ（何もしなければ眠ってしまう）。それは丁度、われわれの身体が食べ続けないと維持されないように、心もまた、良くも悪くも、思考・感情・知識・欲望・夢・妄想などを食み続けることによって辛うじて保たれているのだ。それゆえ、もしあなたが心に餌を与えなければ、その存立が危うくなり、心は自ずと心の本源（心地）へと消え去るであろうが、それに恐れをなし、その恐怖から逃れるために、あなたは何か事を始め、心の中ではたわいない無駄話（国政からゴシップまで）が脈絡もなく続き、果ては、未来に夢や希望を投影し架空の生に耽るという、とても矛盾したものなのだ。それは物が豊かになる、ならないの問題ではなく、心というものが本来卑しく、何でも食み続けることによって、無意識の裡に生き延びようとしているのだ。が、ここにはどんな心理的絡繰りがあるのだろう。

パスカルは「人の心の中には神に模《かたど》られた空（God-shaped vacuum）がある」と言ったが、人それぞれの空なる心があなたであり（黄檗は言う「人は自心もと空なるを知らず」と）、それを満たすことは誰にも出来ない。それにもかかわらず、その空を埋めるために、否、それから逃れるために、外側であらゆることをしながら、時に生の虚しさを感じているのがわれわれ人間であり、その背景には、そうしなければ心だけではなく、あなた自身も生き延びられない最後の苦悶と葛藤があるのだ。しかし、これは宗教的には全く真実に背く、あなたの足掻きであり、むしろこの虚しさを取り除こうとするのではなく、「万事にいろわず、一切を捨離して」（一遍の言葉）、空なる心（虚心）の中に深く入って行けば行くほどあなたは消え、正に逆説ではあるが、あなたは全体と一つになる。そして、この空を充たしている未知なるものを、古来、神（仏）と呼んだのであり、それをパスカルは「人の心の中には神に模られた空がある」と言ったのだ。それゆえ、空に落ちることを恐れず、心を空しくして天国（神に模られた空）に復帰し、二度と渇きを覚えることのない永遠のいのちに目覚めた者こそ幸せであるというのが、イエスのこの言葉の意味なのだ。

わたしが与える水を飲む者は決して渇くことがありません。わたしが与える水は、その人の内で泉となり、永遠のいのちに至る水がわき出ます。

『ヨハネの福音書』

宗教とは、この空（sunya）、あるいは空なる心（無心＝虚心）の中に入っていくことであり、空（無＝虚）こそ人と神が冥合する（仏教的には入我我入し、生仏一如となる）寺院であり、それ以外われわれが本当に礼拝し、永遠に住まう寺院などありはしないのだ。かくしてあなたは神の創造に与り、そこから自然をも含む、永遠に意味をもつ真の創造性が生まれてくる。

仏教に目を移すと、われわれの心の本源（心源＝心地）は空（空寂）であり、名前（nāma）も無ければ、形相（rūpa）も無く、従って、言葉で以て示すことも、目で捉えることもできないという意味で、この空なる心を無名・無相と言ったが、すでに説明したように、こんなところから心（名）と物（形）は実体もなく擾々と現われてくるのだ（『創世記』には「人（アダム）が呼ぶと、それはすべて、生き物の名となった」とある。また、ブリハッド・アーラニヤカ・ウパニシャッドは「この宇宙は名と形によって顕現してきたが、今もそうなのだ」と言う）。

衆生の心源は微妙寂絶して、無名、無相、示現すべからず。何の方便をもつてかよく見ることを得ん。

覚鑁『阿字月輪観』

心の本源（心源）へと辿り、名も無ければ、形も無い空なる心と対峙するとき、これまで相対的（縁起的）に存在していたあなた（の自我）はその存在の基盤を失い、寄る辺なく、失われてしまうような不安と恐怖に慄き、それから目を背け、逃げ出そうとするだろう。しかし、そうすることであなたは無益に生死の流れを経巡って来たのであり、むしろ、この空なる心はあなたの本性であるから（『金剛三昧経』に「衆生の心、性本空寂」とある）、ただ受容し、その中へと入って行くならば（道元が「ただわが身をも心をも放ち忘れて、仏の家に投げ入れて」と言ったことを思い出していただきたい）、それはこの地上におけるどんな経験とも異なるものになるであろう。というのも、空（無）となることで、あなたは存在と一つになり、そこに見る私（主）もなければ、見られる対象（客）もなく、すべては一なるものとして真理（実相の真理）は寂滅現前し（華厳教学ではそれを「挙体全真」という）、その体験を古の聖賢たちは神と呼び、また仏と呼んだのだ。

心を除き、心の本源（心源）へと辿るとき、心が本来空（心性空寂）であることが分かってくるだけではなく、すべてのものが空であることが分かる。それをキリスト教の賢者は「空の空なるかな、すべて空なり」（『伝道の書』）と言ったが、心が空であると知って、万物の空なること（諸法無我）を知るのであって、その逆ではない（「我が心、空なるが故に、諸法も空なり」慧海『宛陵録』）。仏教は空を説き、すべては縁起であると仏教者は喧《かまびす》しいが、一体どれだけの人が自らも含め、すべては空であると知ったのであろうか（一切皆空）。人と法（人と物）がともに空である（人無我と法無我）と知るのは、自らの心が本来空（無心）であると知った者に限られることを忘れてはならない。

この心を除き、心の本源へと辿るプロセス（道）が一般に瞑想（Meditation）と呼ばれているものであり、瞑想とは、あなたが身に付けた知識や何層にも重なる経験の巣窟（記憶）を浄化し、埋もれてしまった空なる心（本分の心＝心の本性）を明らかにすることだと言えるだろう。老子が「学を為せば日々に益し、道を為せば日々に損ず。これを損じてまた損じ、以て無為に至る」と言ったように、いわゆる学問をすれば日々に知識も増えるが、瞑想はその逆で、くさぐさの知識を一度は脇に置き、空じた上に、なお空じ（これを損じてまた損じ）、内なる空（無為）へと深く辿ることなのだ。

我等、多劫よりいまだ真宗に遇《あ》はず、かえって自ら身を原《たず》ぬることを解せず。ただ虚妄の相を執して、凡下を甘認して、あるいは畜、あるいは人となる。今、至教（最高の教え、すなわち真宗）に約してこれを原ねて、まさに本来これ仏なることを覚《さと》る。故にすべからく行は仏行に依り、心は仏心に契い、本に返り源に還《かえ》りて（返本還源）、凡習を断除し、これを損じてまた損じ、以て無為に至れば、自然の応用恒沙なるべし。これを名づけて仏という。まさに知るべし、迷悟は同一の真心なるを。

宗密『原人論』

宗密は、真の宗教（真宗）は自身の本源を極め（原ね）、心の本源（心源＝仏心＝真心）へ立ち返ること（返本還源）だと知らないために、いつまでも虚妄なるもの（虚妄の相、平たく言えば、自己をも含む、世事万般）に執着し、かえって動物や人間（六道の二つ）となっているが、われわれはそのいずれでもなく、本来仏であることを知りなさいと言う。しかも、これから修行（自力修善）に努めて仏に成るというのではなく、本源に還り、無為（無＝空）に至るならば、本有の真心（仏心）と契合し、自ずと自利利他円満するが（自然の応用恒沙なるべし）、古来、それを仏と呼び習わしてきたのだと彼は言う。

そこで、禅が選んだ方法が坐禅瞑想（只管打坐）であるのに対して、浄土はマントラ瞑想（念仏三昧）であったのだ（「念仏三昧行じてぞ　罪障を滅し度脱せし」親鸞『高僧和讃』）。しかし、いずれの道を辿ろうとも、瞑想の初めは、思考や感情など、さまざまな想念が脈絡もなく次々と湧き起こってくる。どうかすると、瞑想を始める前よりも多いかもしれない。というのも、これまで自分の想念

（思考）に注意を払ったこともなければ、生まれてこの方、あなたが経験しながら、忘れ去られていたものが記憶の彼方から呼び覚まされることがあるかもしれない。また、抑圧されていた欲望や恐怖の体験（トラウマ）が再びイメージとなって現われ、訝しく思うかもしれないが、それもまたあなた（の個性）を作り上げているものなのだ。

さらに、人間の意識の深層（記憶の貯蔵庫であるアーラヤ識）には、あなたがここ（人間）まで進化を遂げてきたプロセスのすべてが記憶（情報）として蔵されている。といえば、壮大で美しくもあるが、決してそうではなく、あなたの合い食む、おぞましい動物時代の経験までもが呼び覚まされることがあるかもしれない。いずれにせよ、記憶（情報）のすべてがあなたという個性（仮我）を形作っているのであるが、そこにあなたという実体的な何か、あるいは誰かが存在しているのではなく、正にDNA螺旋のように綿々と続く情報の束があなた（自我）であるということだ。

ともあれ、瞑想の中でどんな想念やイメージが起こって来ようとも、善し悪しの判断を下すことなく、ただそれを観察し、心の本源へと深く、より深くへと辿って行かねばならないが、一切の心を除き、その本源（心源）へと辿り、空なる心と対峙することは意識的に死の中に入って行くことであり、終わろうとしているのはあなたの仮我（自我）であることを忘れてはならない。そうでなければ、われわれは死の淵に臨んで、自分自身（仮我）にしがみつき、いつまでも輪廻の輪に組み敷かれることになるからだ。

このように、瞑想とは、あるいは三昧（samādhi）とは、われわれが最も畏れ、どうしても避けたい死のように感じられるがゆえに、その中に入って行くことが難しいのだ。しかし、無の深淵に臨んで、死を受け入れ、勇気をもって自らを空（無）へと解き放つことができたら（それを禅は「大死一番」と呼ぶ）、そのとき仮我は無（空）の中へと消え去るであろうが（無我）、それに代ってあなたは真我（それはもはや仏に他ならないのだが）として蘇《よみがえ》る。といえば、事は容易に運ぶかのように思われるが、この間にはなまなかな気持ちでは容易に超え難い深淵が立ちはだかっている。このプロセスを見事に表現したのは臨済宗中興の祖・白隠であった。

真正清浄の無我に契当《かいとう》せんと欲せば、須らく嶮崖《けんがい》に手を撒《さつ》して、絶後に再び蘇りて、初めて四徳の真我に撞著《どうじゃく》せん。

白隠『遠羅天釜続集』

身心からなる仮我を自分と思ってきたわれわれが、無の中へと消え去ろうとするまさにその時、恐怖することなく、一気に進んで退かなければ、無始劫来、続いてきた「生死の命根」（白隠の言葉）を截断し、忽然と真我（本来の面目）に行き着く。そればかりか、仮我が無の中に消え、大死一番、真我となって蘇る時、「生死の夢」もまた消える。というのも、真我を知らず、仮我（五蘊の仮我、即ち身心）を自分と見なす妄執（我執）ゆえに、われわれは生死の波に翻弄され、無始以来、生々死々を繰り返してきたのだ。

思うに、われわれは一度ならずこの恐怖を体験したことがあるに違いない。それはわれわれの誰もが行き着く実際の死の不安と同質のものであるからだ。つまり、身心からなる私（五蘊の仮我）が無に帰すことを死ぬほど恐れるあまり、われわれ（の心）は真我へと帰ることをよしとせず、またぞろ順次生へと赴き、これほど同じ生と死の徒ごとを繰り返すなど、とても考えられないからだ。われわれは存在を得たその時から、常に意識のどこかで（つまり、無意識に）、この死（無＝空）を避けてきた。それは人間の最も根強い欲望が自己保存欲（生きんとする盲目的意思）として現われてくるところからも明らかである。

瞑想の中で自らを空（無）の中へと解き放ち、自らの死を受け入れることの難しさも、今述べた同様の心理が働いているのであるが、われわれは自らの本性であり、また実存の中心でもある空（無）に耐えられず、それから逃れる手段として、いつまでも自我という硬い殻（仮我）にしがみつき、ここに存在しているのかもしれない。言い換えると、この空（無）の中へと、身も心も解き放ち、死を受容するまで（すなわち、時が熟すまで）、われわれは自らの本性に抗いながら、徒に生々死々を繰り返すことになる。この「生死の闇」に惑うわれわれ人間を獼猴（猿）に譬えた良寛の「月華の比喩」は、白隠においては、次のようになる。

獼猴《びこう》、水月を探りて
死に到るも休歇《きゅうけつ》せず
手を放てば深泉に没し
十方の光、皓潔たり

白隠『死字法語』

これほど見事に宗教の本義を簡潔に纏めた偈もそう多くはないと思うが、人は水に映つる月影の如く実体を持たないもの（物、人、名誉……）を手に入れんと騒いでいるが、結局は何も持たず独り死出の旅へと赴く。しかし、それで終わるわけではなく（休歇せず）、この地上で手にしたすべてを一度は脇に置き、身も心も本源（深泉）へと没入し（身心脱落し）、真我として蘇るならば、そこは皓と輝く永遠の故郷（本源の世界）であるだろうという意味である。

ともあれ、白隠の「絶後に再び蘇りて、真我に撞著せん」という言葉が端的に示しているように、「死と再生」こそ仏教だけではなく、あらゆる宗教が説こうとしているものなのだ。もちろん、ここでいう再生は転生（輪廻）ではなく、むしろそれに終止符を打つ宗教的秘儀なのだ。浄土教はそれを「前念命終・後念即生」と言ったが、身心を解き放つ大いなる死の一念（瞬間）が「前念命終」であり、絶後に再び蘇る一念（瞬間）を「後念即生」と言う（即生とは即得往生の意味）。この「死と再生」が往生の本来の意味であることを、白隠は明らかに浄土門の人々を意識して次のように言う。

専唱称名、一念不生、放身捨命の端的を往と云う。三昧発得、真智現前の当位を生と云う。

白隠『遠羅天釜続集』

浄土門の人々は専ら念仏を唱えて（専唱称名）、一念の心（妄心）も起こらない心の本源（心地）に身も心も投げ入れ、仮我の死（前念命終）を受け入れるところを「往」と言い、そのサマーディ（三昧発得）の中で真我として再び蘇り（後念即生）、真智に目覚めたところを「生」と言う。かく真智が現前し、たちどころに往生の素懐を遂げる瞬間《とき》が解脱（生死出離）なのだ。親鸞的に言えば、往生を得、正定聚・不退の位に定まるならば、もはや再び「生死の闇」に惑うことがないということだ。「往生」をこのように理解した白隠には、究極のリアリティー（第一義）に目覚める方法として、禅においては坐禅を、浄土においては念仏を媒《なかだち》とする違いがあるだけという想いがあったろう。

南無阿弥陀仏と唱えて我心のなくなるを臨終正念という。このとき仏の来迎にあづかりて、極楽に往生するを念仏往生という。

『一遍聖絵』

一遍は臨終を通常とは異なる意味で使っていることが判る。それは専ら念仏を唱える中で、いわゆる心（我心）が無くなる一念（正念）が正に臨終（前念命終）であり、それと同時に仏の来迎に与り（入我我入し）、往生の大事（後念即生）が定まるということだ。一遍がこのように考えるのは、彼にとって、心（我心）というものが生死・輪廻の根元にある「第一の怨」であり（心は第一の怨なり。人を縛して閻羅の所に至らしむ）、その心が無くなれば（無心）、忽ち生死を離れ、往生が定まることになるからだ。心というものがわれわれ人間にとってどういう意味を持ち、またどう心を生きるべきかを彼は次のように詠んだ。

心をばこころの怨《あた》とこころえて
こころのなきをこころとはせよ

『一遍聖人語録』

心の無きを心とする生き方の中に、自ずと計らわれ、すべてが正しく整えられて行く存在の働き（他力）を彼は見ているのだ。それがすべてにいろわず、あるがままに生きることであり、生の極意がここにある（それを親鸞は「自然法爾」と呼んだ。後述）。そして、生前に往生の一大事が現前することを「平生業成」というが、われわれの感覚としては、穢土（世間）から浄土（出世間）へ至る道程（往生の道のり）は遠く隔たっているように思うが、正に去るときは一念（瞬間）に至るという善導の言葉（「道里、遥かなりといえども、去く時は一念にすなわち到る」『観経疏』）を踏まえつつ、存覚（一二九〇～一三七三）はさらに踏み込んで、往生と悟りの関係を次のように言う。

往生の時分一念なれば、そのあひだにはさらに来迎の儀式もあるべからず。まどひ（惑い）をひるがへしてさとり（悟り）をひらかんこと、ただ、たなごころをかへすへだてなるべし。

存覚『浄土真要鈔』

往生と悟りは一つの体験（出来事）であり、穢土を去って浄土往生が定まる一瞬（一念）は、迷いを翻して悟りを得る、すなわち真智が現前する一瞬でもあるのだ。それはさながら掌を翻すようなもので、そんな時に「来迎の儀式」を執り行なっている時間もなければ、その必要もないと彼は言う。浄土門では、念仏という一行（易行）を通して、心（妄心＝我心）を除き、無心（真心）となる平生の一念に「死と再生」（命終と即生）が成就されるということだ。一遍が「有心は生死の道、無心は涅槃の城」と言ったことを思い出してほしい。

親鸞の、一念の信（信心＝信楽＝真心）を得て、往生の大事が現前し、正定聚・不退の位に定まるという宗教も（それは『無量寿経』の「信心歓喜せんこと、乃至一念せん。即ち往生を得、不退転に住せん」に基づいていた）、「死と再生」という宗教全般に通底する体験なのであるが、それが極めて稀であることは、彼の言葉にもよく表れている。

この人はすなわち凡数《ぼんじゅ》の摂《しょう》にあらず、これ人中の分陀利華《ふんだりけ》なり。この信は最勝希有人なり、この信は妙好上上人《みょうこうじょうじょうにん》なり。安楽土に到れば必ず自然に、すなわち法性の常楽を証すとのたまえり。

親鸞『入出二門偈』

この信（信心）を得、往生の素懐を成し遂げた人はもはや生死に迷う常没の凡夫でもなければ（凡数の摂にあらず）、しばらく世間（この世）に留まってはいるが、もはや世間に帰属していない。そういう彼（彼女）を親鸞は「人中の分陀利華」、「最勝希有人」などと呼んだが、誰あろう彼こそ、その一人であったことは（もちろん、彼自身の口からそうだと言ったことはないが）、彼が自らの宗教的立場を「非僧非俗」（『本願寺聖人伝絵』、『歎異抄』）と表明したことからも窺える。というのも、すでに自分は僧ではないが（いわゆる「承元の法難」に列し、法然は土佐へ、親鸞は越後へと配流を命ぜられ、時の権力者によって、すでに僧籍を剝奪されていたので「非僧」）、だからと言って、生死に迷う常没の凡夫でもないという彼自身の宗教的立場を「非俗」と明確に宣言しているからだ。良寛もまた「俗に非ず、沙門（僧）にも非ず」と言ったが、われわれは「僧」である必要はさらさらないが、「生死の苦海」に淪む「俗」（常没の凡夫＝迷道の衆生）であってはならないとだけは言っておきたい。

こう見てくると、誕生には二つあることが分かるだろう。一つはあなたがこの世に誕生したことであり、それは一義的に両親（男女）によって齎されたものであるが、本質的には、あなたの無知（無明）ゆえに半ば必然的に生まれてきたものである。そして、このまま生を終えるなら、つまり「死と再生」という宗教的秘儀を成し遂げることもなく生を終えるなら、あなたはまたもや順次生へと赴き、いつまでも生々死々を繰り返すか愚者（常没の凡夫）に留まることになる。

もう一つはあなたが自分自身に誕生を齎すというものであるが、キリスト教はそれを極めて具体的に、「肉から生まれたものは肉である。霊から生まれたものは霊である。あなたがたは新たに生まれなければならない」（『ヨハネの福音書』）と言った。つまり、もしあなたが今生において、後者の誕生を齎す、すなわち往生の素懐を遂げ正定聚の数に入ることができたら（禅的には、絶後に蘇《よみがえ》りて真我に撞著できたら）、それこそ真に祝福すべき誕生となろうが、そんなことに一切無知な大人が世間で何をしているか、改めて言う必要もないが、ただ老死へと向かう誕生を祝福して何とするのだろう。年の初めに、髑髏を竹筒に刺し、洛中を駆けたという風狂の人が思われる。

「死と再生」を説いたのは仏教だけではない。夙に知られたハディースの一つに、「死ぬ前に死になさい」というのがある。ここにも死に二つあることが見て取れるが、初めの死はわれわれがよく知っている肉体の死であり、後者は仮我（自我）の死を意味している。われわれが現在自分と思っている自己（身心）は幻のようなものであり（「この身は幻の如し、顚倒より起こる」『維摩経』）、死が実際に訪れる前に、その自己に死んで真の自己（真我）を知りなさいという意味なのだ。われわれが何よりも避けて通りたい死であるにもかかわらず、「死ぬ前に死になさい」と言うのだから、よほど宗教というものが良識ある世間の人々から掛け離れたものであるかがよく理解されるであろう。だからこそ多くの人々にとって宗教など関心もなければ、必要ともされないのだ。包み隠さず言えば、仮我であろうとなかろうと、それ（身心）が満たされればいいのだ。巷間、人口に膾炙する、一度しかない人生を悔いなく生きるとはその意味であり、もちろん私は、これまでそれが悪いなどと批判したことは一度もない。

死ぬ前に死になさい。死の苦しみを味わわないために。
光へと通じる死があるのだ。墓の中に入るような死ではない。

ルーミーは臨終（肉体の死）を前にすでに光の世界へと入っているのだ。そういう彼にとって死は祝福の瞬間となるだろう。なぜなら、その時、最後の障害は除かれ、しばらく分離されていた光の海へと再び帰って行くことになるからだ。

ナスル『イスラーム芸術と霊性』

死の苦しみを味わわないために死になさいとは、何という逆説であろう。われわれの死はただ墓へと通ずる死なのだ。実は、それで終わらないのだが、ルーミーは光の世界（親鸞はそれを「無量光明土」、「光明の広海」等と呼ぶ）へと通ずる死があることを自らの体験から知っているのだ。そのための条件（秘儀）が「死ぬ前に死になさい」ということなのだ。

私が存在するとき私は無以外の何ものでもない。しかし、私が無であるとき私は本当の意味で存在する……絶対の無我（無自己）において、私は真の自己に歓喜する。

ルーミー『精神的マスナヴィー』

良くも悪くも、すべての混乱（二元性）の根元に私（自我）がある。それゆえ、死ぬ前に死ぬ無我の体験を通して、一度でもその私から解放されたら（禅的に言えば、大死一番するなら）、あなたは二元葛藤する仮初の自己（仮我）から真の自己（真我）として蘇る。この「死と再生」をスーフィズムはファナー（fanā）とバカー（baqā）で表現したが、自我（仮我）が無となるファナー（消滅）の体験を通して、真の自己（真我）として再び蘇ることをバカー（存続）という。このように、真の自己を知った者にとって、死は祝福される瞬間となるとしたことは、宗教が如何にわれわれの一般通念と異なるかをよく物語っている。

もちろんキリスト教も「死と再生」を説く。キリスト教はそれを、「古い人を脱ぎ捨てて、新しい人を着る」と表現したが、キルケゴールもまた「再生は永遠の生であり、不死性です」(『死に至る病』)と言った。

一粒の麦がもし地に落ちて死ななければ、それは一つのままです。しかし、もし死ねば、豊かな実を結びます……自分の命を愛するものはそれを失い、この世でその命を憎むものはそれを保って永遠のいのちに至るのです。

『ヨハネの福音書』

種子が大地に蒔かれても、種子のままでは何も育ってこない。しかし、それがたとえ一粒の麦であっても、種子として死んで、大地(田地、もちろん文脈的には心地、すなわち本源)にしっかり根付けば、豊かな実を結び、多くの人々の役に立つであろう。イエスはここで、人間もまた種子のようなものと言おうとしているのだ。それは仏教が、仏種(仏性)が育てば仏と成ると説くのと同じで、この種子が華開くのでなければ、われわれは神はもちろんのこと、いのちの意味も本当の豊かさも分からないまま、あたら一生を無駄に使い果たすことになろうということだ。

一粒の麦とは、われわれが自分と思って執着している身心(仮我)を指している。そして、その命はせいぜい七〇年、八〇年であり、われわれはその命を養うことに気を取られ、その内側に「永遠のいのち」があることを知らない。キリスト教はそれを「まことのいのち」と言うが(「人は、たとえ全世界を手に入れようとも、まことのいのちを損じたら、何の得がありましょう」『マタイの福音書』)、そのいのちに目覚めた者を新しい人と呼ぶのに対して、いずれは朽ち果てる肉の命を古い人と呼ぶ。そこでイエスは、古い人(仮我)にあなたがしがみついていたら、あなたを待っているのは老死だけであるが、もし古い人を脱ぎ捨てることができたら（仏教的に言えば、身心脱落し、無我となることができたら）、あなたは永遠のいのち（まことのいのち）に目覚めた新しい人（真我）として甦り、「真の知識」に至るであろうという。

あなたがたは、古い人をその行いと共に脱ぎ捨てて、新しい人を着たのです。新しい人は、造り主のかたちに似せられて、ますます新しくされ、真の知識に至るのです。

『コロサイ人への手紙』

古い人には始まりはないけれども、終わるということがある。一方、新しい人には始まりがあるけれども、終わることがない。それゆえ、新しい人はますます新たにされ、真の知識（真智）はますます深まり、それには終わるということがないのだ。さらに、新しい人として蘇るあなたに神はすべてのものを注ぎ、あなたは汲み尽せない「大いなる富」（『トマスの福音書』）を手にすることになるから、イエスは「もし死ねば、豊かな実を結びます」と言ったのだ。もちろん、ここに「死」とあるのは、われわれの誰もがいずれ行き着く肉体の死ではなく、今生（現生）において、古い人を脱ぎ捨てて、新しい人を着る「死と再生」ということである。

あなたが自分自身をほんの一瞬でも、いや、さらに短い間でも無にすることができたら、そのあるものがそっくりそのままあなたのものとなるであろう。

『エックハルト説教集』

「あるもの」とはすべてを残して去り逝く「世の富」に対して、時間、すなわち生と死を超えて、真にあなたのものである「大いなる富」を指している。しかもそれは、あなたがほんの一瞬（一念）

でも、否、さらに短い時間であっても、自分自身を無にすること（無我になること）ができたら、手に入るであろうというのであるから、われわれが計画を練り、時間をかけ努力して勝ち取るこの世の富貴（物、マネー、名誉……）とは全く異なることは明らかである。浄土門の人なら、親鸞が「如来の本願を信じて一念するに、必ず求めざるに無上の功徳（至徳）を得しめ、知らざるに広大の利益を得る。自然にさまざまのさとりを、すなわち開く法則なり」（『一念多念文意』）と言ったことが思われるであろう。

このように、死ぬことが永遠のいのちを生きることであり、自己（仮我＝古い人）を失うことが真の自己（真我＝新しい人）に目覚めることであるという逆説の中に、生きる意味と本当の豊かさを見ているのが宗教なのだ。世界の宗教に通底するこの「死と再生」という秘儀は、これまで慣れ親しんできた自己（仮我）が無（空）の中へと消え、もう二度とかつての自分（古い人）に戻れない永訣であり、生きながら死（無＝空）の中へと入る勇気ある者でなければ、決して真我（新しい人）として蘇ることはできない。

思うに、われわれはこの一瞬（一念）のために、あるいは、この死（大いなる死）を成し遂げるために人間として生まれて来たのかもしれない。しかし、この一瞬（一念）のために、ただそれだけのために、洋の東西を問わず、古の聖賢たちは善智識を尋ね、独り何年も苦悶し、中には、今生では終に果たし得なかった者たちがいたことを忘れてはならない（「証の巻」第5章参照）。しかし、この秘儀を成し遂げるのはあなた（仮我）ではない。あなたは無（空）の中へとただ消え去り（無我）、その後に残るものが真我であって、それを仏と呼ぶことは、臨済宗の禅僧・至道無難の「ひたすらに身は死にはてて、生き残るものを仏と名はつけにけり」という道歌によく表れている。その意味するところは、われわれが努力して（つまり自力）で仏と成るというのではなく、むしろ、仏（真我）と成ることを妨げているのは他ならぬわれわれ自身であって、その私（仮我）が死に果てたところに残るものが仏（真我）であるということ、これはよく理解されねばならない。

もう一度、氷と水の関係で説明すれば（七一頁参照。そこでは、氷は生死に迷うわれわれ人間、水は仏に譬えられていた）、氷は溶ければ、自ずと元の水となるのであって、氷が努力している限り、氷はいつまでも氷であって、水になることは出来ない。また、氷は溶ければ、もう何処にも存在しないが、今や大海と溶け合い、一味となって至るところに存在する（浄土門の人なら、親鸞の「功徳の潮《うしお》に一味なり」という言葉を思い出されるであろうが、その背景には、縷々説明してきた「死と再生」、あるいは「無我の体験」があると知る人は少ない）。確かに、氷という固体（自我＝仮我）は失われてしまったけれども、あなたは仏（真我）として蘇り、今やあなたは万物同根となって至るところに存在する。この変容のプロセスは、いわゆる自力・他力などという区別を超え、つまり聖道・浄土を問わず、「生死を離れ、仏と成る」という仏教本来の目的を実現することがどういうことかをよく示している。

要するに、肉体の死ではない、もう一つの死があり、それを禅は「大死一番」、浄土は「前念命終・後念即生」、キリスト教は「古い人を脱ぎ捨てて、新しい人を着る」、スーフィズムは「死ぬ前に死になさい」と言ったのであるが、いずれも、死ぬ前に死ぬ無我（無自己）の体験を通して、真の自己（真我）に撞著し、真の知識（真智）に目覚めた知者（ピロソポス）となるよう勧めているのである。

かく「死と再生」を成し遂げた者はもはやこの世に属してはいないけれども（非俗）、彼らにもいずれ死の時は来る。しかし、それは冥々と独り死出の旅へと赴くのではなく、死は祝福されるべき大いなる開放の時となるであろうということだ。そこで、イエスは言う。

私は去って行きます。あなた方は私を捜すけれども、自分の罪の中で死にます。私が行く所にあなた方は来ることができません。……あなた方はこの世の者であり、私はこの世の者ではありません。

『ヨハネの福音書』

もちろん、実際の死を迎え、あなたが独り死と対峙し、身も心も仏の家（無＝空）に解き放ち（明け渡し）、死を死に切ることができたら、死という人生最後の瞬間（一念）を永遠のいのち（無量寿）に目覚め、永遠の世界（無量光明土）へと帰って行くことも不可能ではないが、殆どの人の場合、それは望むべくもないから、宗教は生きている間に「死の練習」（プラトンの言葉）、すなわち瞑想の必要性を説いているのだ。それが禅においては坐禅であり、浄土においては念仏三昧であったのだ。

第8章　二河白道の比喩

彼岸に達する人々は少ない。他の多くの人々は此岸でさ迷っている。……真理に従う人々は、渡り難い死の領域を超えて、彼岸に至るであろう。

『ダンマパダ』

彼岸という言葉を人は知っているだろう。しかし、その対極にある此岸を知る人は少ない。彼岸とは本来「涅槃の岸」という意味であるが、それに対して、われわれが今いる処が此岸なのだ。ところが釈尊は「彼岸に達する人々は少ない」と言う。その意味は、死者の誰もが涅槃の岸、すなわち彼岸に到達するのではないということだ。浄土教的に言うと、死ねば誰もが浄土に帰る（還浄する）とは限らないということだ。

それは当然のことで、釈尊は此岸の世界（サンサーラの世界）でさ迷っているわれわれに、彼岸の世界（ニルヴァーナの世界）があることを示し、此岸から彼岸へとわれわれを連れ戻そうとしていたのだ。これは釈尊だけではなく、真理（真智）に目覚めた覚者たち（諸仏）に共通する本願であったのだ。だから、われわれもいつかその道（仏の道）を辿り、真理に目覚めるのでない限り、渡り難い死の領域（煩悩の激流）を超えて、彼岸に達することはありえないし、何よりも、死ねば誰もが彼岸に到達するというのであれば、何も問題はなかったはずだ。況や、釈尊が世に出て、人々に法（真理）を説くなど可笑しなことになるだろう。

それはともかく、彼岸に達しなかった死者はどうなるのであろうと、疑問に思われる人には、次のように答えておこう。本当に彼岸に到達するのでない限り、誰もが行き着く死後の世界、それを親鸞は「後世」と呼んだのであるが、そこもまた生死に迷う此岸の一つに過ぎないということだ。空海が「生死の海、浩浩《こうこう》として沈み易く、涅槃の岸、巍巍《ぎぎ》として登り難し」と言ったように、此岸から彼岸に渡ることは容易でないがゆえに、今もなおわれわれは、その自覚もないまま、生々死々を繰り返す常没の凡夫に留まっているのだ。ともあれ、釈尊の「彼岸に達する人々は少ない。他の多くの人々は此岸でさ迷っている」という言葉の中に、ややもすれば誤解されやすい、仏教のエッセンスが纏められている。この此岸と彼岸を浄土門の人々が好んで引き合いに出す「二河白道の比喩」で言うならば、東の岸（東岸）と西の岸（西岸）ということになろうが、この間には、容易に超え難い深淵が横たわっているのだ。

譬えば、人ありて西に向かひて百千の里を行かんと欲するがごとし。忽然として中路に二つの河あるを見る。一つにはこれ火の河、南にあり。二つにはこれ水の河、北にあり。二河おのおの闊《ひろ》さ百歩、おのおの深くして底なく、南北辺《ほとり》なし。まさしく水火の中間に一つの白道あり。闊さ四五寸ばかりなるべし。この道、東の岸より西の岸に至るに、また長さ百歩、その水の波浪交はり過ぎて道を湿《うるお》し、その火炎また来りて道を焼く。水火あひ交はりて、常に休息することなし。……時に当りて惶怖《こうふ》すること、また言うべからず。すなはち自ら思念すらく、「我いま回《かえ》らばまた死せん。住《とど》まらばまた死せん。去《ゆ》かばまた死せん。一種として死を勉《まぬか》れざれば、我むしろこの道を尋ねて前に向かひて去かん。すでにこの道あり。必ず度るべし」と。この念をなす時、東の岸にたちまち人の勧むる声を聞く。「汝、ただ決定してこの道を尋ねて行け、必ず死の難なからん。もし住まらば、すなはち死せん」と。また西の岸の上に人ありて喚ばひていはく、「汝、一心に正念にして直ちに来れ。我よく汝を護《まも》らん。すべて水火の難に堕することを畏れざれ」と。……「東の岸」といふは、すなはちこの娑婆の火宅に喩ふ。「西の岸」といふは、すなはち極楽の宝国に喩ふ。……「水火二河」といふは、すなはち衆生の貪愛は水のごとく、瞋憎は火のごとくなるに喩ふ。「中間の白道四五寸」といふは、すなはち衆生の貪瞋煩悩の中に、よく清浄の願往生心を生ずるに喩ふ。いまし貪瞋強きによるがゆえに、すなはち水火のごとしと喩ふ。善心微《かす》かなるがゆえに、白道のごとしと喩ふ。

善導『観経疏』

東岸である火宅無常の娑婆（此岸）から西岸の極楽浄土（彼岸）へと伸びる一本の狭い白道がある。しかし、その道を歩み出したものの、どうしても捨て切れない愛・憎（貪愛・瞋憎）の水火の二河（煩悩）に遮られて、とても中間に架かる白道を渡り切ることはできないように思われる。今や、進むことも、退き返すことも、その場に立ち止まることもできない、ただ為す術もなく死を待つばかりである（これを「三定死」という）。すると、東岸から前進せよと勧める人（釈尊を指す）の声がすると言っても、彼はすでにこの世に居ないから、多くの人々は生死の世界（此岸）に在って迷いを深めるばかりである。たじろぐことなく涅槃の世界（彼岸）へと渡って行きなさいという彼の教えに促され、また、西岸に人ありて（阿弥陀仏を指す）、水火の河に落ちることを恐れず、こちらに渡って来なさいと呼ぶ声がする。そこで再び勇気を奮い起こし、直ちに一筋の白道を東岸（此岸）から西岸（彼岸）へと渡り、涅槃の岸に至るというものだ。白道とは、貪・瞋・痴の煩悩に纏われたわれわれの心の中にも浄土往生を願う微かな「善心」があることに譬えられているが、もちろん、その心は人心（妄心）ではなく、仏心（真心＝信心＝仏性）であり、それが今、煩悩に蔽われ、殆ど見届けることができない状態になっているということだ。

この比喩を単なる願生浄土の説明ではなく、実践的なプロセスとして見た場合、浄土門の人々がどのように理解しているのか私は知らないが、多くの場合、通り一片の解釈で終わっているのではないかと思われるので、比喩が意味するところは何か、私見を述べておこう。

東岸（此岸）とはわれわれが今いる生死・輪廻する迷いの世界（穢土）を、そして西岸（彼岸）とはわれわれが帰るべき涅槃の悟りの世界（浄土）を指している。すでに述べたように、前者の根底には無明を本質とする妄心（無明妄心）があり、その心ゆえの生・老死（十二支縁起）であった。しかし、その本源（心源）には無明の煩悩（貪・瞋・痴）によっても汚されることのない本心（本源清浄心）があり、それは比喩にある「善心」を指している。そして、それを知りさえすれば、彼岸に至るというのに、不幸にして、われわれはそれが有ることを教えられてこなかっただけではなく、今やその心（真心＝信楽＝仏性＝善心）は、われわれが無明の煩悩で翳すがゆえに殆ど見定め難い微かな存在となっている。

無始よりこのかた、一切群生海、無明海に流転し、諸有輪に沈迷し、衆苦輪に繋縛《けばく》せられて、清浄の信楽なし、法爾として真実の信楽なし。ここをもつて無上の功徳値遇《ちぐう》しがたく、最勝の浄信獲得しがたし。一切凡小、一切時のうちに、貪愛の心つねによく善心を汚し、瞋憎の心つねによく法財を焼く。急作急修して頭燃を炙《はら》ふがごとくすれども、すべて雑毒雑修の善と名づく。また虚仮諂偽《こけてんぎ》の行と名づく。真実の業と名づけざるなり。この虚仮雑毒の善をもつて無量光明土に生ぜんと欲する、これかならず不可なり。

親鸞『教行信証』

親鸞は「虚仮の行」と「真実の業」を使い分けているが、一義的には、此岸（サンサーラ）から彼岸（ニルヴァーナ）に渡る行業（修善）について真・仮を言ったものであるが、広く解釈すれば、われわれの所業（人為＝人偽）はすべて、良くも悪くも、実を結ばない「虚仮雑毒の善」であり、それで以て「無量光明土」（彼岸の世界）に至ることはもとより、この世（此岸の世界）に混乱と悲しみを齎すことになろうということだ。しかも、その原因たるや、「善心」に法財（智慧・徳相）は円に具わっているにもかかわらず、われわれが貪愛と瞋憎の心（妄心）で以てそれを翳しているがゆえに、今に至るまで無明の生死海（無明海）に沈淪してきたと親鸞は理解しているのだ。

次に、東岸にあっては釈尊の声、また西岸にあって「汝、一心に正念にして直ちに来れ、我よく汝を護らん。すべて水火の難に堕することを畏れざれ」と呼ぶのは阿弥陀仏である。しかし、白隠が「西方（阿弥陀仏の西方浄土）は自己の心源なり」（『遠羅天釜続集』）と言ったように、東岸（此岸）から西岸（彼岸）に直ちに来れとは、心から心の本源へと辿って行くことに他ならない。つまり、心の本源（本心）へと辿るヴァーティカルな旅が仏道（白道）を歩むことであり、心源こそ仏（阿弥陀仏）が隠れ住まう浄土（彼岸）であるから、親鸞も『五ヶ条要文』の初めに、「必ず仏は遠きにあらず、還って我が心（本心）に立ち進むべきこと」と方向を明確に示し、そこに辿り着いて初めてわれわれは生死の世界（此岸＝東岸）から涅槃の世界（彼岸＝西岸）へと帰って行くのである。

こう見てくると、心から心の本源へと直ちに辿ることが二河白道の実践的プロセスということになるだろう。比喩もただそれをなぞるばかりでは真に実効あるものとならないことは明らかで、このように理解して初めてその具体的な意味（方向）も見えてくる。というのも、東岸はわれわれが今いる生死・輪廻する此岸を指しているからいいとしても、西岸をどこに定めるかを明らかにしない限り、目的地を決めずに旅に出掛けるようなもので、とうてい水火の二河（煩悩の激流）を渡り、西岸（涅槃の岸）に辿り着くことなどあり得ないだろう。このように、実際に辿るべき方向を知らないとしたら、易行と言いながら、果たして浄土門のどれだけの人が此岸（東岸）から彼岸（西岸）に辿り着いたのか大いに疑問であるということだ。やはり、釈尊の言うように、「彼岸に達する人々は少ない。他の多くの人々は此岸でさ迷っている」ということになりはしないか。しかし、それは浄土門の人々だけではなく、聖道門の人々も（禅の人々が自分たちのことを浄土門に対する聖道門と呼んだ様子もないが）事情は同じであった。

しかるに源に返ること解《あた》わずして、名に随い相を逐えば、迷情妄起して、種々の業を造る。もし能《よ》く一念返照すれば、全体聖心なり。汝等諸人、各々自心に達せよ。

『馬祖の語録』

馬祖もまた、人間は源（本源＝心源＝真源）に返ろうとせず（返本還源）、というよりも、そこがわれわれの帰るべき永遠の故郷であることを知らず、ただ徒に生々死々を繰り返す此岸の世界で迷情妄起して、言葉（名）と色形（相）に囚われ種々の業を造り、ひいてはそれがわれわれを生死の絆に繋ぎ止めることになっていることなど全く気づいていない。しかし、もしわずかでも心から心の本源へと立ち返るならば（一念返照すれば）、そこに清澄なる心、すなわち聖心の世界（二河白道の比喩にあった「善心」に相当するが、『無量寿経』には、「一つには聖心、あまねく一切の法を知ろしめす」とある）が拡がっている。だから、どんな人も一度は自分自身の心（聖心＝善心＝真心＝信楽＝信心＝本心）を明らかに知るのでなければならない。しかも、一度で良いというので馬祖は、「もし能く一念返照すれば、全体聖心なり」と言ったのだ。もちろん、この「一念」は、親鸞においては信楽（信心）開発の一念であり、一遍が「一念に往生せずば、無量念にも往生すべからず」と言うに同じである。もちろん、ここに往生とあるのは此岸から彼岸に渡ることである。

このように「二河白道の比喩」は、たとえわれわれは今、心（無明妄心）ゆえに、曠劫よりこのかた生々死々を繰り返す常没の凡夫であったとしても、心の本源（心源）はその透明性（空性）を失ってはいない。また、貪愛・瞋憎の波に洗われ、殆ど見定め難い「善心」ではあるが、それあることを信じて、生死・輪廻する迷いの世界（此岸）から涅槃の悟りの世界（彼岸）へと歩み出さねばならないのだ。この無明の煩悩に蔽われながら、いまだその可能性（仏性＝善心＝聖心）を宿していることを、空海は次のように言う。

一切有情は心質の中において一分の浄性あり。衆行、みな備われり。その体、極微妙にして、皎然明白なり。ないし六趣に輪廻すれども、また変易《へんにゃく》せず。

空海『秘蔵宝鑰』

「一分の浄性あり」とは、心（妄心）ゆえに六趣に輪廻しているわれわれ人間も、その本性（心性）は常に変わらず清浄であるということだ（親鸞が「心性もとよりきよけれど　この世はまことのひとぞなき」というに同じ）。しかも、その心には衆行（智慧・徳相）が円に具わり、涅槃の岸に渡るために、ことさら修善を積む必要もない。確かに、微妙にして捉え難い心（心性＝本心）ではあるが、すべての人が本より具えている皎然明白な善心（聖心）であるがゆえに人は、外は聞法によって次第に熏習の功が現われ（「二河白道の比喩」で言えば、東岸の人・釈尊の声）、それと呼応するように、内から喚ばう、声ならざる声（同じく、西岸の人・阿弥陀仏の声）に促され、生死なき涅槃の世界（浄土）へと帰って行くことができるのだ。

末を摂して本に帰すれば、一心を本となす。一心の性は仏と異なることなし。我心と衆生心と仏心との三、差別なし。この心に住すれば、すなわちこれ仏道を修す。この宝乗に乗ずれば、直ちに道場に至る。

空海『遺誡』

「末」とは心(妄心)のこと、「本」とは一心(本心=善心=聖心)のこと。そして、末を摂して本に帰ることを「摂末帰本」と言うが、具体的には、心から心の本源である一心(それゆえ「一心の本源」ともいう)へと帰って行くことなのだ。なぜなら、心の本源は三心(我心・衆生心・仏心)平等の一心に他ならず、それを悟ってわれわれは仏とも成るからだ。悟りといい、成仏というのも、自らの心(自心=我心)を知ることであり、その心を知ってみると、それはすべての人(衆生)がすでに具えている仏心であったというのが仏教の基本的立場なのだ。そして、この心(同一心体)に住して、初めてわれわれは仏道を修すること、すなわち自利と利他が円満するのだ。もちろん、それを招き寄せることはわれわれ人間にはできない。それは彼方(彼岸)からの恩寵であり、われわれにできることと言えば、つまり、仏教において修行をいうならば、末(心)を摂して本(本心=一心)に返り、その用意を整えることだけなのだ。

しかし、用意を整えるとはどういうことかを明らかにするために、私は「二河白道の比喩」をさらに一歩進め、もう一つの比喩を語ってみたい。というのも、この比喩は「三定死」(我、今回らばまた死せん、住まらばまた死せん、去かばまた死せん)を超え、水火の二河に落ちることを恐れず東岸(此岸)から西岸(彼岸)に渡るというものであった。しかし、そのプロセスの中で絶後に再び蘇る

「大いなる死」(前念命終・後念即生)の畏れが抜け落ちているために、この比喩には真の回心(往生）に至らない不徹底さが残る。あからさまに言えば、釈尊が「彼岸に達する人々は少ない」と言ったように、実際に東岸（此岸）から西岸（涅槃）に辿り着いた（往生した）人は多くないということだ。

そこで、私が一歩進める比喩とは、人里離れた古池を住処としていた蛙の話だ。いつの日であったか、もう定かではないが、後にしてきた池の方に目をやりながら、どこに向かうべきか、それとも退き返すべきか、はたと立ち尽くす蛙のように、太古の海から迷い出し（流出）、二なる外の世界（生死・善悪をはじめ二元葛藤するこの世界）を捉え、おずおずと地上を徘徊しはじめた人間は何を為すべきか戸惑いながらも、社会に駆り出され、楽しみ多きことのみを願う大人の後ろ姿を見ながら、人の道とやらを歩み始める。

しかし、政治、経済、学問……と、何かにつけ大人たちは得失栄辱を計り、この喧《かまびす》しいだけの人の道が一体どこに続いているのか誰も知らないし、問う人さえいない。ただ、個々の人間にとって明らかなことはただ一つ。どう足掻いても、人の行き着く先は老死であり、しかも、明日をも分からない命だと知ってか、識らずか、一時の狂喜に身を任せ、また身を削りながら、流されて行く自分がいる。しかも事は、良くも悪くも起こり続け、なぜかくまでも自分が立ち行くために日々エネルギーを注ぎ、疲労困憊しなければならないのか。その上、どうしても解けない、私がここに存在するという不可解に独り佇む。池から這い上がった蛙のように、この宇宙の片隅に住み続けることがどうもしっくりこないのだ。

そこで、あの太古の海（親鸞的に言えば、「大信心海」、あるいは「功徳の大宝海」）が自分の本当の住処ではないかと、とつおいつ考えてみるが、存在の海はどうも捉えどころがなく、水底は闇としか映らないだけではなく、底がないように見える。しかし、帰るべき場所を忘れ、ただ池の周りを飛び跳ねている蛙もどこか滑稽であるが、存在の海に畏れをなし、この世（此岸）にしがみついて、人生七〇年、八〇年、自己という亡霊（五蘊の仮我）を引き摺りながら、波々として世間を渡る人間もたいした違いがあるとは思えない。さりながら、塩人形に過ぎない私がダイブすれば私はどうなる。間違いなく、大切に守ってきた私の存在など深い水底に消えて跡形もないだろう。はてさて、いつとも分からない死の時まで生き長らえるか（to be）、それとも意を決し死のダイブをするか（not to be）、二つに一つ。

そこに、例によって、馬鹿面をしたお節介な大人（政治家・識者・哲学者など）が現われ、確かに辛いことの方が多く、矛盾に満ちた人の世ではあるが、生きてさえいれば何か良いこともあろう。まずは、しっかりと人生の目標（夢）を定めることだなどと御託を並べる。問題の所在すら理解していない腑抜けの戯言と知りつつも、あの無になる恐怖、寄る辺なくどこまでも落ちていく恐怖を味わわなくてすむことだけは確かだ。

ご存知のように、古池に飛び込んだ蛙は、あの水の音と共に消えてしまったが、再びいのちの水を得て自在に泳ぎ、後には何ごともなかったように原初の沈黙の世界が拡がっている。勇気を奮い起こして太古の海に飛び込めば、その後は存在自身が受けとめてくれるというのに、自分が消えてしまうことが何よりも恐ろしいのだ。

証の巻

第1章　悔しいかな人間

我ら始めも無き生死の中に沈みて、今まで出でざるけんことは、ただこれ真如を我が身なりと知らずして、遂《つい》の我が身にあらざりける、仮初の一身を計らいて、我が身とせるが故なり。悔しきかな、我らあるときには蟻螻《ありけら》を我が身と思う時もありけん。あるいは夜叉・羅刹の醜き形を我が身と思う時もありけん。凡《およ》そ、地獄・鬼畜・修羅・人天、何物か昔、我が身にあらざる者あらん。

源信『真如観』

われわれは今人間として生まれ、この人（nāma）の形（rūpa）を自分と思っているが、それは「仮初の一身」（仮我）であって、未だ真の自己（真我）、すなわち「真如を我が身なり」と知ったことがない。親鸞はそれを「真如法性の身」（『教行信証』）と言ったが、その無知ゆえに、ただそれだけの理由で、われわれは無始劫来、生死に沈淪《ちんりん》し、六道の辻に宿らぬ住処もなく、悉く苦患を味わって来た。時には虫けらであり、時にはおぞましい夜叉・羅刹という形を取ったこともあろう。その時は、その形態を自分と思い、生き延びるために必死に戦いをしてきたはずだ。丁度、われわれが今人間として生まれ、競争社会を勝ち抜くためにいろいろと画策し、努力をしているようなものである。

しかし、人間も含め、そのいずれもが本当の「私」ではなかったと知ったら、何という愚かなことにわれわれはエネルギーを注いで来たのだろうと、愕然とするはずだ。しかし安心してほしい。そんな人はこの世に多くいないと思うから、良くも悪くも、世事は真《まこと》しやかに起こり続け、それはこれからも変わることがない。とはいえ、今日の世相を見るにつけ、とても悠長にそんなことを言っておれない時代にわれわれは入っているようだ。それもこれも真の自己認識に欠けるわれわれの根本無知

（無明）と傲慢が招いた当然の帰結であることを、日本浄土教の礎を築いた源信僧都の言葉から汲み取っていただきたいものである。

我も人も、本はこれ一実真如の理にして、地獄・畜生の不同無かりき。しかりといえども、無明発《おこ》して後（無明の忽然念起）、無分別の理の中より、種々の分別を起し、……善業によりては、人・天・修羅の三善道の報いを感じ、悪業によりては地獄・餓鬼・畜生の三悪道の報いを招く。かくのごとく、六道の依正出来せり（依正とは世界と私ということであるが、現在われわれは六道の一つである、人という形を取り、人界に依拠している）。この六道輪廻の間に、実に我にあらざる者を妄《みだ》りに我と思うにより、我に背く者をば瞋恚を発してののしり、あるいは殺害して、輪廻生死を断つことなし。我に随う者には貪愛を起して、生々世々に互いに恩愛の絆となりて、また流転絶ゆることなし。これすなわち、生死界に巡ることはただ真如を我と知らず、妄りに自他・彼此の差別を計るが至すところなり。

源信『真如観』

われわれが生死界を巡り、六道輪廻しているのは、われわれの善悪の二業の結果であり、また順逆の縁に誑かされて貪愛・瞋恚（愛・憎＝好・悪）の情を露にするのも、元はと言えば、私でないものを妄りに私と思い、さまざまな名と形（六道の苦身。人の形もその一つ）に囚われて、真の自己、すなわち「真如を我と知らず」、妄りに自他・彼此の差別を計ってきたからであると源信は言う。

真如とは究極のリアリティーを表わす言葉であるが、すべての存在（諸法）の本質（法性）は、その形（相）を超えた一なるもの（一実真如の理＝一実の相）であるということだ。究極のリアリティーが言葉で表現できないだけではなく、われわれの目（肉眼）を通しても見えない理由がここにある。さらにリアリティーを白隠の「無相の相」などと言い換えると、その意味が一層伝わるかも知れないが、だからと言って、決して空疎なものではなく、これこそ存在の本来の姿（実相）であり、仏教が目指しているものなのだ。なぜなら、「一切法の無相なる、これすなはち仏の真体なり」とあるように、それを体した者が仏であって、黄檗が仏を「真如仏」と呼ぶのもそのためである。

この諸法の無相、これすなわち仏の真体なり。まさに知るべし、魔界すなわちこれ仏身なり、またすなわち我が身なり。……然るに、諸の衆生は妄想の夢いまだ覚めず。一実の相を解《さと》らずして、是非を生じて五道に輪廻する。

源信『往生要集』

我も人も本は一実の相（一相）であり、それがわれわれの真の姿に他ならないとしたら、究極において、自他だけではなく、人と動物（彼此）など、一切の差別は存在しないことになる。しかしこの事実誤認から（一如の理＝一実の相を見て取れない無知から）、本来無分別（一元性）の中に、妄りに自他・彼此・是非・愛憎……などの分別（二元性）が生じ、それが為にわれわれは今、五道（六道）に輪廻していると源信は言う。また、あらゆるもの（一切法＝諸法）には本来形が無く、この無相の相こそ「仏の真体」なのであるが、仏教は、仏には応身（nirmanakāya）、報身（sambhogakāya）、法身（dharmakāya）の三身が具わっていると言う。否、仏だけではなく、生死に迷うわれわれ人間もすでに三身を具えている。

仏も昔は人なりき　我等も終には仏なり

三身仏性具せる身と　知らざりけるこそあはれなれ

『梁塵秘抄』

仏とは生死に迷うわれわれ人間がいつか成るべきものである。二千五百年前に悟りを開いたとされる釈尊（仏）も、かつてはわれわれと同じ生死に迷う人間（人）であったのだ。この事実を踏まえ、仏身論（三身論）について少し説明すると、まず応身とは、歴史上の釈尊をも指すことから、一番外側に位置する身体、すなわち四大（地・水・火・風）からなる物質の身体（肉体）をいう。その内側に報身があり、応身と法身を繋ぐ中間に位置する微細なイマージュからなる歓喜の身体である。最後に、法身の「法」とは、この場合、真理（真如）という意味であるから、法身とは真理の身体（真如法性の身）ということになるだろう。つまり、法身は真如（一如の理＝一実の相）を体した仏の究極の真体であり、それは万物の根源（諸法の本源）であると同時に、われわれの心の本源（一心の本源）でもあるのだ。

　このように、仏（覚者）と言われる人たちには三身が重層的に具わっているのであるが、われわれが今知っているのは表層の肉体だけであり、多くの人は肉体が終わればすべてが終わりと単純に考えているのだ。だからと言うべきか、地上（世間）におけるあらゆる営みは物質的・肉体的に如何に健康で豊かな人生を送るかだけが（包み隠さず言えば、肉体的・物質的に如何に多くの欲望を満たすかだけが）問題になってくる。ところが、人（nāma）の形（rūpa）はいずれ老死で以て終わる「仮初の一身」であり、外側は内側を知るためにある。

　仏教の場合、応身・報身・法身と進むよう教えているのだが、応身しか知らないとしたら（現在そうなっているのだが)、親鸞が「生死流転の家に還来《げんらい》する」(『浄土文類聚鈔』)と言ったように、われわれはただ物質(肉体)次元を往来する常没の凡夫に留まることになり、この身体はいつか超えられなければならない。しかし、そのためには内側にある報身を知ればよく、そのためにわれわれはことさら何もする必要はない。ただ身心を調える沈黙と静寂の中で(仮に坐禅やマントラなど、瞑想を通して)、何処からともなく、また何の理由もなく喜びが湧いてくる。それは歓喜の身体である報身(親鸞の場合、報身・阿弥陀仏)に関係しているのだ。親鸞が「信心歓喜・乃至一念」、あるいは「広大難思の慶心」と言ったのは、実は、この身体を知った時(一念)に生じる歓喜の体験であったのだ。われわれはこの次元に到達することによって、現生において、生死の世界(物質次元)を超え、もはや再びこの世に戻ることのない正定聚・不退の位に登ることになるので、「即得往生・住不退転」と結ばれていたのだ。

しかし、「一念歓喜するひとをかならず滅度にいたらしむ」(親鸞『高僧和讃』)とあるように、この報身(の体験)は次のステップへと続いている。というのも、親鸞は、さらに色もなければ、形もなく、時空に遍く拡がる無相の仏身を無上仏と呼び、それが法身・阿弥陀仏なのだ。この法身こそわれわれが帰趨すべき究極の身体(仏の真体)であり(後述するように、彼はそれを「自然虚無の身、無極の体」とも言う)、この次元まで到達して、「真如を我が身なり」と知るとき(親鸞的には、「真如法性の身を証する」とき)、人は生死・善悪をはじめすべての二元性の桎梏から開放され、究極の安寧(無上涅槃)に至るのだ。

無上仏と申すは、形もなくまします。形もましまさぬゆえに、自然とは申すなり。形ましますと示すときは、無上涅槃とは申さず。形もましまさぬようを知らせんとて、はじめに弥陀仏（阿弥陀仏）とぞ聞きならいて候う。弥陀仏は、自然のようを知らせん料《りょう》なり。

親鸞『正像末和讃』

究極のリアリティー（法身）は時空を超え、常に存在する永遠なるものとして、あるがままに存在している。親鸞はこの形も無ければ、色も無く、本より法爾として存在する自然なるもの（法然の有）を阿弥陀仏と呼び習わしてきたのだと言う。それは後に「自然法爾」と纏《まと》められることとなるが、キリスト教の神が「在りて在る者（I am who I am）」（『出エジプト記』）と名乗ったことに一脈通ずるであろう。ともあれ、覚者（仏）には三身が具わり、われわれ（衆生）もまた本より具えている「本有の三身」（空海『即身成仏義』）ではあるが、本心（心源＝一心）を妄心（妄念＝思考）で以て翳すがゆえにそれ有ることを知らず、徒に生死去来を繰り返す常没の凡夫に甘んじているのだ。空海はその中でも特に重要な法身（仏の真体）について、次のように言う。

衆生にまた本覚法身あり、仏と平等なり。この身、この土は法然の有なりのみ。三界六道の身及び土は、業縁に随つて有なり。これを衆生の随縁《ずいえん》と名づく。

空海『声字実相義』

空海は、身（私）と土（世界）には、本より法爾として存在する身土と（それを彼は「法然の有」と呼ぶ）、われわれ衆生の行為（業縁）に随ってさまざまに現われてくる身土（それを「随縁の有」、あるいは、われわれの「経験世界」と呼んでもよい）の二つがあると言う。分かり易く言えば、われわれには本より仏と平等の身体（本覚法身）があり、それに相応《ふさわ》しい一真実の世界（一法界）もあるが、われわれ衆生が造るカルマ（業縁）に随って攪々と現われて来る三界・六道の経験世界がもう一方にあり（私はそれを「共同幻想の世界」と呼んだ）、そこを転々と巡っている身体、源信の言葉を借りれば、人という形も含め、「蟻螻」や「夜叉・羅刹」など、さまざまな形態を取ったこともあるということだ。

その身体を空海が「六道の苦身」と呼んだことはすでに述べたが、仏教はこの業縁の世界（随縁の有）から法爾の世界（法然の有）へ、六道の苦身（人）から本覚の法身（仏）へと辿る術を説こうとしているのだ。そうして、そこに辿り着いた者を仏（覚者）と呼び、法爾として存在する身土（法然の有）を知らず、自らの業縁（行為）に随って、六道輪廻の世界（随縁の有）を転々と巡っているわれわれを衆生というのだ。空海が二つに分けた、法爾（法然）として存在する身土を親鸞は真仏・真土と言った。

謹んで真仏土を按《あん》ずれば、仏（真仏）はすなわちこれ不可思議光如来なり。土（真土）はまたこれ無量光明土なり。

親鸞『教行信証』

真仏とはわれわれが真に依るべき仏（無上仏＝仏の真体）を、また真土とはわれわれが帰趨すべき一真実の世界（浄土教的に言えば、法性の都＝涅槃の城）を指している。しかも、親鸞はこの真仏・真土は十劫の昔にすでに功徳成就していると言う。その意味は、われわれがこれから努力して作り上げるようなものではなく、法爾として存在する世界（法然の有＝一法界）であり、そこにわれわれが付け加えるべきものもなければ、われわれの過誤（行為）に依ってその純粋性を失うこともなく、文字通り、不増不減の世界なのだ。もちろん、真土（真実の世界）があるならば、仮土（虚妄の世界）もあるが、仮土はわれわれの身・口・意（心）の三業（業縁）に随って現象してくる世界（妄境界）であり、それには無数ある。そして、この世界、より正しくはわれわれ（の心）が捉えている経験世界（現象世界）もまた仮土の一つであり、われわれは「鏡中の像」のように実体を持たない三界・六道の世界を善悪・愛憎など、順逆の因業に催され、独り往来（独死独来）しているのだ。

親鸞の場合、真仏とはもちろん阿弥陀仏のことであり、その仏は無量寿仏であると同時に無量光仏であるから不可思議光如来とも呼ばれる。阿弥陀仏は時間的に寿命無量であるように、空間的にも無辺（無限）であるから光明無量という。もちろん、寿命が無量であるとは、われわれが考える意味でいのち（寿）が時間的に無限であるということではなく、時間（生と死）を超えた存在ということであったように、光明が無量であるということも、われわれが捉えている無限の空間（宇宙）という意味ではなく、空劫以前（この宇宙が存在する以前）から法爾として存在する真土（法然の有）を指している。要するに、阿弥陀仏はわれわれ（の心）が捉えているような時空には収まらないものなのだ。

蓋《けだ》し光明と世界と両般を成したまうべからず。悟るときは、十方世界草木国土を全《まっと》うして、直に是れ如来清浄光明の真身とし、迷うときは如来清浄光明の真身を全うして、錯《あやま》って十方世界草木国土とす。

白隠『遠羅天釜続集』

「光明」とは悟りの世界（法然の有＝真土）を、「世界」とは迷いの世界（随縁の有＝仮土）を指しているが、白隠はこれら二つの世界（両般）が空間的にそれぞれ別々に存在すると考えてはならないと言う。というのも、われわれが「無明の闇」を除き、悟るならば十方世界、草木国土、見るものすべてが「如来清浄光明の真身」を顕わし、涅槃常楽の世界（一法界）となるが、迷えばわれわれはその真身（一実の相）を翳《かざ》して、見るものすべてが六塵の娑婆世界（妄境界）になる。そして、この「如来清浄光明の真身」として顕われた世界が仏教のいう美の世界なのだが（「仏身は美の最上なるものなり」白隠『荊叢毒蘂』）、それは人の手になるものではなく、本より法爾として存在する世界（法然の有）であり、また、それを手に入れるかどうかもわれわれ一人ひとりの迷悟に因るのだ。

白隠は仏身（真仏）と光明世界（真土）を分けることなく、仏身即光明世界と理解しているのであるが、親鸞においても、やはり真仏・真土があるのではなく、真仏土という時空を超えた自然法爾の世界（法然の有）があるということだ。そうして、迷うとき（一遍的に言えば、自然の道理を失うとき）、ここは本来一真実の世界（真土）であるにもかかわらず、そうと見て取ることが出来ないだけではなく、自らを生死に迷う衆生と思い、衆生本来仏であることが分からないまま、さまざまな業縁（カルマ）に纏縛せられて、三界・虚妄の世界（隋縁の有）を転々とすることになる。

悲しき哉、人々如来の智慧徳相を具足して、少しも欠くことなく、箇々《こ》の真土に住みながら、慧眼すでに盲《めしい》たるゆえに、娑婆なりと見錯《みあやま》り、衆生なりと思い違《たが》う。

白隠『遠羅天釜』

本よりここは光明世界（無量光明土）であるにもかかわらず、われわれは今真実を捉える目（慧眼）を失い、虚しく生死・輪廻する娑婆（仮土＝生死海）に沈淪しているが、悟れば（慧眼を開けば）忽ちこの世界は浄土（真土＝涅槃界）となる。つまり、娑婆即浄土ともなれば、浄土即娑婆ともなるということだ。
もちろん、娑婆即浄土と初めて明らかにしたのは仏教の開祖・釈尊である。六年にわたる修行の末に悟りを開いたとされる釈尊の目（仏眼＝慧眼）には、この世の見るものすべては美しく、欠けるものは何もない、いわば仏土（浄土）と映っている。しかし、われわれの目（衆生眼）にはとてもそうは見えていない、むしろ穢土（娑婆）と言った方が相応しいのではないかと、弟子の舎利弗が疑問に思っていると、

仏、其の念を知りて、即ち之れ（舎利弗）に告げて言《のた》まわく、「意に於いて、云何《いか》ん。日月豈《あ》に浄からざるや。而も盲者は見ず」。対《こた》えて曰わく、「不《いな》なり。世尊よ、是れ盲者の過《とが》にして、日月の咎《とが》に非ず」。「舎利弗よ、衆生の罪なり。故に如来の仏土の厳浄なるを見ざるも、如来の咎には非ず。舎利弗よ、我が此の土は浄けれども、汝は見ざるなり」。

『維摩経』

と釈尊は、彼に例を示しながら易しく諭している。これは釈尊の悟りの内容が如何なるものであったかを示す一つの例であるが、仏土（浄土）はここ（娑婆・穢土）を離れて存在するのではないということだ。この世は浄土（真土）であるけれども、そう見えていないのはわれわれの咎（罪）、つまり「慧眼すでに盲たるゆえに」、娑婆なりと見錯っているということだ。それは丁度、太陽や月の光が輝いていても、目の不自由な人にとって闇としか映らないように、そうと見ることができないのはわれわれ人間（衆生）の側に問題があるということで、釈尊は「我が此の土は浄けれども、汝は見ざるな

り」と結んでいるのだ。

この説示からも、今われわれ（の心）が捉えている世界はわれわれが本当にあるべき場所（真土）ではなく、われわれの目に映った虚妄の世界（娑婆＝仮土）に過ぎない。否、魔境（魔郷）であるかもしれないのだ。仏教（宗教）が、こんなところで如何に悔いのない人生を送るかなどを説いているのではない理由がここにある。さりながら、ここ（娑婆）を離れたどこか遠くにわれわれが依るべき世界（浄土）が在るというのではなく、娑婆即浄土ともなり得ることを、釈尊は自らの体験に基づいて説いているのだ。ところが、やはりと言うべきか、舎利弗と同様、われわれにそうは見えていない。

惜《お》しむべし、唯心の妙法寂光浄土の真唯中に住みながら、生前には娑婆なりと偏執し、衆生なりと妄想し、死後には地獄なりと見錯り、無間なりと泣き悲しむ事、皆是れ目前に充ち溢《あふ》れたる妙法の仏心、前後に澄み湛へたる真如の法性を、及びもなき事なり、存じも寄らぬ望みなりと打棄て、筋なき妄想情識の了簡を頼みて、空しく暮らせるより起る事なり。

白隠『遠羅天釜』

われわれは今、真仏土（寂光浄土＝無量光明土）に住みながら、心の盲目（無明妄心）ゆえにそれが見えず、ゆくりなくもここは生死に迷うサンサーラの世界（生死流転の家＝娑婆）となり、衆生本来仏であることが（空海的に言えば、「衆生にまた本覚法身あり、仏と平等なり」ということが）どうしても理解できない。それというのも、生前は私ごとき愚か者が仏心（一心＝真心）を携えているなどとんでもないと、必要以上に謙《へりくだ》り（浄土門の人々が時に見せる自虐的謙譲）、ここが浄土（一実の相＝真如の法性）であるはずもないと、敢えて知ろうともせず、結局は空しく一生を終え、果ては行き着いたところが地獄（無間地獄）だと見誤るのも、所詮は、心（妄心）に誑かされて、われわれが本より具えている三心平等の一心（仏心＝真心）を打ち捨て、顧みることなく生を終えた結果ではないか、と白隠は苦言を呈しているのだ。

われわれは今、そうという自覚もないまま生死に迷う「迷道の衆生」となっているのであるが、それはわれわれが仏心（一心＝心性）を知らないことに因る。そして、浄土とはわれわれの心に他ならないこと、また、仏はこの身を離れて存在しないことを「唯心の浄土、己身の弥陀」というが、心（真心）は本より仏（阿弥陀仏）であり、寂光浄土であるにもかかわらず、妄りに起こる心（妄心＝妄念）に自ら迷惑し、独り生死の円環を巡っているのがわれわれ人間なのだ。だから白隠は、浄土門（浄家）の人々に対しても、西方浄土とはあなた方自身の心の本源（心源）であるから（一四四頁参照）、どうしても一度は称名念仏に励み、その功力によって、浄土を見届ける（禅的には、坐禅に励み、見性する）のでなければならないと、強く勧める。

浄家の人々は専唱称名の功力に依りて、是非々々一回、唯心の浄土、己身の弥陀の妙相を見届けでや置くべきと、傑烈《けつれつ》の大志を憤起し、頭燃《ずねん》を救うが如く、間もなく唱え進みたらんに、仏も去此不遠（ここを去ること遠からず）と説きたまいたるものを、などや七重の宝樹、八功徳池の有様を見届けずやはあるべき。

白隠『遠羅天釜』

禅であれ、浄土であれ、その方法論は異なるけれども、その辿るべきところ、あるいは見届けるべきはあなた自身の心の本源（心源＝心性）であり、自らの本性（自性＝仏性）なのだ。それを知るとき、あなたは仏も浄土も遥か彼方（西方十万億の国土）にあるのではなく、あなた自身の内にも外にも、前にも後ろにも拡がっていることを知るであろうということだ。それは親鸞が「必ず仏は遠きにあらず、還って我が心に立ち進むべき」（『五ヶ条要文』）と勧めていたこととよく符合するが、要するに、われわれの身心を離れて、仏も浄土も存在しないということだ。源信もまた自らの心（己心）に仏（阿弥陀仏）を見、浄土（仏土）を見ている。

我が身すなわち弥陀、弥陀すなわち我が身なれば、娑婆すなわち極楽、極楽すなわち娑婆なり。たとえば因陀羅網《いんだらもう》の互いに相影現するが如し。故に遥かに十万億の国土を過ぎて安養の浄刹を求むべからず、一念の妄心を翻して、法性の理を思はゞ、己心に仏身を見、己心に浄土を見ん。

源信『観心略要集』

われわれも心（一念の妄心＝無明妄心）を翻して、心の本性（心性＝一心）を知れば、我が身と我が心が仏（阿弥陀仏）であり、浄土（安養の浄刹）と知るであろうと彼は言う。体験としては、真仏土（仏身と浄土）が一人ひとりの心（己心）に影現して来るということであるが、事実、白隠は、源信僧都が二四歳で自己の本性（自性）を究めんとして、横川（比叡山の三塔の一つ）に隠棲し、昼間は『法華経』の読誦、夜は念仏三昧に精進していたが、六四歳にして初めて自らが真理（真如）に他ならないと知ると同時に（源信自身の言葉で言えば、「真如を我が身なり」と知ることであるが、スーフィズムの思想家・ハッラージュ（八五七〜九二二）が「我は神（真理）なり」と言ったことと一脈相通ずるものがある）、見るものすべてが真理（真如の法性＝法性の理）を顕していると悟られたことは誠に貴いことであるとし、その覚醒の体験を次のように纏めている。

自身わずかに真如なる時、山河大地、万象森羅、草木国土、有情非情、同時に不変真如の全体と現出す。これを寂滅現前、見性了悟の時節とす。

白隠『遠羅天釜続集』

この見るもの（主＝自身）と見られるものすべて（客＝全体）が同時に一つの永遠の真理（不変真如の全体）となって立ち現われてくることを彼は「寂滅現前、見性了悟の時節」と表現したが（華厳教学ではそれを「挙体全真」という）、源信僧都を褒め称えた白隠自身が、夙《つと》に知られた『坐禅和讃』を「当処即ち蓮華国　此の身即ち仏なり」と結んでいるのも、源信と同じ悟り（見性）の体験を語ったものである。そして浄土門の人々から、禅にもまして奇異の目で見られがちな空海の「即身成仏」の教えも（それはまた「即心成仏」でもあった）、実は、仏教全般に通底する真言的表現の一つであったのだ。

仏身すなはちこれ衆生身、衆生身すなはちこれ仏身なり。不同にして同なり、不異にして異なり。

空海『即身成仏義』

空海は衆生身（今われわれは六道の苦身の一つである、人身という形を取っている）を離れて、仏身があるのではないが、さりとて二つは同じとも言えないと、極めて慎重な言い回しをしている。そこには、いずれは朽ち果てる五蘊の仮我（人身）を直ちに仏身とする謬見に堕してはならないことはもちろん、短絡的に（若気の至りで）身を捨ててもならないという彼の配慮が読み取れる。しかし次に挙げる源信の言葉は（親鸞は彼を浄土教の七高僧の一人に数えたことに注意）、空海かと紛うばかりである。

人生きて、百歳まで情多く放逸ならんよりは、一日たりとも心を空寂《くうじゃく》に帰せんには如《し》かじ。ここを以て、ある時は無始無明の源底を観達し、妄想の雲霧を拂《はら》いて心性の月輪を顕すべし。これを即身成仏と名づく。

源信『観心略要集』

人はせいぜい百年の形体（人身）である。その間、楽しみ多きことを願い、好きなように生きられたら幸せな一生であったということだろう。私とてそれに異議を唱えるつもりもなければ、すべての人々がそう生きられるに越したことはないと思うが、この名利を嫌う孤高の仏者は、一日でも（実は、ほんの一瞬＝一念でも）心を空しくして、心の源底（心源）に到達するならば、本有の心性（一心）は忽ち顕われ、成仏する。これを即身（即心）成仏という。

こう見てくると、釈尊の悟りの体験が明らかにした仏とその世界（仏土＝浄土）は、その後の日本の各宗（真言、禅、浄土など）の祖師方によってさまざまに表現されてきたことが理解される。さらにここでは、イエスと彼の弟子たちの間で交わされた興味ある記録を紹介しよう。親鸞が「一向一心の宗旨なりとて、他宗に耳をふたげ、我が宗に偏頗すること誠に愚痴の至りなり」と言った他宗は、今日では禅や真言など仏教に限らないと私は思うからだ。

イエスの弟子たちが彼に言った、「どの日に御国は来るのでしょうか」。彼は言った、「それは待ち望んでいるうちは来るものではない。『見よ、ここにある』、あるいは『見よ、あそこにある』などとも言えない。そうではなくて、父の国は地上に拡がっている。そして、人々はそれを見ない」。

『トマスの福音書』

浄土門の人々が如来（仏）の来迎を仰ぎ、浄土に心を馳せたように、イエスの弟子たちも神の国（御国・父の国）はいつ来るのだろうと思ったのであろう。その気持ちが、「どの日に御国は来るのでしょうか」という問いになったことは容易に察せられる。それに対してイエスが、「それは待ち望んでいるうちは来るものではない」と答えたことは、浄土門の信者に限らず、すべての仏教徒にも当てはまるであろう。

釈尊（仏陀）にとってここが浄土（仏土）と映っていたのと同様、イエスにとってもここ（地上）が神の国と映っている。そして、イエスひとりが神の国に居るのではなく、彼の弟子たちもその真只中に居るが（白隠的に言えば、人々、箇々の真土に住みながら）、彼らにはそれが見えていない。しかも、その原因は彼ら自身の欠陥、釈尊の言葉で言えば、「心の盲目」（無明）ゆえに見えていない。要は、神の国は特定できる場所（時空）ではなく、われわれの見る能力（慧眼を開くかどうか）に掛かっているということだ。

ところが彼らは、今ここに神の国が存在しないなら、より正しくは、自分たちに見えていないなら、それはいつわれわれの前に現前（寂滅現前）してくるのだろうと思ったのであろうが、人間は本当に自分自身を省みない奇妙な生き物であるようだ。というのも、イエスが神の国は今この地上に拡がっていると言い、また「御国はあなたがたのただ中にある。そして、それはあなたがたの外にある」（『トマスの福音書』）と念を押したにもかかわらず、それが自分たちに見えていないとなると、原因は自分自身にあるのではと考えるよりは、どこか別のところに求める。何事につけ、間違っているのは私ではなく、いつも自分以外の何かがおかしいと人間は考える、愚かなことだ。そして、この愚か者が宗教を批判する、何をか況やである。

第2章　悟りの論理

われわれは日々怱々と世事にかまけて、帰るべき永遠の故郷（涅槃の城＝法性の都）があることを知らず、如夢如幻の世界（自心所現の幻境）で人の道を説くばかりで、もう一方の仏の道（大道）があることを誰も教えてはくれない。それゆえわれわれは今、自心（妄心＝分別心）に迷惑して、世々生々に迷う「迷道の衆生」となっているのであるが、その本源（心源）に本より具わる「如来の智慧・徳相」（『華厳経』）が有ることに気づいていない。

菩提般若の智（如来の智慧）は世人に本よりこれ有り。ただ心に迷うによりて、自ら悟ることあたわざるのみ。愚人も智人も、仏性は本より差別なし。ただ迷悟の同じからざるによりて、ゆえに愚有り、智有るなり。

慧能『六祖壇経』

世人（有為転変の世間にあって、ただ生き急ぐわれわれ人間）は世間知（分別知）を駆使して是非・得失を論じ、果てしない議論に耽るが、その内側に出世間智（無分別智）である「菩提般若の智」（悟りの智慧）を今も携えている。しかし、それを知る者とそうでない者の間に大きな隔たりがあることは確かで、生死に迷う衆生であるか、悟って仏と成るかの違いなのだが、慧能はそれを愚人と智人の二つに分ける。言うまでもなく、この違いは、いわゆる知識（特技）が有るか、無しかではなく、智慧（出世間智）の有無が人をして智人にもし、愚人にもするということだ。しかし、その智慧は覚・不覚（悟るか、悟らないか）にかかわらず、われわれの心（心源＝本心）に本より具わっているものであって、その意味では、愚人と智人もその本性（自性＝仏性）において何ら変わることがないので、「愚人も智人も、仏性は本より差別なし」と彼は言ったのだ。

今日、われわれの社会は知識（世間知）に偏重する余り、本有の智慧（出世間智）について語られることは殆どない。殊に、教育に従事する者がその違いを全く認識していないことは、自他共に迷いを深める無知（無明）というしかないが、前者が不要であるというのではなく、それはこの身を養う世渡りの手段（糧）であって、まして競われる類のものではない。一方、後者を知ることの大切さを説いているのが仏教に限らず、宗教なのであるが、生まれてこのかた如何に沢山の知識や技術を身に付け、また新たな発見をなし、学問の発展にどれほど寄与したとしても、それは仏教（宗教）がいう智者ではない。逆に、いわゆる知識人（有識者）ではないけれども、老若を問わず、無名の人の中に智者がいることもまた事実なのだ。それもこれも、世間と出世間を分ける〈知〉の基準が全く異なっているからだ。

浄土門の法然が「愚者になりて往生す」と言い、聖道門の最澄が「愚が中の極愚」と愚に徹して仏道を歩んだのも、いわゆる知識（情報）を誇るなど、宗教的には無知以外の何ものでもないことをよく理解し、今生において、一度は身に付けた種々の知識（世間知）を脇に置き、自らの本性（自性＝仏性）に徹して（「是非一回、自性の本源に徹底すべきぞと、励み進みたまふべし」白隠『遠羅天釜続集』）、自己本有の智慧（出世間智）に目覚めようとしていたのだ。それを知ることが悟りともなれば、また解脱（生死出離）ともなるからだ。

このように、われわれが本来具えている悟りの智慧（如来の智慧）に目覚めるかどうかが仏教の眼目であり、それに目覚めたものを智者（覚者＝仏）と言い、それを知らず「生死流転の家」（親鸞の言葉）を巡っているわれわれ人間（衆生）を愚者と言うのだ。もちろん今日、この愚者は沢山の知識や技術（世間知）を身に付け、ソフィスティケイトされてもいるが、巧緻に長け、計算高く、この知ある愚者が構築したものが人の世（世間）なのだ。

それでは、世間（生死）に留まる愚者か、はたまた出世間（涅槃）へと渡る智者となるか、その違いを分ける智慧に目覚める（真智の覚）とはどういうことかを考えてみよう。それには瑜伽行・唯識学派が説く「三性説」を取り上げるのがいいだろう。三性とは遍計所執性・依他起性・円成実性の三つを指しているが、存在はこの三つのあり方（関係）に収まるというものだ。まず、三性が互いに如何なる関係にあるかを無著（四世紀）の著作から引用すると、

依他起の自性は、遍計所執の分に由りては生死を成じ、円成実の分に由りては涅槃を成ずる。

無著『摂大乗論』

とある。混乱を来たさないために、遍計所執性とは、これまでの説明から迷い（生死＝世間＝随縁の有）を、円成実性は同じく悟り（涅槃＝出世間＝法然の有）を指し、われわれが辿るべきは迷いから悟り、生死から涅槃、世間から出世間、つまり、遍計所執性を捨てて円成実性を得ることであると初めに纏めておこう。その上で、さらに彼の言葉をなぞると、依他起性が後の二つ（遍計所執性と円成実性）の在り方と深く関係していることが分かる。

生死とは、謂く依他起性の雑染分なり。
涅槃とは、謂く依他起性の清浄分なり。

無著『摂大乗論』

生死と涅槃はともに依他起性の雑染分（迷い）と清浄分（悟り）に相当し、さらに「染（雑染分）というは、いわく虚妄の遍計所執性なり。浄（清浄分）というは、いわく真実の円成実性なり」とあるように、遍計所執性は虚妄の存在を、円成実性は真実の存在を表している。つまり、存在は生死と涅槃、虚妄と真実、遍計所執性と円成実性の二つに分かれるが、それらはともに依他起性の二つの顕現と見ることができる。

ここで、依他起性を心と解して話しを進めると（決して唐突な解釈ではなく、三性も識＝心を離れて存在するのではないとある）、存在が二つに分かれてくるのは、われわれの心（依他起性）に二相あるからということになる。例えば、『起信論』はわれわれの心を妄心（心生滅の相）と真心（心真如の相）の二相に分けたが、心に二相あることから生死（虚妄の世界＝遍計所執性）と涅槃（真実の世界＝円成実性）に分かれてくる。妄心（心の雑染分）で以て世界に対する時、見るもの悉くが虚妄の世界となり（挙体全妄）、真心（心の清浄分）で以て世界に対する時、見るもの悉くが真実の世界となる（挙体全真）。つまり、妄心（有心）ならば生死・輪廻する迷いの世界に入っていくが、真心（無心）ならば、生死は尽きて悟りの世界へと帰って行く。

このように、瑜伽行・唯識学派が説く三性説はわれわれ人間の在り方について、虚妄（迷い）と真実（悟り）を明らかにする最も深い洞察と言えるが、二つに分かれるのは認識主体であるわれわれの心に依るのであり、それを依他起性と解するのだ。そして、この心の有り様によって存在は虚妄（雑染分）ともなれば、真実（清浄分）ともなるので、無著は依他起性を「二分依他」と言う。

> 依他起の自性中において、遍計所執の自性はこれ雑染分なり。円成実の自性はこれ清浄分なり。即ち依他起はこれ彼の二分なり。
>
> 無著『摂大乗論』

仏教は諸行無常をいう。生もいつしか死へと転じ、人は命の儚さを常に託《かこ》ってきた。そこで、有為転変の世を生きる術として、われわれはその事実を直視し、死をも受け入れる勇気がその悲しみの軽減にもなろうと仏教者は言う。しかし、それだけのことをいうのに仏教、広くは宗教など必要もなければ、ただ死をも甘受するというような消極的な教えでは到底生死の問題は解決されない。むしろ宗教は、虚妄なるもの（バーチャルなもの）から真実なるもの（リアルなもの）を、死すべきもの（生死）から不死なるもの（涅槃）を、常ならざるもの（時間）から常なるもの（永遠）を明らかにしようとしているのだ。古来、人類が俎上に載せてきたこの時間（無常）と永遠（常）の問題が、ただ哲学的な議論に終始するのではなく、生きた証として意味を持ってくるのでなければ、いつの世も人は死を前にしてたじろぎ、死への恐怖はなくならないであろう。それについても無著が「二分依他」に即して語っているので、見ておこう。

> 依他起性の自性は円成実性の分に由ればこれ常なり。遍計所執性の分に由ればこれ無常なり。かの二分に由れば常に非ず、無常に非ず。
>
> 無著『摂大乗論』

生死と涅槃、虚妄と真実、さらに時間（無常）と永遠（常）すらも依他起性（心）の雑染分（妄心）と清浄分（真心）の二分に依ると彼は考えているのだ。言い換えれば、心の雑染分（妄心）なら生死・輪廻する時間の世界（随縁の有）へと堕し、心の清浄分（真心）ならば涅槃常楽の永遠の世界（法然の有）へと帰って行くということだ。以上述べた三性の関係を無著は「金の土蔵」の比喩を挙げて説明しているので、その個所を引用して見よう。

譬えば世間の金の土蔵の中に、三法が可得なるが如し。一に地界、二に土、三に金なり。地界の中に於いて、土は実有に非ずして而も現に可得なり。金は是れ実有にして而も可得ならず。火に焼錬せらるる時、土相は現ぜず、金相は顕現す。又、この地界の、土として顕現する時は虚妄の顕現にして、金として顕現する時は真実の顕現なり。是の故に、地界は是れ彼の二分なり。識（心）もまたかくの如し。無分別智の火にいまだ焼かれざる時は、この識中において、あらゆる虚妄なる遍計所執の自性は顕現するも、あらゆる真実なる円成実の自性は顕現せず。この識、もし無分別智の火に焼かれたる時は、この識中において、あらゆる真実なる円成実の自性は顕現し、あらゆる虚妄なる遍計所執の自性は顕現せず。この故に、この虚妄分別なる識の依他起の自性には、彼の二分有り。金の土蔵の中のあらゆる地界の如し。

無著『摂大乗論』

地界（大地）を心（識）、土は虚妄、金は真実と解すると、土は実際には存在しない虚妄の遍計所執性に、金は錬成を経て顕われた真実の円成実性に相当する。地界は現在、土として顕われているが、火に錬成されると金ともなるように、われわれの心（識）にも虚妄と真実の二つ（平たく言えば、人心と仏心の二つ）の顕現があり得る。心（識）がいまだ「無分別智の火」によって錬成（浄化）を経ていない妄心（人心＝有心＝分別心）ならば、真実の世界は顕われず、虚妄の世界が擾々《じょうじょう》と現われてくる（虚妄の顕現）。しかし、心が錬成を経て、真心（仏心＝無心＝無分別心）となれば虚妄の世界は消え、それに代わって真実の世界が了々と顕われてくる（真実の顕現）。つまり、われわれの心（識の依他起の自性）は虚妄と真実、生死と涅槃、時間と永遠どちらともなり得る。このように、真・妄が相互に双入していることを中国華厳宗の大成者・法蔵は「真妄交徹」、あるいは「二分双融」と言ったが、もちろん、そうと知っているのは心の錬成を経て、心の本源（心源＝真源）に徹し、真智に目覚めた覚者（仏）であって、われわれ衆生はそうと知るに至っていない。

真は妄の末を該《か》ねて、相として摂《しょう》せずということ無く、妄は真源に徹して、体として寂《じゃく》ならざること無きことを明かす。真妄交徹し、二分双融して無礙全摂せり。

法蔵『華厳五教章』

以上、三性の関係を理解したところで、われわれにとって火急の問題は真智に目覚め、生死（時間＝遍計所執性）から涅槃（永遠＝円成実性）、すなわち虚妄から真実を明らかにすることである。つまり、仏教はわれわれ人間に虚妄を捨てて、一向に真実を顕わす仏の道（悟りへの道）を勧めているのであるが、それについては、『成唯識論』が「広大の転依」を説明する個所を例にするのがいいだろう。

依というは、いわく所依なり、すなわち依他起性なり。染（雑染分）と浄（清浄分）との法のともに所依たるが故なり。染というは、いわく虚妄の遍計所執性なり。浄というは、いわく真実の円成実性なり。転というは、いわく二分を転捨し、転得するなり。……能く依他起性の上の遍計所執性を転捨し、および能く依他起性の中の円成実性を転得す。

『成唯識論』

虚妄から真実を顕わにするという、われわれにとって第一の目的を、三性説で言えば、依他起性の二分である虚妄の遍計所執性を捨てて（転捨し）、真実の円成実性を得る（転得する）ということになる。しかし、虚妄と真実、あるいは迷いと悟りを分けているのはわれわれの心（依他起性）の真・妄に依るのであるから、実際は妄心（人心＝有心＝分別心）を捨てて、真心（仏心＝無心＝無分別心）を得れば、依他起性の上の遍計所執性（虚妄の顕現）を転捨し、依他起性の中の円成実性（真実の顕現）を転得することになる。「転依」を親鸞的に言えば、自力の心（妄心）を捨てて、他力の心（真心）を得ることに依って、虚妄の世界（生死）から真実の世界（涅槃）へと転入するとなろうか。

ところが、われわれはややもすると虚妄の世界（世間）を厭い離れ、真実の世界（出世間）を欣い求めようとする。あるいは、それならこの世界に人為的に真実なるものを作り出せばいいではないかと考えるかもしれない。しかし、宗教とは、この世界（穢土＝世間）を離れたどこかに真実の世界（浄土＝出世間）を探し求めるのでもなければ、この世界に虚妄に代わる真実をわれわれが作り出すことでもない。また、そんなことは妄心（妄想顚倒の心）を生きているわれわれ人間には本よりできないのだ。

虚妄の世界となっているのはわれわれの心に問題があるのであって、世界そのものに問題があるのではない。つまり、心と対峙し、心の真実の相を明らかに知れば（空海的に言えば、如実に自心を知れば）、虚妄の世界（虚妄の顕現）は忽ち消え、その後に残るのが真実の世界（真実の顕現）であるからだ。親鸞が「信心ある人に言ふ、只我が心を明らむ外は雑行なり。この雑行を止めよと教え諫むるなり」（『五ヶ条要文』）と言うのもそのためであるが、われわれが間違うのは、自らの心（自心）から始めないで、常に世間（世事）から始めることだ。政治・経済・学問・趣味・ボランティア……すべてそうだ。

このように、われわれが存在しているこの世界が虚妄の世界（穢土＝生死）であるか、真実の世界（浄土＝涅槃）であるかということは、われわれの心の問題であって、修行を重ね、功徳を積むことでもなければ、善人になることでもない。まして、正義感から、さまざまな矛盾と問題を抱え込んだ世界に直接手を下し、改革したりすることではなく（それは政治の問題であるが、政治がこの世界をどのように変革しようとも、それが地上のユートピアであろうとも、それもまた虚妄の世界なのだ）、われわれ自身の心が真実（真心＝仏心）であるか、虚妄（妄心＝人心）であるかという問題なのだ。

そうすると、この世が真実（の顕現）となるか、虚妄（の顕現）となるかはわれわれ一人ひとりの問題ということになる。というのも、心の真・妄など一体誰の問題であるというのか。まして、真心を翳していているのがあなたの心（妄心）であるならなおさらだ。言い換えれば、あなたに代って真実を齎《もたら》すことは誰にもできないし、あなた自身が自らの心の本源（心源＝真源）に徹し、真実を明らかにするのでなければ、あなたはあなた自身が捉えているこの世界が虚妄の世界であるとも知らず、生々死々を繰り返す「迷道の衆生」に留まることになる。

このように、われわれの心が真実であるか、虚妄であるかによって、世界もまた真実（円成実性）

と虚妄（遍計所執性）の二つに分かれてくる。『観無量寿経』はそれを仏心と凡心、『起信論』は真心と妄心、空海は本心と妄念、一遍は無心と有心、ロンチェンパは心性（sems-nyid）と心（sems）、仙道は道心と人心に分けたが、凡心、妄心、有心、妄念、人心……どう呼ぼうとも、すべては同じ内実であり、それはわれわれが普通に心と呼んでいるものである。その心で以てわれわれが世界を見る時、世界は虚妄の顕現（虚妄の遍計所執性）となり、その心を除いて見る時、世界は真実の顕現（真実の円成実性）となる。源信が「人生きて、百歳まで情多く放逸ならんよりは、一日たりとも心を空寂に帰せんには如かじ」と言った意味もここにある。

そうすると、宗教とは、『起信論』的に言えば、妄心を除いて真心を用いる、親鸞的に言えば、自力の心（凡心）を捨てて他力の心（仏心）を取る、空海的に言えば、妄念を滅して本心に帰す。要するに、心（妄心）から心の本源（心源＝本心）へと辿ることなのだ。このように、真心（無心）に基づくとき、われわれは一真実の世界（真実の円成実性＝第一義）を知ることになるので、その体験を無著は「真智の覚」、すなわち真の知識（出世間智）に目覚めると言ったのだ。そして、この真智に目覚めたものを覚者（仏）と呼び、この覚・不覚が、言葉の最も厳密な意味において、われわれを智者と愚者に分けているのである。この覚醒を巡って微妙、かつ重要な問題が同じ無著によって提起されているので、それを次に見ておこう。

もし覚時において、一切の時処に、みな夢等の如くただ識のみありとせば、夢より覚《さ》むればすなわち夢中にはみなただ識のみありと覚するが如く、覚時には何故にかくの如く転ぜざるや。真智に覚めたる時は、またかくの如く転ず。夢中にありてはこの覚は転ぜず、夢より覚めたる時、この覚すなわち転ずるが如く、かくの如くいまだ真智の覚を得ざる時は、この覚は転ぜず。真智の覚を得れば、この覚すなわち転ず。

無著『摂大乗論』

夢は心（識）が投影した、文字通り、夢幻であることを誰もが経験から知っている。しかし、いわゆる現実（日常）も心が作り出した幻影（自心所現の幻境）に過ぎないと知る人は少ない。それを瑜伽行・唯識学派は「虚妄の遍計所執性」と呼んだのであるが、この現実も夢のように、ただ心（識）が投影した虚妄の世界（虚妄の顕現）に過ぎないとしたら、夢から目覚めるならば、夢がすべて消え去るように、現実もまた消えて、真実の世界（真実の顕現）を知るに至らないのはなぜであろうかという素朴な疑問が残る。つまり、夢から目覚めるように、虚妄の世界が消え、真実の世界を知ることができないのはなぜでしょうかという問いなのだ。それに対して無著は、あなたが真の認識（真智の覚）に到達していないからと答えている。もしあなたが真智に目覚めるならば（それが仏教のいう悟りである）、いわゆる現実という虚妄の世界はそこになく、その後から真実の世界が寂滅現前して来るであろうということだ。

われわれが現実と思っているこの世界もまた夢の延長、あるいは、夢と同じ素材からなる幻影の世界であり、またそうであるからこそ、夢から目覚めるということがあるように、現実という夢（大夢）からも目覚める（大覚）ということがあり得るのだ。逆に言うと、夢から目覚めない限り、夢は続いていくように、真智に目覚めない限り、いわゆる現実が夢と気づくこともなく、「生死の夢」はいつ果てるともなく続いて行くことになる。

すると、悟りの体験（真智の覚）はわれわれが考えているような幸福や富貴など、この世の夢や欲望を叶えることではなく、虚妄なるもの（虚妄の顕現）から真実なるもの（真実の顕現）を明らかにしようとしているのだ。しかし、それを表す言葉はない。なぜなら、言葉というものは生死・善悪をはじめとする二元相対の世界、すなわち虚妄の世界を記述する道具であっても、一元性の世界、すなわち真実の世界（第一義）を言葉で以て伝えることはできないのだ。

洞山行くに臨んで雲巌に問う、和尚百年の後、人有りて師の真を邈《ばく》得するや否やと問わば、如何が祇対《したい》せん。雲巌曰く、只這是《ただこれこれ》と。

『洞山録』

洞山（唐代の禅僧）が師である雲巌のもとを退出するとき、百年後、あなたの知り得た真理（本来の面目＝真実の円成実性）は如何なるものか問われたら、どう答えましょうと訊ねると、雲巌は「只、這、是」と言ったという。つまり、真実（第一義）を伝える言葉はなく、「ただこれ」と言うしかないのだ。これは時空を超え、空劫以前も空劫以後も常に存在する無名・無形なるものであり、老子は天地に先立ちて存在する名無きこれを「道」と呼んだが、これについて、私には懐かしく思い出すことがある。それは私の父が残した次の言葉だ。

ただこれ！
ただこれ！
としか言えぬ
ただこれ!!

電流が
サッと体を流れ去ったよう
茫然、ただ茫然
身も心もない
空っぽの身体

何の涙か分からぬままに
拭えど拭えど湧いてくる
肩の重さはどこえやら
頭の憂さはどこえやら
みんなみんな消え去って
何するとなく座り居る
また、いつしか
とめどなく流れる涙

苦もなく悲しみもなきこの身体
何が起きたか　この身

誰が変えたか　この心

（『父の遺稿』より）

父は禅というよりも親鸞に傾倒していたが（生まれは真言宗の在家であった）、恐らく、この日の出来事を自らの宗教的回心の体験として書き留めておきたかったのであろう。身も心も空っぽとなって（身心脱落して）、言葉にならないこれを知った時、どこからともなく喜びが湧いてくる。ヴェーダーンタの哲学がSat-Chit-Ananda（Being-Consciousness-Bliss：存在－意識－至福）と言ったように、究極のリアリティー（Being）に目覚めた意識（Consciousness＝Awareness）はただ汲み尽くせぬ至福（Bliss）の中にあるということだ。このように、身心ともに無（空）となって、自らに変容を齎す時、われわれは自己という重荷を降ろし、真の自由と開放を手にすることになるが、それはすべての人々に拓かれてくる生の事実なのだ。そうして私は思う、こういう一文が書けることは、人間として生まれた者の中で最も祝福された、正に親鸞が稀に咲く「優曇華《うどんげ》」に譬えた者（聖聚）の数に入るであろうと。

唐突に、また同列に持ち出すのもいかがと思うが、パスカル（一六二三～一六六二）もまた彼自身が「恩寵の年」と呼んだ三一歳の時に、いわゆる第二回の宗教体験をし、その「覚書き」を羊皮紙に記し、衣服に縫い込んで、終生、持ち運んだという。キルケゴール（一八一三～一八五五）も自らの回心の体験を一八三八年五月十九日付けで、忘れないうちに走り書きをしたのであろう、それは判読しがたいという。

このこと、あのことについての喜びではない、『舌と口をもて、心の底から』叫びだされる魂の火の歌なのだ。私は私の喜びを通じて、私の喜びゆえに、その中で、それに面して、それのもとで、それによって、それとともに、歓喜する……それはいわばわれわれの他の歌を突然さえぎってしまう天上のリフレインなのだ。

キルケゴール『日記』

彼らは二人とも若くして亡くなったが、恐らく、このような決定的な体験の後は、この世に長く留まることは難しいに違いない。なぜなら、この世がどんなところかを一瞬にして知ることになり、それを知った者は、もはやこの世に属していないだけではなく、人は生きてさえいず、ただ死への走路をひた走る屍の群れとしか映らないからだ。

イエスは言った「この世を知った者は、屍を見出した。そして、屍を見出した者に、この世はふさわしくない」。

『トマスの福音書』

努め励むのは不死の境地である。怠りなまけるのは死の境涯である。努め励む人々は死ぬことが無い。怠りなまける人々は、死者のごとくである。

『ダンマパダ』

第3章　仏教と進化論

百数十億年前、量子論的無（荘子の「混沌」の概念に近い）からビッグバンによってこの宇宙は始まったと現代の宇宙科学者は言う。人間もかつては宇宙の塵（humus）に過ぎなかった。それが無機物から植物へ、植物から動物へ、動物から人間へと誰が意図したわけでもないのにここまで来てしまった。そして、人間はかつて辿った進化の全プロセスの情報（ＤＮＡ）を今に受け継いでいる。無機物、植物、動物、あらゆる時代の情報を人間は自らの身体構造の裡に取り込んでいる。紛れもなく、近いところでは動物時代の情報も人間の細胞一つひとつに良くも悪くも刻印されているはずだ。このように、われわれ人間も本来は土塊であり、もともと訳も分からなかったものが理性的に考えられるまでに進化を遂げてきたが、ここで人間は先が見えないまま、さ迷っているのだ。

人間はもはや動物ではないが、今なお進化の途上で引き継いできた動物時代の残滓を至るところに見る。弱肉強食、権力闘争、組織エゴ、自己保存欲、旺盛な生殖欲……人間はこれら動物時代の情報（遺伝子）を今なお色濃く残し（それを煩悩という）、基本的に動物と何ら変わらない。それどころか、知性を発達させたばかりに、政治から経済に至るまで、あらゆる分野における戦いは巧妙かつ策略に満ち、その残虐性と下劣さは動物以下ともなり得る。その上、言葉巧みに自己（国家・組織を含む）の保身に汲々とし、私利私欲に走る人間は動物より扱いにくいと言えるかもしれない。

もともと人間は無であった。それを神は有に引き出し、無機物から植物へ、植物から動物へ、動物から人間へ移して下さった。人間界の先は天使界、またその先、という具合に続いてゆく。……本当に奇跡と言えるのは、人が卑い階段から高い階段に昇らされるということだ。あんなところから出発して、こんなところまで辿り着いた、それが奇跡なのだ。もともとわけも分からなかったものが理性的に考えるようになり、無機物が生命体となったことだ。考えてみれば、あな

た も元来は土塊であり無機物だった。それが植物の世界に連れてこられた。植物界から旅を続けて血塊となり肉片となり、血塊と肉片の状態から動物界に出、動物界から遂に人間界に出てきた。これこそ奇跡というものではなかろうか。

『ルーミー語録』

万物の霊長、あるいは、進化の頂点にあると思われた人間がさらに進化の余地を残しているというルーミーの指摘を、今日、われわれはどう理解すべきであろうか。彼の場合、「人間界の先は天使界、またその先」と行き着くところに、スーフィズムの思想家たちが人間の理想として掲げた「完全な人間」(al-insān-al-kāmil) が考えられていることは想像に難くない。それがもはや神に他ならないことは、ハッラージュの「我は神（真理）なり」という酔語の中によく表れている。また、釈尊が「人間と天界の絆を超え、すべての絆を離れた人を私はバラモンと呼ぶ（ここでバラモンとは人中のなかでも稀有な智者＝覚者というほどの意味で使われている）」（『ダンマパダ』）と言ったように、仏教も人・天すべての繋縛《けばく》を離れた「全き人」（『スッタニパータ』）を目指している。それは真理に目覚めた覚者（仏）に他ならず、「この真理によって幸いであれ」と説いたのが仏教なのだ。

すると、われわれ人間が現在どこに位置しているかが見えてくる。つまり人間は、動物と仏（神）の中間領域にあって、未だ至るべきところに到達していないということだ。それどころか、人間は動物時代の情報を今なお引き摺っているために、低きに流れて動物のように振舞うが、さりとて動物に成り下がることもできない。このどちらにもなれない中間領域でさ迷っているという意味で、人間は動物と仏（神）の間に架けられた橋と言えるだろう。本来、渡るべき橋（人間）であるにもかかわらず、そこに留まって居を構え、財を築いてみたところで、それが終の住処とならないところに、われわれ人間の不完全性と落ち着きのなさがあり、未だ人間が進化の余地を残した未完の存在であることをよく示している。

ともあれ、われわれが意図したわけでもないけれども、人間にまで進化を遂げてきたことは紛れもない事実（奇跡）であるが、人間であることさえ超えて行かねばならないところに、人間の運命を見ているのが仏教に限らず、宗教なのだ。それゆえ、宗教に関心がないということは、人間そのもの限界に気づかず、人間であることに満足しきって、終には土に帰る屍の如き生しか知らないということだ。このように、未完の状態を乗り越えようとする試みが宗教なのであるが、ここからはわれわれ自身が意を決して（一念発起して）、仏（神）へと進化するのでなければ、ただ徒に生々死々を繰り返すばかりで、どこに到達することもなく、宙ぶらりんの状態に留まることになる。ルーミーが「人間界の先は天使界、またその先」、釈尊が「人間と天界の絆を越え」と言ったことを、親鸞は「人・天（六道の上二つ）に超過せん」と言った。

たとえ我、仏を得たらんに、十方無量・不可思議の諸仏世界の衆生の類、我が光明を蒙《かぶ》りて、その身に触るる者、身心柔軟《にゅうなん》にして人・天に超過せん。もし、しからずは正覚を取らじと。

親鸞『教行信証』

元は『無量寿経』にあるこの言葉から、われわれ人間が辿るべきは人（人界）と天（天界）をも超えた仏の境涯であり、それが覚者となった諸仏の共通の願い（本願）であったと理解されるであろう。私が仏教（広くは宗教）は、巷間言われる、人間は如何に生きるべきかなどを問題にしているのでははないという理由がここにある。もっとも、われわれ人間の辿るべき方向（運命）を指し示していることから言えば、それも一つの人間学ではあるが、一般に考えられている人間の範疇を超えた存在の次元（仏の境界）にわれわれ人間（衆生）を引き上げようとしているのだ。というのも、人間（社会）そのものをどれだけ弄繰《いじく》り回し、修正に修正を重ねて環境を整えようとも、満足いく答えは得られないということだ。

かの仏国土にもろもろの往生する者は、かくの如きの清浄の色身、もろもろの妙音声、神通功徳を具足す。……顔貌端正にして、世に超えて希有なり。容色微妙にして、天にあらず、人にあらず。皆、自然虚無の身、無極の体を受けたり。

『無量寿経』

仏の境涯（仏国土）に往生する者は、現在われわれが纏っている四大・五蘊からなる仮初の身体（仮我）ではなく（それには男・女の違いがあり、その身体を「色身」という）、「清浄の色身」を纏って往生するという。さらに、この身体は「自然虚無の身、無極の体」と言い換えられ、一見すると、何とも無内容なものに映るが、「顔貌端正にして、世に超えて希有なり。容色微妙にして、天にあらず人にあらず」とあるように、人が往生の素懐を遂げる時には、いずれは朽ち果てる色身（穢身）ではなく、彼（彼女）はもはや天人でもなければ、人間でもなく、清浄の色身（真身）を纏って往生するということだ。実は、これがわれわれの本来の姿（本来の面目＝真実の我）なのであるが、もちろんそれは男でもなければ、女でもない、あるいは、そのいずれでもある究極の身体（無極の体＝法身＝仏の真体）ということである。

ここで思い出されるのはイエスの「復活の時には、人は娶ることも、嫁ぐこともなく、天の御使いのようです」（『マタイの福音書』）という言葉である。生死・善悪・快苦・美醜・幸不幸……など、良くも悪くも、二元性からなるこの世界（世間）の根底にある男女の愛憎の悲喜劇はもはやそこにはないということだ。

あなたが男と女を一つにして
男を男でないように
女を女でないようにするならば
そのときあなたは神の国に入るであろう。
『トマスの福音書』

男女の交媾から生まれた肉のからだ（色身）はいずれ老死を迎えるが、男と女が一つになった霊のからだ（『コロサイ人への手紙』には「神のかたちに似せて造られた霊のからだ」とある）のみが神の国を継ぐことができるのであり、それはもはや娶ることも、嫁ぐこともなく、種の保存にはかかわらないということだ。そうすると、宗教というものが如何にわれわれ人間の価値観と異なるか、少しは見えてくるではないか。この「自然虚無の身、無極の体」を白隠は「金剛不壊の正体」と呼んだが、われわれの朽ちる身体（色身）とは全く異なる永遠不滅の身体（清浄の色身）であることが、文字の上からも読み取れる。

生《しょう》もまた夢幻、死もまた夢幻、天堂地獄、穢土浄土尽く拋擲《ほうてき》下《げ》して、一念未興《みこう》已前、万機《ばんき》不到の処に向って、これ何の道理ぞと時々《じじ》に点検して、正念工夫の相続を干心《かんじん》とせば、何《いつ》しか生死の境を打越へ、悟迷の際《きわ》を超出して、金剛不壊の正体を成就せんこと、これ真箇《しんこ》不老不死の神仙ならずや。人界に出生したる思い出ならずや。

白隠『遠羅天釜』

正念工夫して、一念（の心）が未だ起こる以前（空劫以前）にまで遡れば、つまり心の本源（心源＝心地）まで遡れば、いつしか如夢如幻の生死の境を打破して、朽ちるから だ（色身）の内側に朽ちることのないからだ（清浄の色身）が顕われてくる（キリスト教が「朽ちるものは、必ず朽ちないものを着なければならず、死ぬものは、必ず不死を着なければならない」というに同じ）。この身体を白隠は「金剛不壊の正体」と呼んだのであるが、『起信論』にも「妄心にして即ち滅せるときは、法身は顕現して……」とあるように、心（妄心）を翻して心の本源に撤し、心源（真源）を悟ることができれば、われわれの真理の身体（真身）である法身が顕われ、見るものすべてが本来の一実の相（一法界）となる。この朽ちることのない真身（法身＝仏の真体）こそ古来言い伝えられてきた「不老不死の神仙」であり、それを得てこそ人間としてこの世（人界）に生を享けた意味もあったということになろう。つまり、われわれは「自然虚無の身、無極の体」（親鸞）、あるいは「金剛不壊の正体」（白隠）を知って、初めて生死の世界（此岸）から涅槃の世界（彼岸）へと渡り（往生し）、かくして六道・四生の因を断ち、再び生死・輪廻の陥穽に淪《しず》むことはないということだ。

生としてまさにうくべき生なし、趣としてまたいたるべき趣なし。すでに六趣・四生の因亡じ、果滅す。かるがゆえに、すなわち頓に三有（三界）の生死を断滅す。

親鸞『教行信証』

この確固たる親鸞の表明は、釈尊の「生まれることは尽きた。清らかな行いはすでに完成した。なすべきことをなしおえた。もはや再びこのような生存をうけることはない」（『スッタニパータ』）という言葉に行き着くが、今生で為すべきことを為し終えた者は再び「生死の闇」に惑うことはないということだ。こう見てくると、進化には「種における進化」と「個における進化」の二つが考えられる。前者はわれわれが意図したものではなく、無機物、植物、動物、そして人間へと自然に成し遂げられたものであるが、後者はわれわれ一人ひとりが仏の道（悟りへの道）を辿り、如何にして真理に目覚めた覚者（仏）になるかということだ。

では、二つの関係はどうなっているのであろうか。まず「種における進化」は種の保存（生と死）を繰り返しながら進化を遂げてきたのであるから、明らかにそれは時間の中における進化である。そして、人間にまで進化を遂げるのに百数十億年を要したとするなら、人類がすでに地球規模の破壊と滅亡の道具を手に入れていることは、たとえ作家が登場人物の口を通して、創造と破壊は何度も繰り返されてきたと言おうとも、余程慎重でなければ、その損失は途方もないものになるだろう。それに対して、もう一方の「個における進化」は時間とは関わらないどころか、無時間（永遠）を視野に入れ、今ここであなたによって成し遂げられる内なる飛躍である。前者がホリゾンタルに流れている時間（生死）であるのに対して、後者はヴァーティカルに内なる心の本源へ向かい、永遠（涅槃）に行き着こうとする試みであり、そこに辿り着いた者を覚者、すなわち仏（不老不死の神仙）と呼ぶ。もちろん宗教は後者に関係している。

ドイツの理論物理学者であり、量子論の提唱者マックス・プランク（一八五八〜一九四七）は「私はどこから来て、どこへ行くのか。これは由々しい問題である。万人にとってそうなのだ。しかし、科学はその答を知らない」と言ったが、どこから来て（生）、どこへ行くのか（死）という問いに、今も科学（学問）は、その目覚しい発展にもかかわらず、納得のいく答を用意しているとはとても思えない。もちろん彼ならずとも、この極めて素朴な疑問がかつてあなたの脳裏を掠めたことがあるに違いない。

しかし、こういう問いが生じてくるのも、元を糾せば、生と死に対する意識（自覚）の深浅と関係している。というのも、人間は、自分は生まれたのであり（さらに自分の誕生日まで記憶し）、いつか死で以て終わると知っているが、動物はそうではない。それゆえ、人間は生と死を明らかにしようとする者がいる一方で、理由はともかく、死を選び自らを終わりにするが、動物にそれはできない。自殺した動物の話を聞いたことがないのはそのためである。このように進化は、身近な（意外な）ところで、生と死の自覚の有無としても現われ、それを敷衍すると、私はどこから来て（生）、どこへ行くのか（死）という問いになるが、それこそ百数十億年という進化の途上で、心（思考＝分別心）という武器を身に付けた人類（ホモサピエンス）が遭遇した万人共通の公案であったのだ。しかし、その一方で、心（思考）は生死・輪廻の元凶であるから、いつか超えて行かねばならない。この矛盾（諸刃の剣）をどう考えるか、そのヒントが『維摩経』にある。

シャーリプトラはすすめられるまま、ヴィマラキールティに尋ねる。

あなたはどこで命果て、ここに生まれたのですか。

すかさずヴィマラキールティは応酬する。

あなたは死と生が本当にあるとお考えなのですか。

不意をつかれたシャーリプトラは、この問いそのものが間違っていることに気づき、

いいえ、生も死もありません。

と答えるというものだ。

どんな人も自分は生まれたのであり、いつかは死ぬと思っている。ところが、彼らは生も死も夢幻の如きものであり、実際には存在しないと言う。源信が「生死の夢」と言ったのもそのためであるが、生死が夢なら、生死流転（サンサーラ）もまた夢ということになるだろう。その場合、生死去来（どこから来て、どこへ行くのかという問い）はどうなるのであろうか。実は、これこそ「由々しい問題」なのであるが、事はそれだけではない。というのも、生も死も実際には存在しないということになれば、「生死を離れ、仏と成る」、ひいては生死（サンサーラ＝迷い）と対概念として扱ってきた涅槃（ニルヴァーナ＝悟り）はどうなるのであろうか。私はこの微妙な問題に決着を付けておきたい。

われわれは生の終わりが死であり、死がなければ永遠に生きられると単純に考える。つまり、死が克服されたら、不老不死も夢ではないと考える。そして、医学はこの空しい挑戦のように映るが、医療技術の発展にもかかわらず、かつて死と戦って勝利した人は一人もいない。正に『無量寿経』の「長生を求めんと欲すれども、かならずまさに死に帰すべし」ということになるが、ならば、仏教は不老不死を考えなかったのかというと、そうではない。白隠は「不老不死の神仙」を説いたし、親鸞も「不老不死の妙術」（『教行信証』）などと言う。いずれも心を真実の相（真心＝仏心＝一心）において知ることが条件となっていたが、われわれは今、それを知ることもなく徒に生々死々を繰り返す

常没の凡夫となっているのだ。

一切衆生、本より諸仏と同体にして、生死の相なし。無明の一念、忽ちに起こりて、生死なき中に、生死の相を生ぜること、夢の如く幻の如し。

夢窓『夢中問答』

仏とわれわれ衆生はその本質（本性）において何ら変わるところはない。衆生も本来仏であり、その本分の自己（本来の面目）は生まれることもなければ、死ぬということもない。しかし、蒼天に忽然と暗雲が立ち込めるように、無明の一念（心）が起こると（無明の忽然念起）、生死なき中に如夢如幻の生死の相が現われ、私は生まれたのであり、やがて私は死ぬと考える。そして、この私への執着（我執）が生死・輪廻の根元にあり、われわれが今自分（私）と見なしているものは、生死なき本分の上に浮かび上がった「仮初の一身」（仮我）に過ぎず、それが形を変えながら生死・輪廻しているのであって、本分の自己（真我）ではない（「自己の本分は流転するにあらず、妄執が流転するなり」一遍『播州法語集』）。従って、無明を翻して（心を翻して）、本分の自己（本来の面目＝金剛不壊の正体）に目覚めるならば、私はかつて生まれたこともなければ、死んだこともない、ただ「生死の夢」を見ていたに過ぎなかったと知る。それが解脱（涅槃）であり、また、彼らのいう「不老不死」なのだ。

生死去来の問題は一義的には父母から享けたあなた（仮我）について言われている。しかし、それに対して仏教は、父母未生以前の本来のあなた（真我）を問うているのだから、明らかにわれわれには二つの私が考えられ、本分の自己（真我＝真実の我）と仮初の自己（仮我＝世俗の我）のいずれの視点に立って生死去来を説明するかによって、その違いが生じてくるのだ。

われわれは今、生まれることもなければ、死ぬこともない本分の自己（真我）を知らず、「仮初の一身」（仮我）を自分と見なす妄執（我執）ゆえに生死流転しているのであるから、この仮我はいつか、どこかで終わらなければならない。それではと、仮我を妄りに捨てて（例えば、自死などによって）、涅槃を得ようとしてはならない。それでは鏡に映った自分の姿を掻きむしるようなもので、とても仮初の自己を捨てる（終わらせる）ことはできない。だからといって、このまま仮我を容認していては、「金剛不壊の正体」（本来の面目）を知ることはおろか、生死の円環を巡るばかりで、ついに涅槃を得ることもできない。

生死において捨つるに非ず、捨てざるに非ず。また、即ち涅槃に於いて得るには非ず、得ざるに非ず。

無著『摂大乗論』

そこで、自己を捨てるのではないけれども、自己が自然に消える方法はないものか。実は、それが宗教の基本である自己自身と対峙し、内なる心の本源（それはまた諸法の本源）へと辿るプロセス（返本還源）の中で起こるのだ。自死はもちろん、ただ自己を否定する作為（意志）に依って自己は否定されないし、まして真の自己（本分の自己）を知ることなどあり得ない。というのも、あなたがどれだけ思考を巡らせ、言葉を尽くそうが、否定するあなた（主）と否定されるあなた（客）は同じあなたであり、自己を否定しようとする試み自体、またもや主客の二元論の罠に嵌り、首尾よく自己が否定されたとしても、否定するあなたは依然として残り、堂々巡りをするばかりで、真の自己（本来の面目）に至ることはない（「多言多慮、転《うた》た相応せず。絶言絶慮、処として通ぜざる無し」僧璨『信心銘』）。もっとも哲学者を含め、そんな馬鹿げたことをする人がこの世にいるとは思えないが、心（一念）が未だ起こらない心源（一念未興已前、万機不到の処）へと辿れば、「生死の夢」を見ていた仮初の自己（仮我）は自ずと消えて（無我）、その後に生死の相なき「自己の本分」（真我）が立ち現われ、そこは願わずとも涅槃、すなわち「長生不死」（親鸞の言葉）なのだ。

生死と涅槃とは無二にして少異なし
善く無我に住するが故に生は尽きて涅槃を得
『大乗荘厳経論』

今や生死は尽き、あなたは涅槃を得ている。が、あなたは初めて涅槃を手にしたのではない。常に変らず涅槃（解脱）の床に臥し、「生死の夢」を見ていたに過ぎないのだ。とはいうものの、そうと知っているのは、悟りの眼（慧眼＝仏眼）を以て見る者に限られ、われわれは相も変わらず、自分は生まれ、やがて死と共にすべては終わると単純に考えているのだ。

今、仏眼をもつてこれを観ずるに、仏と衆生と同じく解脱（涅槃）の床に住す。此もなく彼もなく無二平等なり。不増不減にして周円周円なり。既に勝劣増益の法なし。何ぞ上下損減の人あらんや。
空海『吽字義』

「仏と衆生と同じく解脱（涅槃）の床に住す」という指摘はよく理解されなければならない。われわれが眠りに就くのもベッドの上ならば、目を覚ますのもベッドの上である。それだけではなく、夢を見るのもベッドの上である。それと同じように、われわれ衆生（人間）は今、涅槃の床に住しながらぐっすりと眠りこけ（形而上的眠り）、「生死の夢」を見ている。一方、その夢から目覚めた者を仏（諸仏）と呼ぶが、彼らが目覚めた処もまたわれわれと同じ涅槃の床であったのだ。すると、仏とわれわれ衆生は本来無二・平等でありながら、違いは目覚めるかどうか（覚・不覚）であって、ことさら何かをする、すなわち親鸞の言う「自力作善」（『歎異抄』）ではないのだ。

本書のタイトルにもなっている『悟りへの道』などと言うと、如何にもそこに至る道があるかのように思ってしまうが（例えば「二河白道の比喩」などからイメージされるように）、実際はそうではなく、すでにわれわれはそこに辿り着いているというか、そこから一歩も離れたこともなく、ただ「生死の夢」から目覚めさえすれば、今ここが直ちに涅槃（悟り）の境涯になるということだ。生死即涅槃の実践的な意味はこんなところにある。そして、生死（迷い）に始まりは無いけれども、終わるということがある。一方、涅槃（悟り）に始まりはあるけれども、終わるということがない（「生死は始めなくして終わりあり、涅槃は始めあって終わりなし」源信『本覚讃釈』）。

われわれ人間もまた、常に涅槃の床に住しながら、今は「生死の夢」を見ているために、どこから来て（生）、どこへ行く（死）のかという問いに悩まされることになるのだ。もっとも今日、そんなたわいないことで悩んでいる大人がいるとは思えないが、それでも時至り、「生死の夢」から目覚めるならば、目覚めたそこが涅槃であり、また、生死なき本分の自己（本来の面目）を知ることにもなるので、われわれはかつて一度も生まれたこともなければ、死んだこともない、つまり「生も死もありません」ということになる。要するに、仮初の自己（仮我）は生死をはじめとする二元相対の世界にあるから（随縁の有）、どこから来て（生）、どこへ行く（死）のかという尤もらしい問いが脳裏を掠めるのであって、諸仏と同体の本分の自己（金剛不壊の正体）はかつて生まれたこともなければ、死んだということもないがゆえに、生死去来の問題は起こり得ないということだ。それはわれわれ人間に限られるのではなく、すべてのもの（一切の法）に生もなければ、死もなく、本より生死（生滅）の相を超え、自他（彼此）の差別無き一なるもの（一実の相）として、あるがままに存在しているのだ（法然の有）。

菩薩は一切の法に生を見ず死を見ず、彼此を見ず。尽虚空界ないし十方合して一相とす。

空海『一切経開題』

こう辿ってくると、本来、生もなければ、死もないところに、「生死の夢」を見ているのが（夢窓の言葉を借りれば、生死なき中に、生死の相を現わしているのが）われわれ人間であって、その夢（大夢）から目覚めれば、ずっと変わらず涅槃の床に住していたと知る。それが、仏教のいう悟り（大覚）であり、それは夢の中でどこか遠くを旅していた者が目を覚ませば、本の場所（ベッド）に居るようなものである。さらに言えば、今、あなたは人間として生まれている、ただそれだけの理由で自分を人間と考えるが、あなたは人間という夢を見ているのであって、あなたの真の本性（金剛不壊の正体＝無極の体）は「諸仏と同体」であり、あなたは人間ですらなく、まして動物であったこともなく、常に変わらずそれ（本来の面目）であったのだ。夙に知られたヴェーダーンタの哲学が「汝はそれなり」（tat twam asi）という意味もここにある。

このように、本分の自己（本来の面目）から言えば、どこから来て（生）、どこへ行く（死）のかということもなければ、進化を遂げたということもない。無機物から始まり、動物の時代を経て人間となった進化のプロセスすべてに亘って、常にわれわれはそれ（本来の面目）であったし（これがあるがままのあなた）、常に涅槃の床に住していたのだ。ただ一遍が「しかりといえども、自然の道理を失しないて、意楽の魂志（一念の妄心）をぬきいで、虚無の生死にまどいて、幻化の菩提をもとむ」と言ったように、「自然の道理」（空海的に言えば〝法然の有〟、親鸞的に言えば〝自然法爾〟、老子的に言えば〝大道〟）を離れ、二元葛藤する幻影の世界（自心所現の幻境）へと退転したわれわれは、実際には在りもしない「生死の夢」に自ら迷惑して（虚無の生死にまどいて）、これまた涅槃（解脱）の床を一度も離れたこともないにもかかわらず、迷悟をあげつらい、本より具わる悟りの智慧（如来の智慧）を知らず、幻化の菩提（悟り）を求めていると、彼は当時の仏教者たちを嗜めているのだが、それは今日でも変わることはない。

われわれはさまざまな名と形を取りながら進化の旅を続け、今、人間（nāma）という形（rūpa）を取るところまできたけれども、その本体は金剛不壊の真身（本来の面目）であり、自己の本分はどこかに行っていたわけでもなく、いつも同じところに居て、つまり、涅槃の床に住し、何かに成った（進化した）ということもない。確かに、「個における進化」を成し遂げるために、「種における進化」が必要であったが、「個における進化」はあなた自身が本来の面目（金剛不壊の正体）に復帰することであるから、進化（進歩）というよりは、むしろ退歩と言えるだろう。それは道元の「須らく回光返照の退歩を学ぶべし」という警句の中によく表れている。これまで外（生死＝時間）ばかり向いていた目を自らの内なる本源へと回光（回向）返照して、生死の相なき本分の自己へと立ち帰るという意味であるからだ。

学ぶべきは、あるいは修すべきは退歩（回光返照）であるとする彼の金言を、今日、われわれは真剣に考えてみる必要があるだろう。というのも、科学技術の進歩に伴い、今や人類は宇宙へと飛び立ち、関心は地球圏外へと向けられつつある。しかし、個々の人間にとって、進歩（進化）とは未来であり、生き急ぐ時間であり、終には老いて死を待つだけのあなた自身は、結局、どこに辿り着くこともなく、世々生々に迷う「迷道の衆生」に留まることになる。

宗教とは、いつの時代も進歩ではなく、退歩であったのだ。というのも、進化の途上で、種々さまざまな名（nāma）と形（rūpa）を取っていようとも、あるいは、どこをさ迷っていようとも、われわれは常にそれ（本来の面目）であったし、それを知ることが「個における進化」であり、人間の運命なのだ。

第４章　大いなる完成

人間はひとりで生まれ、ひとりで死んで逝く。その間に社会があり、男女、夫婦、親子、友人、同僚……と、目的や利益（家族、仕事、信条、政党、趣味など）を共有する者たちが他者との間にさまざまな関係を築く。そして、人はひとりでは生きられないと言う。私もそれを否定するつもりはないが、生の始めと終わりがひとりなら、人間は本来ひとりであるはずだ。しかし、われわれは社会の中で、関係の中で、自分がひとりであることを忘れてしまっている。否、ひとりであることに耐えられず、皮相な人間関係（それが夫婦であっても）の中に自己を紛れ込ませている。というとご異論もあろうが、私そのものが終の私ではない「仮初の一身」（仮我）であるなら、どんな関係も終の関係とはなり得ない、と私は思うからだ。

しかもこの関係（自他・彼此）は、われわれが自らの本性（自性）から離れ（一遍的に言えば、自然の道理を失い）、真の自己（真我）を見失った結果として生じて来たもの（偶有）である。そして、分裂と個性化が進むと、かえって人は、良くも悪くも、人間関係という問題を抱え込み、離合集散を繰り返しながら、時には孤独と空しさに苛まれ、行き場を見失うだけではなく、他者に対して極めて陰湿・攻撃的な暴力ともなり得る。

このひとりを生きられない限り（ひとりとなって自己と対峙しない限り）、プロチヌスが「自分ひとりだけになって、彼のものひとり（禅的に言えば、本来の面目）だけを目指して逃れ行く」（『善なるもの一なるもの』）という、人生究極の秘儀を成し遂げることはできない。それどころか、あなたは自分が本来誰であるかも分からないまま、好悪や利害という関係（組織）の中に身を置き、社会があなたに与えたレッテル（肩書き）を自分と考えるようになる。曰く、政治家、経営者、学者（哲学者を含む）、作家、弁護士、宗教家……と。しかし、それらはすべて職業であり、この世を渡る手段であって、本当のあなたではない。

われわれの行動原理は基本的に苦楽・悲喜であり、その多少が幸不幸を決めるが、関係（自他・彼此）と同様、これもまたわれわれが自らの本性を離れた結果として生じて来たものであり、いずれも来ては去ってゆく仮初の、その時だけのものである。というのも、それを経験しているわれわれ自身が「仮初の一身」であり、仮初のわれわれが経験するものはすべて仮初のものでしかないからだ。しかし、われわれはそういう自覚も無いまま、二元性の間を揺れ動き、それこそ死ぬまで、できる限り苦（悲）は遠ざけ、楽（喜）を取り込もうとする。もちろん、そうすることが幸福に繋がると考えているのであろうが、いわゆる幸福には原因があり（不幸も同様である）、原因のない幸福などわれわれは一度も経験したことがない。そういう意味において、われわれが経験する幸福（満足感）は、その時々の刺激と言えるだろう。しかし、幸福に原因があるならば、その原因が取り除かれたら、あるいは目標が達成されなかったら、われわれは忽ちもう一方の不幸を経験するだけではなく、常に新たな刺激（パスカル的に言えば、気晴らし）を求めなければ、人生は耐え難いものになるようだ。

それに対して、仏教をはじめ宗教が説こうとしている幸福は（幸不幸の彼方にあるという意味でそれを至福と呼ぶ）、われわれが努力して勝ち取るようなものではなく、われわれの本性、あるいは本分の自己（真我）に本より具わり、それは原因もなく、本より法爾として存在し（法然の有）、われわれが人為的に付け加えるものもなければ、より多くを求めるあらゆる努力は、かえって至福の源泉である本性（自性）からますますわれわれを遠ざけることになる。

このように、遅れを取るまいと、より多くを求め、満足（幸福）を得ようと生き急ぐのも、また、ひとりでは生きられないと、死ぬまで人間関係を引き摺るのも、われわれが自らの本性（自性）を離れ、二元葛藤する時空世界（世間）に迷い出た結果であり、空劫以前の一元性の世界（出世間）へと帰って行きなさいと説いているのが仏教に限らず、宗教なのだ（流出と還源）。なぜなら、良くも悪くも、われわれを悩ますさまざまな問題は生死・善悪・得失・貴賤・幸不幸……など、二元相対するこの世界（それを親鸞は「生死の大海」と呼ぶ）にのみ存在するのであって、すべてが一つ（不二）

となる一元性の世界（同じく『功徳の大宝海』と呼ぶ）には存在しないのだ。『維摩経』が「入不二の法門」を説くのもそのためであるが、禅宗三祖の僧璨（?〜六〇六）は、かつてこの世に現われた覚者（智者）と言われる人たちはすべて、この不二（一元性）の世界へと入った人のことであることを、次のように言う。

真如法界には、他なく自なし
急に相応せんと要せば、唯言う不二と
不二なれば皆な同じ、包容せずということなし
十方の智者、皆なこの宗に入る

僧璨『信心銘』

古の聖賢たちが目指したところは、如何に二元葛藤する競争社会（世間）で伸し上り、勝者と成るかではなく、すべてを包容する一なる世界（出世間）であり、宗教とは本来、この自他・彼此も無き不二（一元性）の世界（真如法界）に帰入することであるから、僧璨は「十方の智者、皆なこの宗に入る」と言ったのだ。そして、われわれもまた二元葛藤する世界（時空世界）に留まって、いつまでも苦楽や恩愛（関係）にしがみつき、あたら一生を無駄に使い果たす愚者であってはならないと戒めているのだ。しかもそれは、覚者（智者）のみが手にする世界ではなく、すべての人々の心の本源に拓かれてくるものなのだ。このように宗教とは、かつての聖賢たちが辿った不二一元論の世界（空劫以前の世界）へとそれぞれが帰って行くことであり、師資相伝とはその意味であって、師の教えを盲信し、ひたすら権威に盲従することではない。はしなくも、師のひとりである一休宗純に、あなたは

死ねばどこへ行くのですかと尋ねた者がいたのであろう。それに対して、彼は次のように答えている。

死にはせぬどこへも行かぬここに居る
たずねはするなものは言わぬぞ

『一休道歌』

死ねば「雲と登り、煙と消えて、むなしき空に影をとどむる人なし」と、仏者に言われるまでもなく、誰もが知っている。そして、残された者たちは彼（彼女）の亡骸を大事に持ち運び葬送の儀を執り行う。この永訣の悲しみをわれわれは何度も経験してきた。それを仏教は「愛別離苦」と纏め、四苦八苦の一つに数えたが、さすが覚者の一言は見事に真実を突いていると同時に、人間の余りにも浅はかな無知と愚昧さを暴き出しているように思われる。

生も死も幻想であり、自分は生まれたこともなければ、死ぬこともないと知った人こそ、真の師に値するが、「死にはせぬ」のは誰であろうか。もちろん、身心（仮我）からなる彼（一休）ではなく、それこそ生と死を貫いて存在する（厳密に言えば、空劫以前も、空劫以後も存在する）真の自己（本来の面目）であり、それはかつて生まれたこともなければ、死んだこともなく、また、進化を遂げてそうなったわけでもなく、あなたがどんな名と形（人間も含む）を取ろうが、また、六道のいずれをさ迷っていようが、いつまでも永遠にそうなのだ。だからこそ「法然の有」、すなわち法爾として存在するリアリティーであり、「金剛不壊の正体」なのだ。一方、真実ならざるもの（虚妄なるもの）だけが生じては、消えて行く。いわゆる生も、男女の縁（交媾）に随って存在したがゆえに（随縁の有）、終わるということがあるのだ。

次に、「どこへも行かぬここ」とは何処を指しているのだろうか。われわれは今この世（人界）へと生まれ、それこそ死ぬまで忙しく外を駆けずるが、本分の自己（金剛不壊の正体）は常に生と死（時間）を超えて、永遠に留まり（つまり、涅槃の床に住し）、われわれはそこから一歩も離れたこともないがゆえに、「どこへも行かぬここに居る」ということだ。この生まれたこともなければ、死ぬこともない、あるいは、始まりも無ければ、終わりも無い本分の自己（本来の面目）を、一休宗純は次のように詠んだ。

本来の面目坊が立ち姿
ひとめ見しより恋とこそなれ

『一休道歌』

本分の自己を知ったときの感激を、彼は一目惚れした恋人に譬えているのであるが（『無量寿経』の「顔貌端正にして、世に超えて希有なり。容色微妙にして、天にあらず人にあらず」という言葉を思い出してもらいたい）、それは比喩に終わるだけではなく、われわれの求めている究極の美が今ここに現成していることを示している。それは決して色褪せることのない永遠の美であり、絶対的に一つでありながら、全体を包む不生不滅の「独露全身」（悟元老人『百字碑註』）なのだ。そして、この露な剝きだしのリアリティーを一度見届けることができたら、幻影の世界（自心所現の幻境）は自ずと消えるが、悲しい哉、われわれには見えていない。白隠はそれを「如来清浄の真身」と言う。

悲しい哉、如来清浄の真身は、煥爛《かんらん》として目前に分明なること掌を見るが如くなれども、慧眼すでに盲たる故に、すべてこれを見たてまつること能《あた》わず。豈に言わずや、光明返照十方世界と。

白隠は「如来清浄の真身」を見てとれないのは、われわれが慧眼を失ったからだという。慧眼とはわれわれの衆生眼に対する仏眼（悟りの眼）のことであり、それを再び開発しない限り、見えてこない世界であるということだ。しかも白隠は、それを時間的・空間的にどこか遠くに見ているのではなく、目前に、「掌を見るが如く」に見ている。いずれにせよ、われわれの目は真実（光明返照十方世界）を捉えてはいないということだ。

白隠『遠羅天釜続集』

翻って、物を見るとはどういうことであろうか。われわれは普通、私（主）が物（客）を見ていると考えるが、実際は、自分の心を見ているに過ぎない（それを「見色即ち見心」という。色とは物のこと）。というのも、物（rūpa）はそれだけで存在しているのではなく、心（nāma）に因ってそこに在るかのように見えているのだ。今日の物理学で言うと、物（物理的な現象）にわれわれ自身の心が密接に関与しているとなろうが、一方、心もまたそれだけで存在しているのではなく、物に因って在るかのように思われているだけなのだ。このように、心も物も実際には在りもしないのに、相互に関係しながら在るかの如くわれわれに見えているのだ。

およそ見るところの色（物）は、皆これ心を見るなり。心は自ら心ならず、色に因るが故に心なり。色は自ら色ならず、心に因るが故に色なり。故に経に曰く、色を見るは即ちこれ心を見るなり（見色即ち見心）。

『馬祖の語録』

さらに、目に見えるものは何であれ、粗大だから見えているのであり、心の本源（心源）へと辿り、心が本来無、あるいは空であることを体験的に知れば、心だけではなく、物も消えてないだろう。その時、われわれは一体何を見ているのであろうか。結論から言えば、何も見ていない。つまり、心が消え去れば、見るもの（主＝心）と見られるもの（客＝物）はいずれも消えて無いのだ（私・世界・心のトリアーデ）。ところが、主客（心物）が二つながら無となる時、初めてわれわれは主客未分の一なるもの（究極のリアリティー）の認識に到達し（それを「不見の見、即ち真見」という）、この曇りなき透徹した心（無心＝真心＝心性）で以て見る時、見るものすべてが真実となる（挙体全真）。それはもはや心の鏡（フィルター）を通して見ていたものではない。世界は変わらないが、われわれが本より具えている空なる心の鏡（衆生本有の大円鏡智の鏡）に顕われた美の世界はやはり違うのだ。

心暗きときは（未だ心が無明の闇に閉ざされた妄心であるときは）即ち遇ふ所、悉く禍なり。眼明らかなれば（悟りの眼＝本心で以て見るならば）則ち途に触れて皆宝なり。

空海『性霊集』

生命の大河ながれてやまず
一切の矛盾と逆と無駄と悪を容れて
ごうごうと遠い時間の果つる処へいそぐ。
時間の果つるところ即ち涅槃。
涅槃は無窮の奥にあり、
またここに在り、

生命の大河　この世に二なく美しく、
一切の「物」ことごとく光る。

高村光太郎『生命の大河』

また、宋代の詩人・蘇東坡（一〇三六〜一一〇一）が「渓声便是広長舌（渓声すなわち是れ広長舌）。山色豈非清浄身（山色豈に清浄身に非ずや）」と詠んだように、谷川の水音も法（dharma）の声なら、四季折々に見せる山肌も清浄なる仏身（dharmakāya）に他ならず、彼には、見るもの、聞くものすべてが真理（dharma）として現前しているということだが、かく目覚めることが慧眼を開くことであり、この新たなビジョンを説明することは容易でないが、ただわれわれが見るという場合との違いなら説明はつく。例えば、十字架の聖ヨハネ（十六世紀に活躍したスペインの神秘思想家）が見ることを自然的視覚（vista natural）と超自然的視覚（vista sobrenatural）に分けたように（詳細は拙著『神秘主義の人間学―我が魂のすさびに―』参照）、われわれが見ているのは視覚（衆生眼）を通して見た二元相対する多様性の世界であり、これもまた超自然的視覚（慧眼）が捉えた美の写し（反映）なのではあるが、惜しむらくは永遠不滅ではない。

もう一つは、主客未分という表現の中にそのヒントがあり、現在、見るもの（主＝心）と見られるもの（客＝物）の間に距離、あるいは空間があるが、それはわれわれの心（分別心）に因って産み出されたものであり、この距離が自他・彼此という関係に基づくさまざまな問題を作り出してゆく。主客未分とはその距離（空間）なくして見るということであるが、その時、主客（心物）はいずれも消えてなく、正に光太郎が「この世に二なく美しく、一切の「物」ことごとく光る」と詠んだように、それは今まで目にしたことのない皓然たる美の世界（宝）となる（白隠が「悟るときは、十方世界草木国土を全ふして、直に是れ如来清浄光明の真身となる」と言ったことを思い出してほしい）。浄土（仏国土）とはこの慧眼が捉えた挙体全真（独露全身）の世界であるが、それがなぜ朽ちることのない永遠の美（宝）なのかも、同じ根拠に基づいている。というのも、われわれの心は空間だけではなく、時間をも産み出す元凶であるから、心の本源（本心＝無心）へと辿る時（それが瞑想の意味であった）、空間だけではなく、時間もなく、時空以前（空劫以前）の法然の有（法爾自然）へと復帰することになるからだ。

　このプロセスを自らの体験を通して見事に表現したのは、やはり無為自然の道を説いた老子であり、それは「根に帰るを静と曰《い》う。是を命に復ると謂う。命に復るを常と曰い、常を知るを明と曰う」の中に如何なく発揮されている。「常」とは永遠を意味し、「根」（本源）に帰ることが永遠の「命」（浄土教的に言うと、無量寿）に復帰することであり、それを知った者を老子は「明」に到達した聖人と呼ぶ。また、白隠が「因果一如の門ひらけ」（『坐禅和讃』）と言ったのも、この体験を語ったものである。というのも、因果とは時間概念であり、因（過去）と果（未来）が永遠の今において一つ（一如）になる、あるいは前後際断の一念（瞬間）に無時間、すなわち永遠の世界（法然の有＝一実の相であるが、白隠的に言えば「無相の相」）が開かれてくる。光太郎の言葉を借りるならば、「時間の果つるところ即ち涅槃」であり、それはここにも在るということだ。このプロセスを簡潔に纏めたものが、六祖慧能の法を嗣いだ、中国唐代の禅僧・青原行思の中に見られる。

①　山を見るに是れ山　（見）

② 山を見るに是れ山にあらず　（不見）
③ 山を見るにただ是れ山　（真見）

①は普通にわれわれが主客の関係で見るということである。もちろん、真実を捉えているのではないが、山は新緑に萌え、美しいが、時間と共に変化は免れない。②は主客（心物）がともに消える意識の深層において無（空）が現われ、物は存在しているけれども目は何も見ていない。究極のリアリティー（主客未分の一なるもの）はわれわれにとって初めは無（闇）のようにしか映らないのだ。それはわれわれが余りにも外側ばかりを見つづけてきたために、内側を見るには少し慣れが必要ということだ。③は無において全体と一つになったあなたの空なる心（無心＝真心＝本心）は再びものを捉えるようになるが、それは①で見ていたものではないが、さりとて全く異なるのでもなく、②のプロセス（瞑想）を経たものである。一念発起し、悟りへの道を辿り始めた者が③に到達できないまま、非日常的ないわゆる神秘体験を悟りの体験と誤解し、誇大妄想ともなるのは②の領域であるが、幸いにも、③に到達したあなたはこれまでのようにあなたの外にある物として見るのではなく、白隠が「万物を見ること自己の面を見るが如し」と言ったように、自己の中にすべてのものを見、すべてのものの中に自己を見ている。それを「一即一切、一切即一」（僧璨『信心銘』）というが、このように、自分が見ているものすべてが自分であると悟った時、人間と自然、自己と他者を隔てていた境界（分離）は消え、あなたは無境界（不二）の人となる。

それをかつて私は空海の言葉（『性霊集』）を捩《もじ》って、「五蘊の仮我が銷殞《しょういん》して無我の大我となる」と纏めたことがある。「無我の大我」は『大日経疏』の「内心の大我」に相当し、五蘊（色・受・想・

行・識）からなるあなたの自己（仮我）は消えて無我となるが、あなたは内心の大我（挙体全真＝独露全身）として蘇るという意味であり、この大我（paramātman）こそわれわれの「第一我」（真我）であって、仏に他ならないのだ。要は、私が存在しなければ（無我）、その後に仏（大我）が存在するということであるが、「生死を離れ、仏と成る」という実践的プロセスも、どうすれば私が仏に成るかということではなく、どうすれば私が無我（無自己）になるかということだ。

清浄空無我なるを　仏は第一我なりと説く
諸仏は我浄なるがゆえに　ゆえに仏を大我と名づく

『大乗荘厳経論』

われわれは「第一我」（大我）となって初めて「第一義」（真諦）を知るのであって、それ以前ではない。正に荘子の「真人有りて、後に真知有り」と軌を一にしているが、それ（真知＝真智）は新たな発見でもなく、いわゆる知識が増えたわけでもなく、周りで起こるすべてをただ映しているだけで、それは見ているのでもない。というのも、そこに見るあなたも（主）、見られるものもなく（客）、知ることのみがある。それが一切智の自己、すなわち仏（大我）であり、この一なるもの（第一我）だけが存在しているのだ。これがあるがままに見るということであり、あるがままに見ることができたら、それはもう悟りなのだ。

すると、仏教（宗教）における自己実現は、いわゆる自己の素質や能力を開発し、より洗練された自己に成長してゆくことではなく、むしろ老子が「吾に大患有る所以は、吾が身有るが為なり。吾が身無きに及んでは、吾に何の患有らん」と言ったように、自己（吾が身＝仮我）こそあらゆる混乱と患いの元凶であると理解し、大死一番、空・無我となって大我（真我＝真人）として蘇ることから始まる。キリスト教的には「古い人を脱ぎ捨てて、新しい人を着る」ということであるが、その時、仮我と真我、あるいは、古い人と新しい人は前後際断して、あなたは自らに根本的な変容を齎し、生もなければ、死もない本分の自己（真人）を知ることになるが、あなたは常にそれであったのだ（tat twam asi）。

これがあるがままのあなた（空劫以前の本来の面目）であり、古い人（仮我）から新しい人（真我）へと変容を成し遂げることが宗教に於ける自己実現であって、それをシャンカは自己認識（Atmabodha）と呼んだが、かく自己を知る時、われわれを悩ました人生の形而上学的な問題（公案）とすべての惨めさは消え、そこは二元葛藤（苦楽・悲喜・生死・善悪・幸不幸……）を超えた至福と充溢そのものなのだ。つまり、生死なき本分の自己（真人＝真我＝新しい人）を知ることが至福であり、人類が求めてきた真の幸福は所有や関係の中にあるのではなく、こんな身近なところにあったのだ。しかも、それはわれわれの努力に依っていつか未来に成就されるというのではなく、本より法爾として存在し、これら二元論の彼方にある「原初の境地」（gzhi）をチベット密教・ニンマ派は「大いなる完成」（Dzogchen）と呼んだが、この境地（それを心で言えば、心源＝心地＝心性となる）に辿り着けさえすれば、それでもう自らの徳性を実現したことになる。その上に、われわれが為すべきことも無ければ（無為）、また、何かに成る必要も無く、事は然るべくひとりでに起こる（自然）。

その徳性を仏教は「勝れた宝」、「如来蔵」、「衣裏宝珠」、「自家の宝蔵」、「功徳の大宝海」とさまざまに呼んだことはすでに説明したが、源信も「今すでに衣裏に珠を繋けぬ。何を以てか聖財に乏しと歎ぜんや」(『観心略要集』)と言ったように、それ(聖財)を知った(悟った)者にとって、その上に望むべきものなど何もありはしない。しかも、この聖財はすべての人々の内側（本源＝心源＝原初）に本より具わり、それを知った者を仏教は「全き人」、禅は「真人」、スーフィズムは「完全な人間」と呼んだが、そうなったら、二度とかつてのあなた（古い人）に戻ることはない。親鸞は「この法の徳のゆえに」、自ずと計らわれていくことを「無義の義」と言ったが、われわれの思惑（計算）や作為（意図）を離れた自然法爾の世界（法然の有＝自然の道理）を次のように纏めている。

「自然」というは、「自」はおのずからという、行者のはからいにあらず、「然」というは、しからしむということばなり。しからしむというは、行者のはからいにあらず、如来のちかいにてあるがゆえに法爾という。……「法爾」は、この御ちかいなるがゆえに、しからしむるを法爾というなり。およそ行者のはからいのなきをもつて、この法の徳のゆえにしからしむというなり。すべて、人のはじめてはからはざるなり。このゆえに、義なきを義（無義の義）とすと知るべしとなり。

親鸞『自然法爾の事』

親鸞の「自然法爾」はわれわれが自然として理解している世界（随縁の有）ではない、もう一つの法爾として存在する世界（法然の有）があるということだ。

ともあれ、内なる源泉（心源＝原初）へと辿り、見るもの（主）と見られるもの（客）が共に消えて一つ（一如）になる時、自他・彼此の関係はそこに無く、すべては一つ（一実の相）になる。言い換えると、自他・彼此を分けていたあなたは消えてもはや存在しないが、あなたは至るところに存在する。実は、ここから本当の意味の愛（それを仏教は「無縁の慈悲」というが、愛はわれわれが考えるような関係でもなければ、況や始まりがあり、終わりが来るようなものではなく、今やその人の存在そのものが愛なのだ）と平等と非暴力の思想が生まれてくる。なぜなら、あなたは人間を含む、存在するすべてのものと一つであることをそのとき知ることになるからだ（万物同根）。そして、かく目覚めた古の聖賢たちは自分だけではなく、すべてのもの（人間に限らない）がすでに悟りの只中に居ながら（つまり、涅槃の床に住しながら）、心（無明妄心）に欺かれ、ありもしない「生死の夢」に惑い、生々死々を繰り返す常没の凡夫に甘んじていると知って、多くは沈黙を守ったが（小乗の菩薩）、稀に祖師方のように、自らの解脱だけでなく（自利）、「無辺の生死海を尽くさんがために」（道綽の言葉）、説法獅子吼する大乗の菩薩となったのである（利他）。

このように自利・利他円満してゆくことが仏教（大乗仏教）といえるが、巷間、宗教者（仏教に限らない）はよく「救い」を口にする。しかし、今日のように高度経済成長を遂げた日本社会で満足しきって生活をしている者から見れば、反感を買うだけではなく、傲慢とも受け取られかねない。事実は、どんな人も（彼らも含む）常に涅槃の床に住しているのであるから、すでに「救い」の中に居るはず、救うべき人など本当はありはしないのだ。ただ、自然の道理に背き、ありもしない「生死の夢」から目覚めない限り、生死に迷う常没の凡夫に留まるというだけなのだ。確かに、釈尊は「眠れる者たちの中にあって、よく目覚めてあれ」と説きはしたが、はるばる関東から「往生極楽の道」（生死出ずべき道）を訊ねてきた門弟たちに、最後は「面々の御はからひなり」と親鸞が突き放したように、それはもう彼ら次第なのだ。

とはいえ、これまでわれわれは政治的、経済的、社会的に自由と豊かさを追い求め、それなりの満足が得られたかも知れないが、相も変らず日常生活の中で生き苦しさを感じているのではないか。時に感じる、どこにもやり場のない空しさと閉塞感は、われわれが遅れをとるまいと必死に守ってきた仮我（自己）からきている。というのも、仮我はわれわれにとって一寸した牢獄であり、その仮我が銷殞《しょういん》して真我（大我）として甦る時、あなたは真の自由を得、愛（慈悲）の人となる。そして、ここから世俗の倫理と仏教（宗教）の倫理の間に根本的な相違が生じてくるのだ。

そのヒントが江戸初期の禅僧・至道無難の「生きながら死人となりてなり果てて　思いのままにするわざぞよき」という道歌の中にある。しかし、死人となり果てて為すわざ（業）とは、一体どういう行為をいうのであろうか。この意味を理解しない限り、われわれの行為が、善悪ともども、生死の絆に結びつける業縁（カルマ）になるだけではなく、良くも悪くも、この地上に混乱と無秩序を齎すことになる。

まず、理解すべきは行為に二種類あることだ。それは自己（有我）から為す行為と無自己（無我）から為す行為である。文脈に沿って言えば、仮我（世俗の我）が為す行為と真我（真実の我）が為す行為と言えるだろう。しかし、仮我と真我の違いは、われわれが心の本源（心源）へと立ち帰り、真の自己（真我＝大我）を知るかどうかであり、それは大いなる死（大死一番＝前念命終・後念即生＝死ぬ前に死になさい）という錬成を経たものであった。無難が行為（倫理）というものを、およそわれわれには考えられない「死」と結びつけて語るのも、この宗教的秘儀を踏まえたものであるからだ。

もちろん、両者が為す行為は表面的には何も変わらないけれども、この前後に依ってその質は全く違ったものになる。前者の場合、何を試みようとも、その場限りの一時的なもので、深みも無ければ、本当の意味で善とはなり得ない（親鸞ならそれを「顚倒の善果」と言うだろう）。というのも、自己（仮我）の中心から為す行為（有為）の根底には常に保身（自己愛）があり、しかも、私でないものを妄りに私と思い、自己主張するというとても矛盾した動機に基づき、個人から組織（国家）に至るまで、利害を巡って絶えず敵対的バリアを作る。それは政治・経済から宗教（思想・信条）に至るまで、常に紛争と腐敗の原因になってきたことは、少し歴史を顧みれば明らかである。

一方、後者は「生きながら死人となりて」とあるように、自己（仮我）に死に果てて（無我となり果てて）、大我（真我）として蘇った者が、思うところに遵って何を試みようが、否、ことさら何かを為さなくとも、基本的に間違うということが無い。なぜなら、そこに為す人が居ないがゆえに（無為）、すべては「自然の道理」（タオ、自然法爾、一如の理、無為自然、大道……何と呼んでもいい）に適った、正にあるがままに計らわれ、その人の存在そのものが周囲の環境を自ずと整えてゆくことになるからだ（老子はそれを「無為にして為せば、則ち治まらざる無し」という）。言い換えると、もはや死に果てて、この世に属していない者（出世間の賢者）だけが、この世に愛と光と秩序を齎し、宗教が目指している真の智者（賢者）に値するということだ。

しかし実際は、この世に過剰にパラサイトし、どっぷり浸かっている世間の賢者と出世間の賢者は相互に愚者に見えるだけではなく（例えば、山里に独り侘び住いをし、子供と戯れている良寛など、察々たる世俗の賢者から見れば、愚者にしか映らないだろう）、前者が圧倒的に多いために、しかも彼らは、政治から学問まで、人類の繁栄と恒久平和のためにとても意義深いことをしているかのように思い、喋々と議論をするが、問題の所在すら理解していないために、問題はさらなる問題を生み、この世は徒に混乱するばかりで、何処にも行き着かない。今日、それはもう抜き差しならないところまで来ているようだ。

次に、行為に二種類あるということは、善にも二つあるということだ。仏教は、それを絶対善（無漏の善）と相対善（有漏の善）と呼ぶが、親鸞がどれだけ善行を積み上げようとも（つまり、自力修善に励もうとも）、その功徳によって生死を離れ、仏と成る（悟る）ことはできないとしたのは、後者について言われたものだ。禅の思想家・夢窓もまた「仏道と政道」（仏法と世法）を論ずる箇所で、有漏の善について、次のように言う。

いまだ心地（心性）を悟らざる人は、たとえ種々の善をなせども、皆有漏の善となるなり……。まず心性（心地）を悟りて、然《しか》る後に善根をば修せよとの由《よし》なり。心地を悟らざる人は、所作の善根、ただ有為の果報の因なるが故に、出離の要道とはならず。

夢窓『夢中問答』

われわれがまず目指すべきは心の本性（心性＝心地）を悟ることであり、その後に善を勧めているのであるが、実際は、本性を知った人が思いのままに為す行為（無為）だけが末通りたる善（無漏の善）になるということだ。逆に言えば、本性（心性）を知ることもなく為す行為（有為）、それがたとえ慈善事業や世界貢献であろうとも、すべては有漏の善であるがゆえに、「出離の要道」（親鸞の「生死出ずべき道」と同じ）とならないばかりか、善くも悪くも、ただ有為転変の原因となっているがゆえに、あなたはどこに行き着くこともなく、生々死々を繰り返す常没の凡夫に留まることになるとしたのは、夢窓の場合も同じなのだ。しかし、よく考えて欲しいのは、今日、心を明らかにし、心(心性)を悟ることなど(それを禅は「明心見性」という)、世俗の倫理から完全に抜け落ちているために、自他ともに迷いを深めるばかりで、世情は見るが如く徒に混乱し、それはこれからも変わることがない。

第5章　中有《バルド》における悟り

親鸞の宗教の実践的根拠は『無量寿経』の「信心歓喜、乃至一念（信心歓喜せんこと、乃至一念せん）。即得往生、住不退転（即ち往生を得、不退転に住せん）」にあった。つまり、信心（信楽＝真心＝一心）が開発される一念（瞬時）に、往生を得、現生（今生）に正定聚・不退の位（再び生死・輪廻の世界に戻り来ることがない不死の境地）に定まる。このゆえに、「臨終まつことなし、来迎たのむことなし。信心のさだまるとき、往生またさだまるなり。来迎の儀式をまたず」（『末燈鈔』）としたのであるが、実情は親鸞の思いとは随分と違っていたようだ。というのも、彼が晩年、弟子たちに送った書簡の中に「いまだ信心定まざらんひとは、臨終をも期し、来迎をもまたせたまふべし」（同上）と少々皮肉を込めて書いているからだ。この事実は、親鸞が如何に選び抜いた法（念仏の法門）であっても、やはり差し迫った死を前にした彼らに、信心の定・不定はおろか、どうしても拭い切れない死への不安と恐怖があったことを物語っている。それは今日のように、科学技術が発達した現代においても、何ら変わらないであろう。

もうひとりの重要な浄土の思想家・一遍も、心には「我心」（われわれが日常的に心と呼び、心理学が扱っているものであるが、それを彼は「妄想顚倒の心」（とした）と「本分の心」の二つがあり、前者ゆえにわれわれは、無始劫来、生々死々を繰り返していると言う。それゆえ彼の宗教が「南無阿弥陀仏と唱えて我心のなくなるを臨終正念という。このとき仏の来迎にあづかりて、極楽に往生するを念仏往生という」（『一遍聖絵』）であったのも当然であるが、往生について、次のような記述が見られる。

他力称名の行者は、この穢身《えしん》はしばらく穢土にありといえども、心はすでに往生をとげて浄土にあり。この旨を面々に深く信ぜらるべし。

一遍『播州法語集』

専修念仏に勤め、心（我心＝妄心）が無くなる時が臨終であり、その時、仏の来迎に与り（入我我入し）、あなたの本分の心（真心＝信心）はすでに往生を遂げて浄土にあるから、実際の死に臨んで来迎の儀式など必要ないと彼は言う。しかし、幸いにも、あなたが今生において、往生の素懐を成し遂げたとしても、あなたの穢身（六道の苦身の一つである人身）はしばらく穢土（この世）に留まることになるが、その終わり（死）は、ルーミーが「光へと通じる死があるのだ。墓の中に入るような死ではない」と言ったように、ただ穢身（肉体）を脱ぎ捨てるだけであって、そこに恐れもなければ、悲しみもなく、むしろ死は、肉体という一種の軛を離れ、大いなる開放の時になるであろうということだ。

宗教が死を看取るターミナルケア（ホスピス）をいう場合、本来は「死ぬ前に死になさい」（スーフィズム）、「大死一番」（禅）、「前念命終・後念即生」（浄土）という宗教的秘儀を経たものでなければばならない。死に臨んで、死に逝く者と残る者たちがただ死を共有するだけではなく、為すべきこと（浄土教的に言うと、往生の大事）は死ぬ前に為されていなければならないということだ。

この「死と再生」という仏教に限らず、宗教が死をいわば臨終から引き離し、「死の練習」であるとしたのもそのためであるが、そんなことを耳にしたこともない多くの人々にとって、結局、死に臨んで慌てふためき、混乱と恐怖は避けられないだろう。来迎の儀式（ターミナルケア）も空しく、今生で為した業縁に牽かれて、冥々と黄泉の路を独り辿ることになる。

死に臨みて奈河《だいが》を渡るに　誰か是れ嘍囉《ろうろ》の漢ぞ
冥冥たる泉台（黄泉）の路　業に相い拘絆《こうはん》せらる

『寒山詩』

聖道・浄土、あるいは自力・他力を論じるのもいいが、浄土門における大事現前（往生の大事）は臨終を待つのではなく、今ここ（現生）で正定聚・不退の位に定まっているかどうかがわれわれ一人ひとりに突き付けられているのだ。それは浄土教に限らず、死ぬ前に死んで「不死の境地」に辿り着いているかどうかは、どの宗教も同じなのだ。しかし、親鸞が配慮を示したように、多くの浄土の信者は信心（真心）が定まらないまま、不退の境地（不死の境地）に至ることもなく、臨終を迎えることになるであろう。それは見性することなく、人生を終える禅門の人々も同じである。なぜなら、浄土門でいう往生と禅門でいう見性は生死に迷うわれわれ衆生が今生で果たすべき一大事（大事現前）であるからだ。

人の今生と思えるは、前世に後生と思いし世なり。今また、後生と思えるは、後世の今生なるべし。

夢窓『夢中問答』

親鸞が「後世」を問題にしたように、夢窓もまた、われわれのいのちが前世・現世・後世（前生・今生・後生）と続いていることを分かりやすく説いている。死後（後世＝後生）があるかどうかは誰もが一度は抱いた問いであろうが、今のあなたには残念ながら後世（後生）はある。なぜなら、この身体（肉体）が終われば、私のすべては無くなってしまうとあなたが考えているとしたら（多くの人々は間違いなくそう考えている）、明らかにそれは、あなたが真我（本来の面目＝内心の大我＝金剛不壊の正体）を知らず、自分自身を肉体と同一視していることの証拠であり、この錯誤と無知が後生（順次生）へと続いて行く主たる要因となっているからだ。事実、死は偽りのあなた（仮我）を終わりにさせ、真実のあなた（真我）を知るまたとない機会になっているのであるが、そうという理解もないまま、あなたは次から次へと形を変え、真我（本来の面目）を知るまで、生々死々を繰り返すことになるからだ。

死から次の誕生（後生＝順次生）までの間を仏教は中有（Antarabhava）というが、生死・輪廻する存在のプロセスを『倶舎論』を著した世親は本有・死有・中有・生有の四有に分ける。また、チベット仏教・ニンマ派に伝承されてきた『チベット死者の書』（バルド・トゥドル）は中有をバルド（Bardo）と呼び、死者がバルド（中有）を通過する間に導師（仏教僧）が彼（彼女）の枕元で語り掛け、悟りに向かわせるための経典であるが、そこでは中有のみをバルドとするのではなく、バルドに六つあるとし、それを世親の四有と対照させると、次のようになる。

①　存在のバルド　〈本有〉
②　夢のバルド
③　瞑想のバルド
④　死のバルド　〈死有〉
⑤　法性のバルド　〈中有〉
⑥　再生のバルド　〈生有〉

存在のバルド（本有）は「母胎より誕生してこの世に生きる姿のバルド」と言われるように、われわれが今いる処（世間）であり、ここもバルドなのだ。そしてバルドには、未だ至るべきところに到達していないという意味があり、われわれは今、生死の世界（世間＝此岸）にあって、本来在るべき涅槃の世界（出世間＝彼岸）に未だ到達していないということだ。あるいは、世間と出世間の違いはわれわれが「世俗の我」であるか「真実の我」であるかの違いであったから、バルドとは母胎より誕生した「仮初の一身」（仮我）を私と思い、未だ「本来の面目」（真我＝大我）を知るに至っていないということでもある。

そして、ここまで縷々述べてきたのはすべて、存在のバルド（本有）において、如何にして真我（大我）を知り、サンサーラの世界（此岸）からニルヴァーナの世界（彼岸）へと渡って行くかということであったのだ。しかし、その可能性（仏性）はあっても、必ずしも容易でないことは、われわれが今に至るまで生死・輪廻を繰り返していることからも明らかであるが、存在のバルド（今生）において、稀に悟りを得るということがあるように、その他の五つのバルドすべてが生死に迷うわれわれにとって、悟りの、あるいは成仏の機会ともなり得ると教えているのが、『チベット死者の書』なのだ。その中でも『死者の書』は④死の瞬間から⑤を経て⑥再生のバルドにある者に聞（トエ）による解脱を説く、文字通り死者のための経典なのである。

死は人間にとって最も避けたいものであるが、無明から始まる生に老死は避けられなかった（十二支縁起）。しかし、今生（存在のバルド＝本有）において、幸いにも、真理（真如）を悟ることができたら（源信の言葉を借りれば、「真如を我が身なり」と知ることができたら）、あなたは真理の身体（真身＝法身＝大我）を得て、死に続くバルドをさ迷うことなく、本源の世界（法然の有＝法性の都）へと帰り、二度とこの世（娑婆）に空しく戻り来ることはない。しかし、多くの人の場合、機根描く、辿り着いた死後の世界は自らのカルマ（業縁）に随って、次々と現われる幻影に惑うイマージュの世界となる。

ともあれ、今生（本有）で悟りを得た者も、得られなかった者も、またそんなことに全く関心のなかった者も終には死ぬ。父母から享けた肉体は（五蘊の仮我、それはまた六道の苦身の一つでもあった）、いずれその機能を終える時が来るのだ。そして、これら三者は三様の死を迎えることになるが、私がここで問題にしたいのは、覚者でもなければ、生前、仏教（宗教）を蔑ろにしてきた者でもなく、両者の間にあって、悟り（往生の大事、あるいは見性）を得ることができなかった者にとって、死と次の誕生（順次生）までの間も悟りのチャンスがあることを、『チベット死者の書』に依りながら素描することなのだ。なぜなら、『死者の書』は六つあるバルドの中でも特に④⑤⑥のバルドについて詳しい記述が見られ、死のバルド（死有）から、法性のバルド（中有）を経て、再生のバルド（生有）に至る四九日間が描かれている。果たして死とそれに続くバルドは如何なるものであろうか。

（1）死のバルド（死有）

意識が次第に薄れ、あなたの体が重く、深い闇の中に落ちて行くように感じられる死のバルドにおいて「根源の光」があなたの前に突然現われてくるであろうと『死者の書』は云う。「無明の闇」を突き破る死の光明があなたの内なる実存を照らし出すとき、一瞬にして生の源泉は開示され、あなたの意識は色もなければ、形もない空性の大楽に包まれる。この意識の根源（一心の本源）は始めもなければ、終わりもない永遠の光であり、仏性に他ならない。しかし、仏性はあなたの本性（自性＝心性）であるから、それと一つになることができたら、あなたはダルマカーヤ（dharmakāya＝法身）を得て解脱する。それ以後あなたは、バルドはもちろんのこと、再び空しく生死・輪廻するこの世界（世間）に戻り来ることはない。

すると、死の瞬間（死のバルド＝死有）は、できる限り死を避けようと手を尽くすが、結局は力尽きて命終わることになる多くの人々の場合はもちろん、今生において仏教（宗教）を蔑するばかりか、早々と死はすべての終わりとする愚者（世俗の賢者というべきか）の場合も、等しく悟りの機会になっていることが分かる。要は、早まって自死する者も、死刑を望む囚人も、死のバルド（死有）の中に入れば、すべては同じプロセスを辿るということだ。

死に対して、われわれは消極的・否定的態度を取るけれども、死の瞬間は悟りの、あるいは自らの本性（本来の面目）に撞著するまたとないチャンスになっているのだ。とはいうものの、事はそれほど容易ではなく、死についての誤った思い込みが災いして、多くの場合、人は死に臨んで、混乱と恐怖は避けられないだろう。

その原因を、ややもすると家族やあなたが今生で築いた地位や財産を残して、独り去り逝く悲しみや恐れにあると考えるかも知れないが、それだけではない。肉体を構成している四大元素（地・水・火・風）が分解し始める正に④死の瞬間、あなたの心（妄心）がその虚空（無）の中へと消え、永久に終わってしまうのではないかという恐怖なのだ。というのも、われわれの最も根強い願望は自己保存欲、すなわち生きんとする盲目的意志（心）であり、その心が肉体の崩壊と共に根底から脅かされることになるからだ。このように、死の恐怖は肉体そのものに起因しているのではなく、あなたの心の死と関係しているのだ。

ところが、死はあなたの本性（自性＝仏性）が開示され、真我（大我）と撞著するときでもあるから、死の恐怖は、豈図らんや、あなたが真我（それは仏に他ならないのだが）に目覚めようとする正にその時、それを恐れるあまり無意識に心（妄心）にしがみつくという、とても矛盾した選択なのだ。死のバルド（死有）における恐怖は存在のバルド（本有）で説明した大いなる死（大死）を通して真我（本来の面目）に撞著する「死と再生」と同じプロセスであり、違いは、今生（存在のバルド＝本有）においては、われわれが意図的に死の中に入って行くのに対して、後者は半ば強制的にその死（自我の死）と対峙させられる恐怖なのだ。

従って、この死に恐怖することなく、無（空）の中に自らを解き放ち、根源の光と一つに溶け合うならば（入我我入するならば）、今生における大いなる死の体験（大死＝無我の体験）が悟りともなるように、死の瞬間（死のバルド＝死有）はあなたが自らの本性（自性＝仏性）に目覚め、仏とも成って、もはや生死に迷うことのないダルマカーヤ（法身）の悟りを得る瞬間ともなっているのだ。もちろん、それを知るのは、生前（存在のバルド＝本有）、死の中に深く入って行った者、かいつまんで言えば、瞑想などを通して「死の練習」に取り組んだ者に限られる。つまり、為すべきことはすべて死ぬ前に為されていなければならないということだ。そうでなければ、われわれは死に臨んで、死の光明を捉えることはおろか、死が悟りの機会となっていることも分からないまま、死のバルド（死有）を通過することになる。

このように『死者の書』は、われわれが死をタブー視し、ネガティブなものとして捉えているのとは全く逆に、死をポジティブに捉え、善人・悪人の別なく、死の瞬間（死のバルド＝死有）は悟りの、あるいは解脱の機会となっているから、その時を逃してはならないと教えているのだ。ところが、そう簡単に事が運ばないと言うのも『死者の書』であり、生前（存在のバルド＝本有）の越し方にも依るが、死の瞬間のバルド（死有）において、すべての人に平等に現われる死の光明を捉えられる人は殆どいない。残念ながら、悟りの機会を逃したあなたは自らのカルマ（業）に牽かれ、次の法性のバルド（中有）へと流れ行く。

（2）法性のバルド（中有）

死のバルド（死有）で悟りを得ることができなかったあなたは、このバルド（中有）でもさまざまな光や幻影を見ることになる。もちろん、それを見ているあなたはもはや生前の身体（肉体＝五蘊の仮我）ではなく、「中有の身」と呼ばれるものであり、それは心（意識）から成る身体という意味で「意成身」とも言われる。すると、われわれには少なくとも二つの身体があることになる。一つは四大（地・水・火・風）からなる肉体（粗大身、キリスト教がいう土の器）であり、もう一つは微細な五蘊からなる意成身（微細身）である。死を身体論で言えば、粗大身を脱ぎ捨てて微細身を現わすとなるが、死がすべての終わりと高を括っていた無知の輩が、バルドにおいて混乱を来たす理由もここにある。それは早まって自殺を選ぶものにも言える。ともあれ、死のバルド（死有）で悟りを得ることができなかったあなたは、法性のバルド（中有）へと退転することになるが、このバルドをなぜ〈中有〉というかについて、世親が説明を加えているので、まずそれを見ておこう。

何の法を説きて、中有と名くるや。何によりて、中有はすなわち生と名くるに非ざるや。頌に曰く、

死と生との二有の中の　五蘊を中有と名く
未だ至るべき処に至らず　故に中有は生に非ず

論じて曰く、死有より後、生有の前にありて、すなわち、かの中間に、自体ありて起こり、生処に至らんがための故にこの身を起すなり。これは二趣（死有と生有）の中間なるが故に、中有と名く。この身すでに起こる。何ぞ生とは名づけざるや。生とはいわく、当来まさに至るべきところの処なり。所至の義によりて生の名を建立する。この中有の身は、その体起こると言えども、しかもいまだ彼に至らざるが故に、生とは名けざるなり。

世親『倶舎論』

生処とは次に生まれる処（順次生）という意味で、天・人・修羅・畜生・餓鬼・地獄（六道＝六趣）のいずれかを言う。そうして、中有（法性のバルド）が死有（死のバルド）と生有（再生のバルド）の中間に位置し、そこに生じた身体（中有の身）は未だ至るべき生を得ていないので（具体的には、六道のいずれかの生を未だ享けていないので）、生（生有）とは言わず中有と言う。要するに、死有と生有の中間領域が中有（Antarabhava）であり、そこをさ迷うあなたはまだ順次生の身体ではなく、中有の身体であるということだ。

『死者の書』は死のバルド（死有）で解脱することのできなかったあなたは、法性のバルド（中有）においても、あなたを錯乱させるさまざまな幻影（寂静尊と忿怒尊）を見ることになろうと言う。しかし、その幻影はあなたの生前の文化や伝統に基づく行為（カルマ）によってさまざまで、必ずしも、チベットの風土と文化を背景に書かれた『死者の書』に登場する仏たちではない。もしあなたが浄土の信者なら阿弥陀仏を、キリスト教であればイエスやマリアの像が現われてくるかもしれない。いずれにせよ、法性のバルド（中有）で現われてくる幻影はすべてあなたの意識（心）が投影したものであると知ることが大切なのだ。

法性のバルド（中有）における経験に類似したものを挙げるならば、それは夢（のバルド）であろう（瞑想の中で神や仏など、さまざまな幻影を見るのも同じであるが、今は扱わない）。夢の場合、夢を見ているあなた（主）と夢（客）が共にあなたの心（意識）が投影した幻影であるとあなたは経験から知っているはずだ。目を覚ませば、夢はもちろんのこと、夢の中で悪夢（としておく）と格闘していたあなたも消え、それらが共に仮有実無であったと知るが、目を覚まさない限り、悪夢は続いていくように、今、あなたの目の前に現われている幻影（異形のもの）が自分の意識が投影したものであると気づかない限り、それに恐れをなし、逃げ惑うことになりかねないのは夢の場合と同じである。そこで、見るもの（主）と見られるもの（客）が、いずれもあなたの意識が投影した幻影であり、それらが共に無であると知って、それと一つ（主客未分の一如）になることができたら、あなたはサンボガカーヤ（sambhogakāya＝報身）を得て仏となる。それ以後、あなたはバルドをさ迷うこともなければ、再び生死の陥穽に淪むこともない。しかし、そうできなければさらに次のバルドへと流れ行く。

（3）再生のバルド（生有）

死有と中有で解脱することのできなかったあなたの意識は最後の生有（再生のバルド）へとさ迷い行く。今こそ惑わされることなく、どのような幻影が現われてこようとも、すべては自分自身の意識が投影したものと悟ることができたら、あなたはニルマーナカーヤ（nirmanakāya＝応身）を得て、解脱できるであろうと『死者の書』は言う。しかし、殆どの人の場合、生前のカルマ（業縁＝行為）の力（薫習＝潜在力）によって、錯乱させるさまざまな幻影が現われ、それに恐れをなしたあなたは、「私はこんなに苦しいのだから、どんなものに生まれてもかまわないから、早くそのものになりたい」と考え、何であれ、現われてくるものの方に近づき、再び自らの業（カルマ）に相応しい六道のいずれかに生まれることになる。

以上、三つのバルド（死有・中有・生有）を振り返ると、それぞれにおける悟りが仏の三身である法身・報身・応身に対応していることが分かる。死有（死のバルド）における悟りは色もなければ形もない光である法身（dharmakāya）そのものの悟りの体験になり得るが、それが容易ならざることは、われわれの側にそれを知るだけの用意が出来ていないことに依る。況や、死はすべての終わりと高を括って、死に臨む愚か者（自殺者を含む）に悟りなどあり得ないだろう。ともあれ、死有（死のバルド）において、法身を悟ることができなければ、次の中有（法性のバルド）ではさまざまな色や形で荘厳された報身（sambhogakāya）が現われてくる。しかし、そこでも悟りの機会を逃すと、生有（再生のバルド）では六道のいずれに生まれるかによって、見るところも同じではないが、それらは麁色からなる応身（nirmanakāya）なのだ。しかし、ここでも悟ることができなければ（殆どの人の場合ということになるが）、いよいよあなたは六道のいずれかに再び生まれることになる。

余談になるが、死有・中有・生有と辿るプロセスが、先にわれわれの毎日は深い眠り（sleeping）・夢（dreaming）・目覚め（waking）の繰り返しであると説明した「三態」に酷似していると知る人は少ない。まず、死有が悟りの瞬間ともなっていたように、深い眠りに陥る瞬間もそうであるとも知らず、われわれは無意識の裡に素通りし、只管《ひたすら》、死んだように眠ってしまう。次に、深い眠りから夢見の段階に入ることは、中有でさまざまな幻影を見ることに対応している。そして最後に、夢も終わり、一日が始まる日覚めの時は、生有を経て、再びこの世界に舞い戻って来ることに対応しているのだ。そうすると、死の瞬間が悟りの機会となっているだけではなく（これは生涯に一度である）、毎日、眠りに就く瞬間もまた悟りの機会になっているとしたら、一日一日を悔いなく生きるなどと宣《のたも》う大人（世俗の賢者）を見ていると、滑稽ですらあるが、この世とはそういうところなのだ。

ともあれ、三つのバルド（死有・中有・生有）でも悟ることができなかったあなた（中有の身）が、恐怖と錯乱の果てに辿り着く一つの可能性が子宮であり、かくしてあなたは再び肉体（粗大身）を纏い、物質からなるこの世界（本有＝存在のバルド）へと舞い戻ってくることになるのだ。

　母胎に入るは、要ず三事のともに現前するによる。一には母の身がこの時調適すること、二には父母の交愛和合すること、三には中有の身の正しく現前することなり。

世親『倶舎論』

　産むこと、また生まれることには三つの条件が調わなければならないが（われわれの認識では、産むことに二つの条件が必要とされるが、一方、生まれることに条件など無いことに注意）、『死者の書』は、もしあなたが男性として生まれるときは、母に愛着を持ち、父に対して激しい敵意を抱くであろう。もし女性として生まれるときは、父に愛着を持ち、母に対して激しい敵意を抱くであろうと言うが、ここではもう一度、世親の言葉を引用しておこう。生前の身体（肉体＝粗大身）にはなく、神通力を具えた中有の身（意成身＝微細身）が繰り広げる倒錯した愛憎の関係をよく描いているからだ。

　是の如き中有は、生ずる所に至らんがために、まず倒心を起して、欲境に馳趣す。彼は業力の起すところの眼根によりて、遠方に住すと雖も、よく生処の父母の交会するを見て、転心を起すなり。もし男ならば母を縁じて男の欲を起し、もし女ならば父を縁じて女の欲を起こし、これに翻じ二を縁じて、ともに瞋心を起す。

世親『倶舎論』

あなたが次に生まれる生処、すなわち男女（父母）の交会するのを見た時、『死者の書』は文字通り最後のチャンスに期待をかけて、あなたに言う。「今まで私が輪廻しさ迷ってきたのも愛着（愛）と敵意（憎）の二つの気持ちに振り回されて来たためである。今また、ここでこのように愛着と敵意の気持ちを持つならば、果てしなく輪廻しつづけることになるだろう。今こそ愛着も敵意も捨てよう」と。しかし、そう考える余裕もなく、カルマの風に吹かれて、否応なく子宮の中に入り、再び釈尊が言うところの、生・老・病・死の四苦からなる世間へと舞い戻ってくることになる。終わりは始めへと続く、この果てしない流浪の旅をサンサーラ（生死流転）という。

おほよそ本有より中有にいたり、中有より当本有にいたる、みな一刹那一刹那にうつりゆくなり。かくのごとくして、わがこころにあらず、業にひかれて流転生死すること、一刹那もとどまらざるなり。

道元『正法眼蔵』

どんな人も自らの業縁（カルマ）に牽かれ、半ば必然的に生まれて来たのであるが、人は生まれてしばらくの間、心は邪気が無く、未だ自己という観念すらない純粋無垢の状態に揺蕩っている。それは正に無心（innocence）と呼ぶに相応しいが、「そのままに生まれながらの心こそ　ねがはすとても仏なるべし」と一休宗純が言ったように、それ（無心）は仏に他ならない。しかし、ほどなく自我意識が目覚めると共に自他、あるいは私と私のものという区別（執着）が始まり、いずれ社会（教育システム）に組み込まれ、多くの人々に伍して物質的・精神的に自分が生き延びるために、自己主張をし、相争うことにもなるが、それを持ち込むのが心（分別心＝思考）であり、それがわれわれを支配するようになると（現在そうなっているのだが）、無垢な心（無心＝真心）はその背後に隠れてしまう。しかし、「有心は生死の道、無心は涅槃の城」（一遍の言葉）であったから、われわれ大人もかつて「涅槃の城」に住んでいたはずなのに、もっと言えば、仏であったはずなのに、今は生死に迷う凡夫に成り下がっているとはどういうことか。

確かに、幼い頃、われわれは涅槃の床に住していたが（今もそうなのだが）、それに気づくこともなく、やがて無心の中に、心（思考）が生ずると（無明の忽然念起）、無心は二元葛藤する思考（分別心）の雲に覆われ、頭だけでっかくなって（良く言えば、機を見るに敏で）、それ有ることを忘れてしまっているのが分別ある大人と言えるだろう。そうすると、無邪気さ（innocence）は悟りを伴わない涅槃であり、十方に慈光が溢れ、その真っ只中で悩む自己もなく揺蕩い、安らかに眠っているようなものである。それにひきかえ、自我を発達させ、日々些事に心は乱れ、計算高い大人はそう眠れないだけではなく、時に寝付くことさえ難しくなる。それゆえ問題は、それ有ることを自覚的に知る（悟る）かどうかであり、古の聖賢たちが「覚悟何れの時ぞ」とわれわれを勉励していたのもそのためである。

ともあれ、悟りでもなければ、迷いでもない揺籃の時期が過ぎた今、縷々説明してきたように、われわれはもう一度かつての幼子の無心（innocence）を取り戻すべく、心（有心）から心の本源（無心）へと覚醒の道を辿ることになるのだ。キリスト教が「心を入れ替えて子供のようにならなければ、決して天の国に入ることはできない」（『マタイの福音書』）と言った意味もここにある。

翻って、良くも悪くも、社会の基本に男と女があり、これまで実に多くのことが語られてきたが、これらの文献を見る限り、男と女がどういう役割を果たし、新しい生命が生まれてくるとはどういうことかを考える一つのヒントにはなろう。しかし、釈尊が「母胎から他の母胎へと生まれ変わり、暗黒から暗黒へと赴く」(『スッタニパータ』)と言ったように、本有から死有を経て中有に至り、中有から生有を経て、再び生死際なき輪廻の世界(当本有=存在のバルド)へと舞い戻ってくるのであるから、釈尊が死だけではなく、なぜ生まれることにこだわり、四苦(生・老・病・死)の一つに数えたか、少しは理解されるであろう。また、この生命が本質的に新しくないことは死有(死のバルド)から始まる一連のプロセスを見れば明らかで、さらに空海(真言密教)や夢窓(禅)が一切の衆生は(衆生とは、人間を含む生きとし生けるすべてのものを指す言葉であることに注意)、かつて一度は父母(男女)であり、親子であったろうという指摘も随分と具体性を帯びてくるではないか。夢窓は『心地観経』を引用し、空海もまた次のように言う。

有情(衆生)の輪廻して六道に生ずること、なほし車輪の終始なきが如し。あるいは父母となり、男女となり、生々世々に互いに恩あり。

『心地観経』

吾、是れ無始より已来《このかた》、四生六道の中に父と為り、子と為る。何れの生をか受けざらん。何れの趣にか生ぜざらん。若し慧眼を以て之を観れば、一切の衆生は皆是れ我が親なり。

空海『性霊集』

真言と禅だけではなく、浄土も「一切の有情は、みなもって世々生々の父母兄弟なり」(『歎異抄』)

と言ったように、われわれ人間（衆生＝有情）が縦（連続性）にも、横（連帯性）にも如何に密接に結びついているかをよく示している。ただ慧眼（悟りの眼）を失ってしまったがゆえにそうは見えていないと空海は言うが、もし本当にそう見えていたら、時に目にするエゴ（自我）剝き出しの社会（人間関係）は全く違ったものになっていたであろう。しかし、それもこれも生死に迷うわれわれ衆生（人間だけではない）について言われているのであって、仏教はそこに留まるものではない。例えば、『法華経』が説くように、諸仏はわれわれ衆生をして仏知見（慧眼）を開き、涅槃（悟り）の世界へと入らしめるという「一大事因縁」を以てこの世に現われて来るのであり、浄土教的に言えば、「曠劫多生の間には、父母にあらざる者もなし。万の衆生を伴いて、はやく浄土にいたるべし」（『一遍聖人語録』）とあるように、われわれが目指すべきは生死を離れ、早く涅槃の都（浄土＝仏国土）へと帰って行くことなのだ。

更に、生に意味が有りや無しやと騒いだところで、また、一度限りの人生を悔いなく生きるなどと仰々しく言ってみたところで、元を糺せば、あなたの与り知らない動物時代から引き継いだ男女和合の一瞬（一念）ではないか。性は生の本源だけではなく、死の本源でもあるが、生死に迷う流浪三界のこの世界（世間）も所詮は男女の妄愛（迷情）が造り出した幻影の世界（愛染妄境）に過ぎない。

生死本源の形は男女和合の一念、流浪三界の相は愛染妄境の迷情なり。男女形やぶれ、妄境おのずから滅しなば、生死本無にして、迷情ここに尽きぬべし。

『一遍上人語録』

愛染妄境のこの世（世間）に留まる限り、われわれは愛の悲喜劇から逃れることはできない。しかし、男女の形が破れる、つまり、男女二つながらの源である一元性の世界へと帰り、あなたが男と女を一つにして、男を男でないように、女を女でないようにするならば（『トマスの福音書』）、愛染の妄境界は自ずと消え、迷情は尽きて、生死なき本分の世界（出世間）がそこにある。白隠はそれを「妄想思量の境（愛染妄境）を打越し、前後際断の工夫現前して、男にあらず、女にあらず、賢にあらず、愚にあらず、生あることを見ず、死あることを見ず……身心ともに消え失せる心地」（『藪柑子』）と表現したが、そうなったら、あなたは男でもなければ、女でもない、あるいは、そのいずれでもある身体（清浄の色身＝金剛不壊の正体）を得、絶えることのない歓喜の中に在る。そうなったら、再び愛染妄境のこの世界（世間）に戻り来ることもなければ、娶ることも、嫁ぐこともない（イエスの言葉）。

このように男と女だけではなく、賢と愚・生と死・身と心……すべての二元性が消え失せる本源（心源＝心地）へと辿り、生死なき本分の自己（真身）として蘇った者を宗教は真実の我（仏教）、本来の面目（慧能）、一無位の真人（臨済）、内心の大我（空海）、自然虚無の身、無極の体（親鸞）、金剛不壊の正体（白隠）、新しい人（キリスト教）、真の自己（グノーシス）、完全な人間（スーフィズム）、無漏身（劉一明）などさまざまに呼ぶが、あなたは常にそれであったのだ。ということは、あなたは男でもなければ、女でもなく、人間ですらなかったということだ。

かつて私は、上記の如く復活を成し遂げた者を宗教的セリバシー（独身者）と呼んだが（拙著『神秘主義の人間学―我が魂のすさびに―』第二章参照）、いわゆる独身者が宗教的セリバシーであるとは限らないように、また既婚者がそうなれないのでもない。いずれも「死と再生」という宗教的秘儀を経た人たちであったのだ。ところが、いつまでも一人の宗教者が戒を破って妻帯したことを大仰に取り上げ（これでは本人もばつが悪かろう）、在家仏教だ、凡夫の宗教だなどと言挙げするばかりでは、問題の本質はおろか、根本的な解決の糸口さえ見えてこないであろう。

われわれは今、無明ゆえに（キリスト教的に言えば、堕罪ゆえに）、ゆくりなくも愛染妄境の世界に生を享け、自分を男（女）と見まがう過ちを犯しているのであるが（『維摩経』は言う、「一切諸法は男に非ず、女に非ず」と）、その盲信を打破するならば、男女の迷情は自ずと尽き、生死なき本分の世界へと帰って行く。しかし、三界流浪の男女の遠く及ばない世界であるようだ。何人も愛の道具であり、また犠牲者なのであるから。

更に言えば、産むことが、また生まれることが手放しで喜べないだけではなく、正に生まれ落ちるその瞬間から（より正しくは、自我に目覚めるその時から）、再生のバルド（生有）で引き摺ってきた倒錯した愛憎そのままに、再び存在のバルド（当本有）を始めることになる。果てしなく続く生死・輪廻の根源に愛（男女和合の一念）があるとする彼らの指摘を、今日、われわれはどう理解すべきか大きな課題であるが（すでに説明したように、愛と言えば、もう一方に憎があり、われわれは今、この二元葛藤する世界に生きている）、増長する愛（愛染妄境の迷情）がさらなる無明と昏迷を深めることになってはいないか、あなたに考えて頂くとして、ここでは親鸞の言葉を引用し、私はこれ以上は口をつぐむ。

恩愛はなはだたちがたく
生死はなはだつきがたし

親鸞『高僧和讃』

『死者の書』は、死と次に生まれる（順次生）までの間、多くの者たちが道（バルド）の途中でさ迷うことになるから、四九日の間、死者の魂（中有の身）を教え導くことを目的に編まれた経典である。しかし、殆どの人々はここでも悟ることはできず、結局は男女交愛の幻影に惑わされ、再び子宮の中へと入る。かくして、われわれは生と死（時間）からなる物質世界を捉え、再び四大・五蘊からなる血肉のからだ（粗大身）を纏って、また一から営々と生業に勤しむ。もちろん、ここが仮の住処とも知らず、終の住処を築くべく人は精を出す。

われわれが今、人間として生まれてきたのは、本有（前生）はもちろんのこと、死有・中有・生有と、悉く悟りの機会を逃してきたなれの姿なのだ。そうとも知らず、喋々と人生を騙る人の何と多いことか。「此に死し、彼に生き、生死の獄出で難く」と言った覚者の嘆きが聞こえてきそうである。しかも私は、順次生（後生）は当然人間であるかのように話を進めてきたが、そうでないことは、源信の次の言葉からも明らかである。

それ一切衆生、三悪道（畜生、餓鬼、地獄）をのがれて、人間と生るること大いなる喜びなり。身はいやしくとも畜生におとらんや。家まずしくとも、餓鬼にはまさるべし。心におもうことかなわずとも、地獄の苦しみにくらぶべからず。世の住み憂きは厭うたよりなり。

源信『横川法語』

彼は、三悪道を逃れて人間として生まれたことは喜ばしいことではあるが、人間（六道の苦身の一つであるに人身）として生まれたことが良いとは言っていない。道元が「人人皆仏法の器なり。人界の生は皆なこれ器量なり。畜生等の生にてはかなうべからず」と言ったように、他の五道（天・修羅・畜生・餓鬼・地獄）に比べれば、仏道を歩む上で人間は「仏法の器」と言えるというだけなのだ。しかし、それこそ仏教が、人のいのちは尊いという所以であり、くれぐれも浅薄な世俗の識者が口走る意味ではないことを老婆心ながら付け加えておこう。そうして、仏教はたまたま人間として生まれたこの機会を捉えて、もう一度、住み憂きこの世を厭い、親鸞（夢窓）が言う「生死出ずべき道」（出離の要道）を辿り、生死の世界（サンサーラ）から涅槃の世界（ニルヴァーナ）へと渡って行きなさいと勧めているのである。これは『死者の書』も全く同じで、バルド（死有・中有・生有の三有）で悟りを得ることができなかった者に、とりあえずは順次生（当本有）も人間に生まれ、もう一度、悟りへの道を歩むように目論まれた追善供養の経典となっているのだ。

しかし、今、われわれはまだ存在のバルド（本有）にいるではないか。いずれ死を迎えるであろうが、それまでの時間、努め励むべきことがあるはず、仏法を学ぶのに遅すぎるということはない。そして、生死を離れ、仏と成ることは「諸仏の御本意」（『歎異抄』）であり、いずれも今生（本有）において悟りへの道に入ることを勧めているのだ。そうでなければ、本有より中有に至り、中有より当本有（順次生）に至る輪廻の輪はいつ果てるともなく回り続けることになる。『チベット死者の書』は一見すると、死後の世界を描いているだけのように見えるが、今生（存在のバルド＝本有）において『悟りへの道』を歩むことの大切さを説いているのだ。

（February 13, 2007. Min Mor døde）

参考文献

アウグスチヌス『告白』(山田訳) 中央公論社
荒井・大貫『ナグ・ハマディ文書』(Ⅰ)(Ⅱ)(Ⅲ) 岩波書店
伊吹・前田『パスカル全集』人文書院
『一休道歌』禅文化研究所
井筒俊彦『イスラーム哲学の原像』
　『ルーミー語録』『存在認識の道』岩波書店
入矢義高『馬祖の語録』禅文化研究所
　『臨済録』『碧眼録』岩波書店
岩本裕『大般涅槃経』読売新聞社
エックハルト『説教集』(田島訳) 岩波書店
宇井・高崎『大乗起信論』岩波書店
衛藤即応『華厳経』第一書房
大橋俊雄『一遍上人語録』『一遍聖絵』岩波書店
岡田武彦『王陽明文集』『王陽明』(上・下)
　『抜本塞源論』明徳出版社
小川環樹『老子』中公文庫

可藤豊文『神秘主義の人間学』『瞑想の心理学』
『自己認識への道』『親鸞聖人五ヶ条要文』法藏館
『真理の灯龕』晃洋書房
鏡島元隆『道元禅師語録』講談社
鎌田茂雄『原人論』明徳出版
『華厳経』東京美術
キルケゴール『死に至る病』（桝田訳）中央公論社
久須本文雄『寒山拾得』『言志四録』講談社
月感『八邪弁要』（龍谷大学図書館）
源信『往生要集』『観心略要集』『本覚讃釈』岩波書店
悟元老人『百字碑註』新文豊出版
近藤康信『伝習録』明治書院
『国訳大蔵経』第5、6、7巻（経部）
『国訳一切経』瑜伽部第8巻　大東出版社
毘曇部第25巻　大東出版社
『弘法大師空海全集』（宮坂他）筑摩書房
『チベットの死者の書』（川崎訳）筑摩書房
『天台本覚論』（日本思想大系）岩波書店

坂本・岩本『法華経』（上・中・下）岩波書店
望月良晃『大般泥洹経』大蔵出版
柴山全慶『無門関講義』創元社
ショーレム『ユダヤ神秘主義』法政大学出版
『浄土真宗聖典』本願寺出版社
『真宗聖典』東本願寺出版部
『聖書』（新共同訳）日本聖書協会
親鸞『教行信証』『歎異抄』（金子大榮）岩波書店
『禅の語録』全二〇巻（柳田他）筑摩書房
『禅学大辞典』大修館書店
高崎直道『楞伽経』『維摩経』大蔵出版
高村光太郎『美に生きる』二玄社
『大乗仏典』全一五巻（長尾他）中央公論社
『大乗仏典』（世界の名著）（長尾他）中央公論社
道元『正法眼蔵』岩波書店
長尾雅人『摂大乗論』（上・下）講談社
『維摩経』中公文庫
『大乗荘厳経論』和訳と註解—長尾雅人研究ノート— 長尾文庫

『日本の禅語録』全二〇巻（入矢他）講談社
袴谷他『大乗荘厳経論』大蔵出版
中村瑞隆『法華経』（上・下）春秋社
中村元『真理のことば』『ブッダのことば』岩波書店
『原始仏教』日本放送出版協会
中村文峰『夢中問答』春秋社
原田弘道『従容録』大蔵出版
パスカル『パンセ』（松浪訳）河出書房
平野宗浄『一休狂雲集』（上・下）春秋社
『プラトン全集』（田中他訳）岩波書店
法蔵『華厳五教章』（鎌田茂雄）大蔵出版
『妄尽還源観』（鎌田茂雄）大東出版
増谷文雄『仏教の根本聖典』大蔵出版
『スッタニパータ』河出書房新社
宮坂宥勝『興教大師撰述集』（上・下）山喜房
柳田聖山『円覚経』筑摩書房
『禅語録』中央公論社
山田孝道『禅門法語集』至言社

和辻哲郎『正法眼蔵随聞記』岩波書店
Al-Jili; Universal Man. Beshara
Arberry; Discourses of Rumi. Murray
Byrom,T; Dhammpada. Sacred Teachings
Chang Po-Tuan; The Inner Teachings of Taoism. Shambhala
Chittick; The Sufi Path of Knowledge. Suny
Eckhart,M; Deusche Predigten und Traktate, von J. Quint. München
Guenther,H; The Eye of Spirit. Shambhala
Ibn Arabi; The Bezels of Wisdom, tras Austin. London
Karmay,S; The Great Perfection. E.J.Brill
Kelsang Gyatso; Clear Light of Bliss. Wisdom
Kierkegaads Papier. 2den Udgave. København
Kun-zang La-may Zhal-lung. Diamond Lotus
Lama Mipham; Calm and Clear. Dharma
Lati Rinbochay & Hopkins; Death, Intermediate and Rebirth. Snow Lion
Liu-I-miug; Awakening to the Tao. Shambhala
Longchenpa; Kindly Bent to Ease Us. Dharma

Meyer,M; The Gospel of Thomas. Haper Collins
Namkhai Norbu; The Crystal and the Way of Light. RKP
Nasr,S,H; Islamic Art & Spirituality. Golgonooza
Nicholson,R; The Mystics of Islam. Cambridge
Radhakrishnan; The Principal Upanisads. Oxford
Rumi,J; The Mathnawi. Gibb Memorial Trust
Robert W.Funk; The Five Gospels.A Polebridge Press Book
Robinson,J; The Nag Hammdi Library. Collins
Sankara; Viveka-Chudamani.Vedanta Press
Sankaracarya's Atmabodha(Self-Knowledge). Sri Ramakrishna Math
Sogyal Rinpoche; The Tibetan Book of Living and Dying. Collins
Swami Nikhilananda : Self-Knowledge. Madras India
Trungpa,C; The Tibetan Book of the Dead. Shambhala
Tulku Thondup; Buddha Mind. Snow Lion

あとがき

たとい身をもろもろの苦毒の中《うち》に止《お》るとも、
我が行は精進にして、忍びて、終《つい》に悔いじ。

大乗の精神をこれほど見事に言い当てた言葉もそう多くないと思うが、自ら為した行為（業）と無知にゆえに、生死の苦界（親鸞の言葉）に身を淪めるのではなく、かく決意し、かく生きた過去の聖賢たちから、私は、洋の東西を問わず、実に多くのことを学ばせて頂いた。何度、礼を尽くしても尽くしきれないが、その中に私は両親も加えたいのだ。

父の遺稿の中にメモを発見し（二六五頁参照）、私の最後の著作でこれを取り上げようと思ってからも、すでに二十年以上が経過している。この間、私は数冊の本を上梓したが、今や、その言わずもがなの繰り言を終えるときが来たことに、正直ホッとしている。

何時の頃からか、私は一日として宗教（生と死）について考えない日はなかった。それが仏教の講義にも反映していたであろうが、今にして思えば、多くの学生にとって、余りにも重過ぎる課題であったろう。これについては、同日に出版した『宗教教育の現場から☆女子大生—自己のアイデンティティーを求めて—』（自照社、二〇〇八）をご覧頂くとして、今年（二〇〇七）の二月十三日に母を亡くし、十五日の京都・花山の葬場で見た母の最後の姿は、もう何も思い残すものがない私に（いつもそうであったのだが）、余生はただ一つ、この問題に一層の決着を付けねばと強く心に誓うものがあった。しかしこのように思うのも、遡れば、他ならぬ両親に辿り着くことから、私の最初の著作である『神秘主義の人間学―我が魂のすさびに―』（法藏館、一九九五）のはじめに、両親について次のように書いたが、その思いは今も変わっていない。

我が父母
我が還相

私の三十年に及ぶ教員生活の総決算として纏めた『悟りへの道―私家版＊教行信証―』を最も読んでもらいたい人がすでにこの世にいないことは、何とも寂しい限りであるが、それでもなお私は、鬼籍の人となった両親に満腔の感謝を込めて、この書を捧げたいと思う。

そして、この著作が私の最後となるので、これまで、私のその時々に便宜をお図り戴いたコペンハーゲン大学教授オロフ・リディン夫妻、法政大学教授桝田啓三郎・啓介父子、カルガリー大学・レスリー河村教授夫妻、東国大学校・金世坤教授のお名前だけは列記し、深甚の謝意を表しておきます。

二〇〇七年七月

京都・室町の寓居にて

著者記す

本書は平成二十年度・京都光華女子大学の出版助成を得たものである。

可藤豊文（かとう　とよふみ）
1944年、兵庫県に生まれる。京都教育大学理学科（物理化学）卒。大谷大学大学院文学研究科博士課程（真宗学）を経て、コペンハーゲン大学キルケゴール研究所、およびカルガリー大学宗教学科でチベット密教などを学ぶ。主要論著として『神秘主義の人間学─我が魂のすさびに─』『瞑想の心理学─大乗起信論の理論と実践─』（韓国語版有り）、『自己認識への道─禅とキリスト教─』、『親鸞聖人五ヶ条要文』（以上法藏館）、『真理の灯龕─ブッダの言葉☆30講─』（晃洋書房）、『宗教教育の現場から☆女子大生─自己のアイデンティティーを求めて─』（自照社）など。専攻は宗教学、なかでもキリスト教神秘主義、スーフィズム、ヴェーダーンタ、道教、チベット密教、禅など、東西の神秘思想の系譜を辿る一方で、実践的ワークに取り組む。現在、京都光華女子大学短期大学部教授、ならびに京都光華女子大学真宗文化研究所主任。
連絡先　〒604-8163　京都市中京区室町通六角下ル鯉山町518-1011
TEL & FAX 075(255) 0367
E-mail: dzogchen@mbox.kyoto-inet.or.jp
URL; http://www.geocities.jp/erkendelse/

悟りへの道─私家版＊教行信証─
二〇〇八年四月八日　初版第一刷発行
著　者　可藤豊文
発行者　西村七兵衛
発行所　株式会社法藏館
京都市下京区正面通烏丸東入
郵便番号　六〇〇─八一五三
電話〇七五(三四三)〇〇三〇(編集)
〇七五(三四三)五六五六(営業)
装　幀　小林　元
印刷・製本　リコーアート

ISBN 978-4-8318-7367-5 C1010

神秘主義の人間学　我が魂のすさびに　可藤豊文著　二五二四円
親鸞聖人五ヶ条要文　可藤豊文著　二四〇〇円
瞑想の心理学　大乗起信論の理論と実践　可藤豊文著　二四〇〇円
自己認識への道　禅とキリスト教　可藤豊文著　二六〇〇円
教行信証の哲学〈新装版〉　武内義範著　二四〇〇円
教行信証の思想　石田慶和著　二八〇〇円
真宗入門　ケネス・タナカ著　島津恵正訳　二〇〇〇円

法　藏　館　価格税別